PUBLICATIONS OF THE DEPARTMENT OF
ROMANCE LANGUAGES
UNIVERSITY OF NORTH CAROLINA

General Editor: ALDO SCAGLIONE

Editorial Board: JUAN BAUTISTA AVALLE-ARCE, PABLO GIL CASADO, FRED M. CLARK, GEORGE BERNARD DANIEL, JANET W. DÍAZ, ALVA V. EBERSOLE, AUGUSTIN MAISSEN, EDWARD D. MONTGOMERY, FREDERICK W. VOGLER

NORTH CAROLINA STUDIES IN THE
ROMANCE LANGUAGES AND LITERATURES

ESSAYS; TEXTS, TEXTUAL STUDIES AND TRANSLATIONS; SYMPOSIA

Founder: URBAN TIGNER HOLMES

Editor: JUAN BAUTISTA AVALLE-ARCE
Associate Editor: FREDERICK W. VOGLER

Other publications of the Department: *Estudios de Hispanófila, Hispanófila, Romance Notes, Studia Raeto-Romanica*

Distributed by:

INTERNATIONAL SCHOLARLY BOOK SERVICE, INC.
P. O. BOX 4347
Portland, Oregon   97208
U. S. A.

NORTH CAROLINA STUDIES IN THE
ROMANCE LANGUAGES AND LITERATURES
SYMPOSIA
Number 2

ESTUDIOS DE LITERATURA HISPANOAMERICANA
EN HONOR A
JOSÉ J. ARROM

ESTUDIOS DE LITERATURA HISPANOAMERICANA EN HONOR A JOSÉ J. ARROM

EDITADOS POR
ANDREW P. DEBICKI y ENRIQUE PUPO-WALKER

CHAPEL HILL

NORTH CAROLINA STUDIES IN THE ROMANCE
LANGUAGES AND LITERATURES
U.N.C. DEPARTMENT OF ROMANCE LANGUAGES
1974

Library of Congress Cataloging in Publication Data

Debicki, Andrew Peter.

Estudios de literatura hispanoamericana en honor a José J. Arrom.

(North Carolina Studies in the Romance Languages and Literatures. Symposia, no. 2.) (Publications of the Department of Romance Languages, University of North Carolina.)

Bibliography: p.

1. Spanish American literature—Addresses, essays, lectures. 2. Arrom, José Juan, 1910-   I. Pupo-Walker, Enrique, joint author. II. Title. III. Series.

PQ7081.D263   860'.9   74-5383

ISBN: 9780807891582

depósito legal: v. 3.204 - 1974

ARTES GRÁFICAS SOLER, S. A. — JÁVEA, 28 — VALENCIA (8) — 1974

ÍNDICE GENERAL

Págs.

SEMBLANZA DE JOSÉ J. ARROM, *por Sturgis E. Leavitt*   9
NOTA BIOGRÁFICA *por Enrique Pupo-Walker y Andrew P. Debicki.*   11
LISTA DE PUBLICACIONES   15

ARTÍCULOS

Juan Bautista Avalle-Arce. El novelista Gonzalo Fernández de Oviedo y Valdés, alias de Sobrepeña   23
William D. Ilgen. La configuración mítica de la historia en los *Comentarios reales* del Inca Garcilaso de la Vega   37
Luis Leal. Picaresca hispanoamericana: de Oquendo a Lizardi.   47
Cyril A. Jones. El negro en los juegos religiosos de villancicos en México y España   59
Luis Monguió. Sobre la 'Canción indiana,' de Olmedo   71
Donald F. Fogelquist. Un parentesco poético: Andrés Bello y James Thomson   87
James A. Castañeda. Renacimiento romántico en Cuba del tema del conde Alarcos   99
Allen W. Phillips. Una nota sobre el primer modernismo: Julián del Casal y algunos poetas mexicanos   109
Ivan A. Schulman. En torno al texto y la fuente de "Pollice verso"   125
Philip Metzidakis. La sangre del espíritu   143
Enrique Pupo-Walker. El protagonista en la evolución textual de *Los de abajo*   155
Roberto Esquenazi-Mayo. Arciniegas travieso, erudito, soñador.   167
Andrew P. Debicki. La realidad concreta en algunos poemas de Pablo Neruda   179
Fernando Alegría. Neruda y *La Araucana*   193
Roberto González Echevarría. Notas para una cronología de la obra narrativa de Alejo Carpentier, 1944-1954   201

John S. Brushwood. El criollismo 'de esencias' en *Don Goyo* y *Ecue-Yamba-O* ... 215

Joseph Sommers. *Ecue-Yamba-O:* semillas del arte narrativo de Alejo Carpentier ... 227

Klaus Müller-Bergh. Mito y realidad en 'Los advertidos' ... 239

Frank Dauster. El concepto de Puerto Rico en algunas obras de Francisco Arriví ... 257

Hugo Rodríguez-Alcalá. 'El poema de Doloritas' en *Pedro Páramo* ... 267

Roger M. Peel. Gabriel García Márquez y *La increíble y triste historia de la cándida Eréndira y de su abuela desalmada* ... 277

Tabula gratulatoria ... 289

SEMBLANZA DE JOSÉ J. ARROM

Chapel Hill dista mucho de New Haven, y aunque paso por allí cada verano cuando hago una visita a mi hermana en el Estado de Maine, parece que mi coche no quiere detenerse hasta llegar a su destino. Debido a éstas y otras circunstancias no he tenido recientemente la oportunidad de saludar y conversar con José Juan ("Pepe") Arrom —y lo siento.

Pepe es un hombre extraordinario, y es que —entre otras cosas— sabe *escuchar,* rara virtud en el profesorado. Tiene interés en lo que han hecho y están haciendo sus colegas y quiere que se le informe de los detalles necesarios. Frecuentemente añade algo a manera de comentarios eruditos. En efecto, es el profesor una enciclopedia andante. Pero su modestia no permite que uno se dé cuenta de sus vastos conocimientos. Pero no pasa mucho tiempo antes de que el interlocutor quede sorprendido ante los conocimientos del profesor Arrom.

Sus libros dan testimonio de su gran interés por la literatura hispanoamericana. En la última edición de *Certidumbre de América: Estudios de letras, folklore y cultura,* se verifica una vez más la amplitud de su registro intelectual. Ha reunido en ese tomo, estudios que anteriormente publicó en diferentes revistas de los Estados Unidos e Hispanoamérica. Entre ellos sobresalen, a mi juicio, los que tratan de José Martí, Rubén Darío, el Inca Garcilaso de la Vega y el teatro contemporáneo en Hispanoamérica.

El estilo del profesor Arrom es suelto y concreto, sin pretensiones. Expresa con ejemplar claridad lo que quiere decir. Es un auténtico placer leer lo que de él hallamos en letras de molde.

STURGIS E. LEAVITT
University of North Carolina

NOTA BIOGRÁFICA

José Juan Arrom nació en Holguín, Cuba, en febrero de 1910. Sus padres, don José Arrom March —mallorquín— y doña Marina González Solís —cubana—, fueron los pilares de una familia numerosa que se radicó en la fértil región de Mayarí. Muchos años después, pero no lejos de aquellas tierras, José Arrom encontraría en la persona de Silvia Ravelo la esposa ejemplar. Y la familia que se iniciaba se vio enriquecida más tarde con la presencia de sus hijos Silvia y José.

La trayectoria intelectual de José Arrom fue guiada desde sus primeros años por una inteligencia clara y precoz que le llevó a los mejores colegios del país y del extranjero. Adolescente aún, debatía en Mount Hermon School sobre gramática inglesa y temas muy diversos. De allí pasó a la Universidad de Yale donde recibió, con los más altos honores, todos los grados que esa institución confiere en su Facultad de Letras. Como estudiante, catedrático y conservador de la gran colección iberoamericana de Yale, José Arrom ha sido, por más de treinta y cinco años, eje principal de los estudios hispánicos en esa prestigiosa institución. De allí ha salido con frecuencia para dictar conferencias, realizar investigaciones y para viajar por casi todos los confines del mundo americano y europeo.

A lo largo de su carrera, el profesor Arrom no se ha limitado a la pesquisa literaria o filológica como tal. Ha sido, y lo es hoy más que nunca, un genuino estudioso de la historia cultural de Hispanoamérica. Esa orientación y su amplia visión de humanista le han permitido llevar a cabo investigaciones de notable originalidad sobre historiografía, literatura, folklore y antropología americana. Investigaciones que, según lo ha confesado en más de una ocasión, se remontan a las primeras curiosidades e inquietudes de la niñez.

El lector de las obras de José Arrom observará inmediatamente cómo éstas logran integrar diversas facetas del conocimiento literario dentro de una perspectiva amplia que afirma su formación de genuino humanista. Los que han sido alumnos suyos recordarán cómo la investigación, bajo su tutelaje, no fue en ningún momento un proceso limitado o mecánico, sino más bien una sabia exploración de los valores inherentes en el espectro de la cultura hispánica. Y al mismo tiempo, aquella labor se convertía en estímulo para el desarrollo de nuestras propias ideas. A la postre había que darse cuenta de que la coherencia y amplitud de miras del profesor Arrom había influido profundamente en nuestra propia actitud ante el valor de la literatura y la importancia de las letras hispanoamericanas. La excelencia de su labor crítica y docente le ha permitido obtener dos veces becas de la fundación Guggenheim, además de otras prestigiosas becas patrocinadas por la Comisión Fulbright y la Fundación Rockefeller. Sus investigaciones y en general su prestigio intelectual, hizo que se le eligiera como Miembro Correspondiente de la Academia Cubana de la Lengua, la Academia de Artes y Letras de Cuba, la Academia de la Lengua Española en los Estados Unidos, y de la Connecticut Academy of Arts and Sciences, así como de otras instituciones académicas que le han honrado en diversas ocasiones.

En general, la obra de José Arrom tiene numerosos puntos de contacto con el pensamiento americanista que resplandece en los textos de hombres como Pedro Henríquez Ureña y Fernando Ortiz. Por ello toda su labor ha sido siempre ajena a estrechos partidarismos nacionalistas. La obra de Arrom contempla el mundo hispanoamericano como lo que es: una gran unidad cultural que integran pueblos hermanos. "Nos une —ha dicho Arrom— no sólo un idioma común sino una comunidad de experiencias históricas, de problemas y de aspiraciones de íntimos sentimientos, en fin, la misma *Weltanschauung* que dirían los alemanes."

Hoy, en plena actividad, Pepe (como afectuosamente le llaman sus amigos) es, como lo ha sido siempre: gran amigo, fino catador y amante de las flores y las cosas sencillas. En su casa o su despacho yalense de Saybrook College, y con esa jovialidad que parece eclipsar las interminables borrascas de Nueva Inglaterra, José Arrom comparte diariamente con alumnos, colegas y amigos de varios continentes. Fueron ellos precisamente los que concibieron este tomo como tributo sencillo de afecto y admiración.

ENRIQUE PUPO-WALKER
ANDREW P. DEBICKI

LISTA DE PUBLICACIONES

José Juan Arrom

1941

"Primeras manifestaciones dramáticas en Cuba, 1512-1776." *Revista Bimestre Cubana*, XLVIII, 1941, 274-284.

1942

"Poesía afrocubana." *Revista Iberoamericana*, IV, 1942, 379-411.

Traducido al inglés por Lloyd Mallan y publicado como introducción a su "Anthology of Afro-Cuban Poetry". *New Directions*, núm. 8, 1944, pp. 267-279.

1943

"Voltaire y la literatura dramática cubana." *Romanic Review*, XXXIV, 1943, 228-234.

Reimpreso en *Prometeo*, La Habana, año I, núm. 4, 1948, 13-15.

1944

"En torno a la historia de la literatura dramática cubana." *Anales de la Academia Nacional de Artes y Letras*, La Habana, XXV, 1944, 8-23.

Historia de la literatura dramática cubana. New Haven, Yale Univèrsity. Press, 1944. 132 pp. (Yale Romanic Studies, XXIII).

Agotado a partir de 1947. El capítulo I se ha publicado en el *Boletín de Estudios de Teatro*, Buenos Aires, año V, V, núm. 17, junio 1947.

"Las letras en Cuba antes de 1608." *Revista Cubana*, XVIII, 1944, 67-85.

1945

"En torno al teatro venezolano." *Revista Nacional de Cultura*, Caracas, XLVIII, enero-febrero 1945, 3-10.

Reimpreso en un número especial de *Ahora*, Caracas, 5 de agosto de 1945; un resumen de sus ideas principales apareció también en *El País*, Caracas, 24 de agosto de 1947.

1946

"Documentos relativos al teatro colonial en Venezuela." *Universidad de la Habana*, XXI-XXII, 1946, 80-101.

Reimpreso en el *Boletín de la Academia Nacional de la Historia*, Caracas, XXIX, 1946, 168-183; también en el *Boletín de Estudios de Teatro*, Buenos Aires, año IV, IV, núm. 15, diciembre 1946, 211-223. Un resumen se publicó en *Panorama*, Washington, D. C., núm. 30, diciembre 1947, pp. 33-35.

1947

"El teatro de José Antonio Ramos." *Revista Iberoamericana*, XII, núm. 24, 1947, 263-271.

Reimpreso en *Revista Cubana*, XXIII, 1948, 164-175.

1948

"Consideraciones sobre *El príncipe jardinero y fingido Cloridano*." *Anales de la Academia Nacional de Artes y Letras*, La Habana, XXVII, 1947-1948, 217-246.

"Spanish American Drama, 1945." *Handbook of Latin American Studies*, núm. 11, 1945. Cambridge, Harvard University Press, 1948.

1949

"Bibliografía dramática venezolana." *Anuario Bibliográfico Venezolano*, 1946. Caracas, 1946, pp. 197-209.

"Raíces indígenas del teatro americano." *Revista Bimestre Cubana*, LXIII, 1949, 27-42.

Parte de este trabajo apareció en *Selected Papers of the XXIXth International Congress of Americanists*, tomo II, Chicago, 1952, 299-305.

"Sainetes y sainetistas coloniales." *Memoria del Cuarto Congreso del Instituto Internacional de Literatura Iberoamericana*. La Habana, 1949, páginas 255-267.

"Spanish American Drama, 1946." *Handbook of Latin American Studies*, núm. 12, 1946. Cambridge, Harvard University Press, 1949.

1950

Estudios de literatura hispanoamericana. La Habana [Anuario Bibliográfico Cubano], 1950. 163 pp.

Contiene: Las letras en Cuba antes de 1608. — Consideraciones sobre *El príncipe jardinero y fingido Cloridiano*. — Entremeses coloniales. — Dos poemas atribuidos a José Antonio Miralla. — La poesía afrocubana. — El teatro de José Antonio Ramos.

1951

"Spanish American Drama, 1947." *Handbook of Latin American Studies,* núm. 13, 1947. Cambridge, Harvard University Press, 1951.

"Spanish American Drama, 1948." *Handbook of Latin American Studies,* núm. 14, 1948. Gainesville, University of Florida Press, 1951.

"Criollo: definición y matices de un concepto." *Hispania,* XXXIV, 1951, 172-176.

    Reimpreso en *Vida Hispánica,* London, V, núm. 1, junio 1951, 2-5; en la *Revista Colombiana de Folklore,* Bogotá, núm. 2, junio 1953, pp. 265-275; y en parte en *El Diario de la Marina,* La Habana, 1 y 8 de julio de 1951.

El príncipe jardinero y fingido Cloridiano, comedia sin fama del capitán don Santiago de Pita, natural de La Habana. Estudio preliminar, edición y notas de José Juan Arrom. La Habana, Sociedad Económica de Amigos del País, 1951, 113 pp.

1952

"Drama de los antiguos." *Américas,* Washington, D. C., IV, núm. 4, 1952, 16-19.

    También publicado en inglés y en portugués, en las ediciones correspondientes de la misma revista.

"Spanish American Drama, 1949". *Handbook of Latin American Studies,* núm. 15, 1949. Gainesville, University of Florida Press, 1952.

1953

"Perfil del teatro contemporáneo en Hispanoamérica." *Hispania,* XXXIV, 1953, 26-31.

"Spanish American Drama, 1950." *Handbook of Latin American Studies,* núm. 16, 1950. Gainesville, University of Florida Press, 1953.

"Una desconocida comedia mexicana del siglo XVII." *Revista Iberoamericana,* XIX, núm. 37, 1953, 79-103.

1954

"Raíz popular de los *Versos sencillos* de José Martí." *Memoria del Sexto Congreso del Instituto Internacional de Literatura Iberoamericana.* México, Universidad Nacional Autónoma de México, 1954, pp. 155-168.

    Reimpreso en *Antología crítica de José Martí,* recopilación, introducción y notas de Manuel Pedro González. México, Cultura, 1960, páginas 411-426.

"Spanish American Drama, 1951." *Handbook of Latin American Studies,* núm. 17, 1951. Gainesville, University of Florida Press, 1954.

1955

"El negro en la poesía folklórica americana." *Miscelánea de estudios dedicados a Fernando Ortiz.* La Habana, 1955, pp. 81-106.

"Spanish American Drama, 1952." *Handbook of Latin American Studies,* núm. 18, 1952. Gainesville, University of Florida Press, 1955.

"The Flowering of Culture in Literature, Art, and Music: An Aesthetic Approach." *Civilisations,* Bruxelles, V, 1955, 543-548.

1956

El teatro de Hispanoamérica en la época colonial. La Habana, Anuario Bibliográfico Cubano, 1956. 233 pp., 3 ls., ilus.

1957

"Huntington e Hispanoamérica." *Huntington,* Washington, D. C., Pan American Union, 1957, pp. 9-15.

1958

"Hispanoamérica: carta geográfica de su cultura." *Islas,* Santa Clara, Cuba, I, 1958, 26-36.

Reimpreso en *Journal of Inter-American Studies,* I, 1959, 73-81.

"Imágenes de América en la poesía folklórica española." *Thesaurus, Boletín del Instituto Caro y Cuervo,* Bogotá, XIII, 1958, 24-34.

1959

Certidumbre de América: estudios de letras, folklore y cultura. La Habana, Anuario Bibliográfico Cubano, 1959.

Contiene: Criollo: definición y matices de un concepto. — Una desconocida comedia mexicana del siglo XVII. — Hombre y mundo en dos cuentos del Inca Garcilaso. — Raíz popular de los *Versos sencillos* de José Martí. — Presencia del negro en la poesía folklórica americana. — Imágenes de América en el cancionero español. — Perfil del teatro contemporáneo en Hispanoamérica. — Hispanoamérica: carta geográfica de su cultura.

1960

"An Early Unpublished Manuscript on the Discovery of America." *The Texas Quarterly,* III, 1960, 167-179.

La "Laurea crítica" de Fernando Fernández de Valenzuela, primera obra teatral colombiana. Bogotá, Instituto Caro y Cuervo, 1960. 27 pp., ilus.

Estudio preliminar y edición paleográfica de José Juan Arrom, en colaboración con José Manuel Rivas Sacconi.

1961

"Esquema generacional de las letras hispanoamericanas." *Thesaurus, Boletín del Instituto Caro y Cuervo,* XVI, 1961, 1-58 (núm. 1), 311-343 (núm. 2), 639-663 (núm. 3).

"Notas sobre la primera generación criolla en Hispanoamérica (1564-1594)." *Revista Iberoamericana,* XXVII, núm. 52, 1961, 313-321.

1962

"Tres metáforas sobre España e Hispanoamérica." *Hispania,* XLV, 1962, 40-42.

Reimpreso en *Norte, Revista Hispánica de Amsterdam,* III, núm. 3, 1962, 3-4.

"Esquema generacional de las letras hispanoamericanas." *Thesaurus, Boletín del Instituto Caro y Cuervo,* XVII, 1962, 110-128 (núm. 1), 434-445 (núm. 2), 652-660 (núm. 3).

1963

"Esquema generacional de las letras hispanoamericanas." *Thesaurus, Boletín del Instituto Caro y Cuervo,* XVIII, 1963, 141-162 (núm. 1), 485-504 (núm. 2), 606-678 (núm. 3).

Esquema generacional de las letras hispanoamericanas. Bogotá, Instituto Caro y Cuervo, 1963. 241 pp.

El príncipe jardinero y fingido Cloridano, comedia sin fama del capitán don Santiago de Pita, natural de La Habana. Estudio preliminar, edición y notas de José Juan Arrom. [Segunda edición.] La Habana, Consejo Nacional de Cultura, 1963.

1964

Historia y sentido del nombre de Cuba, discurso de ingreso a la Academia Cubana de la Lengua, leído el 23 de abril de 1964. La Habana, 1964.

1965

Hernán Pérez de Oliva. *Historia de la inuención de las Yndias.* Estudio, edición y notas de José Juan Arrom. Bogotá, Instituto Caro y Cuervo, 1965. 126 pp., ilus. (Publicaciones del Instituto Caro y Cuervo, XX.)

1966

"Origen y semántica de la palabra 'chévere.' " *Hispanic Studies in Honor of Nicholson B. Adams.* Chapel Hill, University of North Carolina Press, 1966, pp. 17-24.

Reimpreso en la *Revista del Instituto de Cultura Puertorriqueña,* San Juan, VIII, núm. 27, 1965, 33-36.

1967

Historia del teatro hispaonamericano; época colonial. México, Ediciones de Andrea, 1967. 151 pp. [Segunda edición de *El teatro de Hispanoamérica en la época colonial.]* (Historia literaria de Hispanoamérica, III.)

"El mundo mítico de los taínos: Notas sobre el Ser Supremo." *Thesaurus, Boletín del Instituto Caro y Cuervo,* XXII, 1967, 378-393.

"El oro, la pluma y la piedra preciosa: Indagaciones sobre el trasfondo indígena de la poesía de Darío." *Hispania,* L, 1967, 971-981.

1968

"Becerrillo: Comentarios a un pasaje narrativo del padre Las Casas." *Libro de homenaje a Luis Alberto Sánchez.* Lima [1968], pp. 41-44.

"Sobre el africanismo de unos topónimos antillanos." *Boletín de Filología Española,* Madrid, VIII, núm. 28-29, 1968, 16-25.

1969

Hispanoamérica: panorama contemporáneo de su cultura. New York, Harper & Row, 1969. 203 pp., ilus.

1970

"Mitos taínos en las letras de Cuba, Santo Domingo y México." *Cuadernos Americanos,* CLXVIII, núm. 1, 1970, 110-123.

"Para la historia de las voces *conuco* y *guajiro.*" *Boletín de la Real Academia Española,* L, cuaderno CXC, 1970, 337-348.

"Baneque y Borinquen: apostillas a un enigma colombino." *Revista del Instituto de Cultura Puertorriqueña,* XIII, núm. 48, 1970, 45-51.

1971

Certidumbre de América: estudios de letras, folklore y cultura. Segunda edición ampliada. Madrid, Editorial Gredos, 1971. 227 pp., ilus.

Contiene: Criollo: definición y matices de un concepto. — Hombre y mundo en dos cuentos del Inca Garcilaso. — Una desconocida comedia mexicana del siglo xvii. — Mitos taínos en las letras de Cuba, Santo Domingo y México. — Raíz popular de los *Versos sencillos* de José Martí. — El oro, la pluma y la piedra preciosa: indagaciones sobre el trasfondo indígena de la poesía de Darío. — Presencia del negro en la poesía folklórica americana. — Imágenes de América en el cancionero español. — Tres metáforas sobre España e Hispanoamérica. — Perfil del teatro hispanoamericano, 1939-1953. — La Virgen del Cobre: historia, leyenda y símbolo sincrético. — Hispanoamérica: carta geográfica de su cultura.

1972

"Martí and the Problem of Generations." *Latin American Literary Review*, Pittsburgh, I, núm. 1, 1972, 25-38.

"Manatí: el testimonio de los cronistas y la cuestión de su etimología." *Boletín del Museo del Hombre Dominicano*, núm. 2, octubre de 1972, pp. 33-38.

1973

"Precursores coloniales del cuento hispanoamericano: Fray Martín de Murúa y el idilio indianista." *El cuento hispanoamericano ante la crítica*. Madrid, Editorial Castalia, 1973, pp. 24-36.

1974

Fray Ramón Pané. *"Relación acerca de las Antigüedades de los Indios": el primer tratado escrito en América*. Nueva versión, con estudio preliminar, notas, mapa y apéndices por José Juan Arrom. México, Siglo XXI Editores, 1974.

EL NOVELISTA GONZALO FERNÁNDEZ DE OVIEDO Y VALDÉS, ALIAS DE SOBREPEÑA

Juan Bautista Avalle-Arce
University of North Carolina

Sí, señor: el novelista. No quiero decir, ni sostener, que Fernández de Oviedo fue un gran novelista olvidado, ni siquiera un buen novelista. Adolecía de dos defectos capitales para el oficio: la verborrea y lo explícito. Pero los defectos se volvieron virtudes cuando Oviedo descubrió su verdadera vocación, de observador universal de su tiempo y sus circunstancias. Hoy, sin embargo, quiero atender a la obra de Fernández de Oviedo como novelista, secundaria y de mínimo volumen cuando la comparamos con la ingente mole de su labor como cronista. Pero, así y todo, obra no desdeñable cuando se atiende a trazar el perfil ideológico de su autor, ya que fue el primer libro que publicó, y el único suyo original y de imaginación que se conoce. O sea que en buen método debe ser el punto de partida obligado de todo análisis intelectual de Fernández de Oviedo, aunque la crítica al uso no ha solido entenderlo así, y menos aún practicarlo.

Se trata de una novela de caballerías, en cuya portada se lee: *Con previlegio* / [Escudo de armas de don Fernando de Aragón, duque de Calabria] / *Libro del* / *muy esforçado e inuencible Cauallero de la Fortuna propia-* / *mente llamado don Claribalte que según su verdadera interpretación* / *quiere dezir don Félix o bienauenturado. Nueuamente imprimi-* / *do e venido a esta lengua castellana:* [1] *el qual procede por nueuo* / *e galán*

---

[1] Aunque parezca increíble E. O'Gorman, *Sucesos y diálogos de la Nueva España* (México, 1946), págs. viii y xlix, acepta que el *Claribalte* sea

estilo de hablar. Al verso sigue el Prólogo, que comienza así: "Este es un tratado que recuenta las hazañas e grandes hechos del cauallero de la Fortuna propriamente llamado don Claribalte, que según su verdadera interpetración [sic] quiere dezir Félix o bienauenturado, nueuamente escrito y venido a noticia de la lengua castellana por medio de Gonçalo Fernández de Oviedo, alias de Sobrepeña, vezino de la noble villa de Madrid. El qual dando principio a la obra la endereça al serenísimo señor don Fernando de Aragón, Duque de Calabria, según parece por el proemio siguiente". Y en el colofón se lee: "Fenece el presente libro del inuencible e muy esforçado cauallero don Claribalte otramente llamado don Félix: el qual se acabó en Valencia a XXX de Mayo por Juan Viñao. M.D.XIX."

La obra tuvo segunda impresión en vida de su autor: Sevilla, Andrés de Burgos, se terminó de imprimir el 10 de diciembre de 1545.[2] Pero es dudoso que Oviedo participase en esta edición, en parte porque estaba en Indias para esas fechas, y en parte porque para 1545 Oviedo ya había tenido la conversión espiritual e intelectual (de orientación erasmista) que le llevó a tronar contra los libros de caballerías, y cuya primera etapa quizá se pueda fechar en 1524, redacción de su *Epístola moral*, en respuesta a otra del Almirante de Castilla don Fadrique Enríquez, "sobre los males de España y de la causa dellos".[3] En años recientes la Real Academia Española imprimió un magnífico facsímile del *Claribalte* (Madrid, 1956), con un prólogo de poquísima monta de Agustín G. de Amezúa.

El destinatario del *Claribalte* era hijo y heredero de don Fadrique, último rey de Nápoles, víctima del reparto franco-español de su reino en 1501. Oviedo había servido a don Fadri-

---

traducción, sin caer en la cuenta de que se trata del tópico más manido de la caballeresca.

[2] Véase Antonello Gerbi, "El *Claribalte* de Oviedo", *Fénix. Revista de la Biblioteca Nacional* (Lima), 6 (1949), 378-90, ver pág. 380. Como suele ocurrir, el descubrimiento de Gerbi ha pasado desapercibido por los especialistas, y ni figura en Daymond Turner, *Gonzalo Fernández de Oviedo y Valdés. An Annotated Bibliography* (Chapel Hill, N. C., 1966), págs. 1-2, aunque cita el artículo de Gerbi en la pág. 36.

[3] Se conserva inédita en la Biblioteca Nacional de Madrid, ms. 7075. Acerca de la nueva orientación de Oviedo ver Marcel Bataillon, *Erasmo y España* (México, 1966), pág. 642.

que en Nápoles, y al servicio de su casa había regresado a España en 1502, donde, en ese mismo año, pasó al servicio de don Fernando de Aragón, duque de Calabria, a quien el Rey Católico tenía semi-encerrado en dorada jaula. Pronto abandonó su servicio, pero el afecto se mantuvo vivo, y afloró en la dedicatoria del *Claribalte*. Y no se debe pasar por alto que en 1519 el Duque de Calabria estaba preso en Játiva, como recuerda Oviedo en su dedicatoria, y su perdón final sólo lo pronunciaría Carlos V en 1522. [4]

Al publicar el *Claribalte* su autor tenía cuarenta y un años, y queda dicho que a pesar de su edad ésta es su primera obra impresa. Mucho mundo había corrido Oviedo en esos años, varias carreras y oficios había abrazado, y había recibido su regular dosis de desengaños y desilusiones. En 1514 había marchado a Indias, al Darién, pero adversas circunstancias, reclamaciones y agravios le traen a España en 1515. Con la excepción de un viaje a Flandes en 1516, a gestionar ante el nuevo rey, Carlos I, Oviedo permanece en España hasta 1520, cuando vuelve a Indias. Tal es la coyuntura vital en que publica el *Claribalte*, pero su redacción es anterior, y corresponde a su primera estancia en Indias, según declaración propia: "Estando yo en la India e postrera parte acidental [*sic* por "occidental"] que al presente se sabe... escrebí más largamente aquesta crónica sin oluidar ninguna cosa de lo sustancial della" (Prólogo, folio IIr). Por lo tanto bien se puede designar al *Claribalte* como la primera novela americana. [5] Pero conviene puntualizar que nada de la realidad

---

[4] Ver Vicente Castañeda, "Don Fernando de Aragón, duque de Calabria. Apuntes biográficos", *RABM*, XXV (1911), 268-86. El Duque, ya restituido al favor regio y nombrado Virrey de Valencia, vivió hasta 1550. Hasta el final de su vida mantuvo Oviedo relaciones con él y su mujer: la Duquesa, doña Mencía de Mendoza, quería plantas americanas y escribe, con fecha de 4 de septiembre de 1549, a su corresponsal en Sevilla que se informe de Gonzalo Fernández de Oviedo, estante en esa ciudad; véase *Real Academia de la Historia. Discurso leído en el acto de su recepción por el Excmo. Sr. D. Miguel Lasso de la Vega y López de Tejada, Marqués del Saltillo* (Madrid, 1942), págs. 59-60.

[5] Así ya la denominó Daymond Turner, "Oviedo's *Claribalte*: The First American Novel", *RoN*, VI (1964), 65-68, artículo por lo demás flojísimo. Es casi seguro, sin embargo, que Oviedo retocó el final de su novela después del viaje a Flandes, como evidencian los topónimos que allí ocurren,

americana aparece en el *Claribalte:* para escribir una novela de caballerías el autor se vuelve tenazmente de espaldas a su circunstancia.

Se trata, en consecuencia, ni más ni menos que de un tempranísimo proceso inverso al estudiado por Irving A. Leonard en su hermosa obra *Los libros del conquistador* (México, 1953): se trata en nuestro caso de un conquistador que *vuelve* a España con un libro original, y no una historia o relación, sino una novela de caballerías, nada menos. Es interesante recordar al respecto que la exportación a América de este género literario se vería severamente prohibida a partir de la premática real del 4 de abril de 1531.[6] Pero para 1531 ya no era cuestión de importar novelas en Indias, sino que las Indias ya habían exportado su primera novela a España en el *Claribalte*.

La coyuntura histórico-literaria en que se articula la publicación del *Claribalte* era algo por el estilo: la boga de los libros de caballerías databa, por lo menos, del siglo XIV (recuérdense las conocidas quejas del canciller Pero López de Ayala por haber malgastado su juventud leyendo el *Amadís*), pero sólo la introducción de la imprenta podía asegurarles una circulación de relativa amplitud, y el consiguiente incremento del público lector. Recientes estadísticas nos permiten apreciar la divulgación progresiva de los libros de caballerías, y situar mejor, así, el puesto del *Claribalte* dentro del género.[7] De 1501 a 1510 se publicaron once ediciones de libros de caballerías; de 1511 a 1520, veinte; de 1521 a 1530, treinta y nueve; sólo en el año 1526 salieron doce ediciones, la pleamar caballeresca del siglo XVI. Y no hay para qué seguir: bastan estos datos para confirmar que Oviedo tenía buen olfato editorial al publicar su novela en el comienzo del vertiginoso crecimiento del género. Sin embargo, no secundó su obra, a pesar de la promesa inicial (Prólogo, folio IIv) y final de

---

y que coinciden con localidades visitadas por él, *vid.* A. Gerbi, art. cit., pág. 380.

[6] Véase Irving A. Leonard, *Romances of Chivalry in the Spanish Indies* (Berkeley, 1933).

[7] Me refiero al utilísimo trabajo de Maxime Chevalier, *Sur le public du roman de chevalerie* (Burdeos, 1968), en especial los gráficos de las págs. 2-4; y también el de Martín de Riquer "Cervantes y la caballeresca", en J. B. Avalle-Arce y E. C. Riley, *Suma cervantina* (Londres, 1973).

continuación ("... e se dirá en su lugar e con aquesto haze fin el primero libro o parte de la historia e crónica del emperador don Félix", folio LXXI vuelto). Es lógico suponer que su ya mencionada conversión a una nueva rigidez hacia las obras de entretenimiento jugaría un papel muy importante en todo esto. [8] Y conviene puntualizar que el intercambio de *epístolas morales* entre el Almirante de Castilla y Fernández de Oviedo, en que éste ensaya los trenos moralizantes que le caracterizarán hasta su muerte, data de 1524, y éste es el mismo año en que aparece la primera crítica autorizada, severa y explícita del humanismo quinientista español, imantado por Erasmo, contra los libros de caballerías. [9] Estas críticas arreciarían en formidable *crescendo* a lo largo del siglo XVI (tres distintas se conocen de 1599), y el propio Oviedo se había plegado gustoso a ellas desde temprano. Por eso el *Claribalte*, nacido en muy propicia coyuntura histórico-literaria, quedó sin la prometida continuación, víctima de los nuevos afanes espirituales de esas décadas (de filiación erasmista los más notables), y del erasmismo injerto en misticismo italiano de su autor. [10]

La novela comprende ochenta y dos capítulos, sin división en libros o partes, pero el argumento sí se puede dividir naturalmente en tres secciones, de diversa extensión, orientación y sentido. La primera trata de los amores de Claribalte con Dorendaina (capítulos I-XLVII). Claribalte es príncipe del Epiro y se enamora de oídas de Dorendaina, princesa de Inglaterra, viaja a ese

---

[8] Ver los textos del propio Oviedo contra los libros de caballerías que recogió M. Menéndez Pelayo, *Orígenes de la novela*, I (Madrid, 1905), cclxxvi.

[9] Juan Luis Vives, *De institutione christianae feminae;* para la frecuencia y cronología de estas críticas humanistas a un amplio sector de la literatura amena, véase el art. cit. de Martín de Riquer, quien recoge, ordena y amplía los trabajos anteriores de Menéndez Pelayo, Américo Castro, Werner Krauss, Marcel Bataillon, Eugenio Asensio, Pedro Sáinz Rodríguez y Edward Glaser.

[10] Véase Eugenio Asensio, "El erasmismo y las corrientes espirituales afines. Conversos, franciscanos, italianizantes", *RFE*, XXXVI (1952), 97-99. Mucho más general es el trabajo de Antonello Gerbi, "Oviedo e l'Italia", *Rivista Storica Italiana*, LXXVI (1964), 55-113, trabajo un tanto deslustrado por hipérboles como: "[Oviedo] é un italiano del Cinquecento per la sua formazione mentale" (pág. 64). Basta recordar el *Claribalte* para desmentir tal afirmación: al escribir una novela de caballerías Fernández de Oviedo demuestra una formación mental muy de su patria y tiempo.

país para conocerla, triunfa en un torneo, se casa en secreto con la princesa, y la deja para participar en unas justas extraordinarias a celebrarse en Albania, con cuya descripción acaba esta primera parte. Los amores del protagonista están llevados por los estrictos cauces del amor cortés, con la terminología obligada: "religión de amor", "herejes de amor", etc. El mecanismo de la acción también recorre caminos familiares: como en el *Amadís de Gaula*, y más particularmente en el *Tirant lo Blanc*, la acción se centra en Inglaterra y culmina con sonadísimas justas. Como en el *Tirant*, hay en esta primera parte una renuncia a lo sobrenatural y maravilloso. Y Oviedo demuestra ya sus agudas dotes de observación, que tan cumplidamente revelaría su *Sumario de la natural historia* (Toledo, 1526), y en toda su obra posterior: hay en la novela una pugna entre ingleses e irlandeses, y el distinto acento identifica a éstos (folio XXV vuelto). Quizás el gusto natural que siempre demostró Oviedo por el detalle concreto se vio alentado en esta ocasión por idénticos gustos en el *Tirant*; véase, por ejemplo, el deleite con que se describen las danzas de la época (*Tirant*, capítulo 450; *Claribalte*, capítulos VIII y XVII). [11]

Si distinguimos, según ha dicho Martín de Riquer, entre *libro de caballerías* (de imaginación morigerada) y *novela* de caballerías (triunfo de la imaginación y lo maravilloso), que es la distinción que establece el idioma inglés entre *novel* y *romance*, se puede decir que esta primera parte del *Claribalte* es un libro de

---

[11] El *Tirant* se publicó en Valencia, 1490, y en la misma ciudad, en 1519, publicó Oviedo su *Claribalte*. La segunda edición del *Tirant* fue de Barcelona, 1497, y en la ciudad condal estuvo largamente Oviedo en su viaje de 1515-1520, y además, el *Tirant* se había traducido al castellano en 1511. La influencia del *Tirant* sobre el *Claribalte* la postuló Pascual de Gayangos, *Bib. Aut. Esp.*, XL, xlvii; la repitió Sir Henry Thomas, *Spanish and Portuguese Romances of Chivalry* (Cambridge, 1920), págs. 138-39, y la aceptó Martín de Riquer, ed. *Tirant lo Blanc* (Barcelona, 1947), págs.*184-85. Si miramos ahora en la dirección opuesta, a la posible huella que haya podido dejar el *Claribalte* en el género caballeresco, recordaré que en el *Palmerín de Inglaterra* (1547), el protagonista se hace llamar el Caballero de la Fortuna, nombre con que se identifica a Claribalte en el propio título de su novela. Y en el *Palmerín de Inglaterra* aparece un caballero llamado Claribalte (I, cap. xii), y dos caballeros llamados Claribarte (I, xiii; II, xxiv).

caballerías.[12] La segunda parte (capítulos XLVIII-LXXIV), en cambio, cae de lleno en la categoría *novela* de caballerías. Claribalte conquistará Constantinopla, cuyo emperador se defiende con un anillo y espejo mágicos, un fuertísimo gigante, y todos los conocimientos nigrománticos de su amante. Pero Claribalte, guiado por un batel desconocido (con lo que se cumple otro tópico de la *novela* de caballerías), arribará a Sicilia, donde cuatro nigromantes amigos (el menor de los cuales tiene doscientos años de edad) le proporcionarán unas sortijas mágicas, con las que podrá contrarrestar los efectos de los encantamientos del emperador.

Pero Claribalte no se afinca en Constantinopla, a pesar de que ahora es príncipe heredero del Imperio, sino que decide volver a Inglaterra, a su esposa. En el viaje marítimo es apresado por corsarios a la altura de Cabo Verde, sufre considerablemente porque "no era hombre de la mar" (folio LVIIIr: el lector puede imaginar la simpatía con que escribiría esto Fernández de Oviedo, después de su primer viaje transatlántico); desembarcan en Galicia, y Claribalte se escapa so pretexto de ir a hacer "lo que los hombres no pueden excusar" (folio LVIII r). Sigue su llegada a Inglaterra y la revelación pública de su matrimonio secreto con la princesa Dorendaina.

En los acontecimientos de esta segunda parte se cumple otro tópico consagrado desde muy antiguo en la literatura caballeresca: la conquista de Constantinopla por el paladín.[13] Nuevamente, en la literatura caballeresca peninsular, se adelantaron a Oviedo en el tratamiento del tópico tanto el *Amadís de Gaula* como el *Tirant lo Blanc.* Pero Tirant muere en Constantinopla (en la cama, como le gustaba recordar a Cervantes), mientras que Amadís vuelve a Inglaterra, como Claribalte.

Parece como si el tópico oriental, que centra esta segunda parte, abriese de par en par las puertas de la imaginación de

---

[12] Acerca de esta útil distinción, véase lo que digo en mi libro en prensa, *Temas medievales hispánicos,* cap. VII.

[13] Véanse L. Stegagno Picchio, "Fortuna iberica di un topos letterario: la corte di Costantinopoli dal *Cligès* al *Palmerín de Olivia*", en *Studi sul "Palmerín de Olivia",* III, *Saggi e ricerche* (Pisa, 1966), 99-136, y mis *Temas medievales hispánicos, loc. cit.*

Oviedo, quien acumula maravillas aquí con alegre desenfado. Pero cuando el héroe vuelve hacia Occidente, al mundo real y conocido (Cabo Verde, Galicia, Inglaterra), la imaginación vuelve a su antigua servidumbre, y lo maravilloso desaparece y aparece lo fisiológico.

Y comienza la tercera parte (capítulos LXXV-LXXXII), con que termina la obra: el rey de Francia hace preparativos de guerra contra Inglaterra, mientras que España busca una alianza matrimonial con Inglaterra. En una victoriosa expedición militar Claribalte y sus aliados ingleses capturan al rey de Francia, al duque de Milán, el Delfín se entrega a su merced, entran en París, donde el rey de Inglaterra se corona rey de Francia. Italia se entrega a Claribalte, quien recibe, en este punto, la noticia de que es emperador de Constantinopla. Su coronación coincide con un cisma en la Iglesia, pero éste se compone rápidamente por miedo y respeto al nuevo Emperador. Y como última acción, el Emperador interviene y convence al rey de Inglaterra de que devuelva el trono de Francia al Delfín, con lo que queda paladinamente demostrada la hegemonía espiritual y temporal del Emperador en Oriente y en Occidente. Con tardío pudor Fernández de Oviedo trata de echar un velo a la transparente realidad literaria, y nos dice que "lo que en ella se contiene fue en tiempo de Laumedonte, rey de Troya, e algunos quieren dezir que antes" (folio LXXV vuelto).

Esta última parte ya no es ni *libro* ni *novela* de caballerías, sino pura y simplemente una fantasía histórica, en la que Oviedo se adjudica a sí mismo el papel de profeta.[14] Pero esto no quiere decir que sea una fantasía simple, sino, al contrario, es una fantasía bastante compleja, sustentada por datos de la realidad histórica, de los tópicos literarios y del pensamiento político contemporáneo.

---

[14] La novela se acabó de imprimir el 30 de mayo de 1519; la elección de Carlos I al Imperio fue el 28 de julio de 1519, pero el emperador Maximiliano abuelo y predecesor de Carlos en el trono imperial había muerto el 12 de enero de 1519. Este es el momento de recapacitar que el *Claribalte* bien puede acabar al final de lo que yo denomino segunda parte, con el regreso del héroe a Inglaterra y la revelación pública de su matrimonio secreto. Entonces se puede suponer que la última parte (ocho capítulos y seis pliegos, nada más) fue una suerte de *post scriptum* que se redactó mientras el trono imperial estaba vacante, entre enero y mayo de 1519.

Hay que partir de lo más evidente: el emperador de Constantinopla era, desde 1453, sólo un tópico literario. El único emperador de existencia real en tiempos de Fernández de Oviedo era el monarca del Sacro Imperio Romano Germánico. Para los antiguos lectores del *Claribalte* las palabras Emperador e Imperio tenían realidad sólo en el contexto contemporáneo, o sea el occidental. En ese mundo occidental, nos dice la ficción caballeresca de Oviedo, España busca una alianza matrimonial con Inglaterra (capítulo LXXVI). La historia nos dice que la famosa política matrimonial de los Reyes Católicos (fundamento de la diplomacia internacional de Fernando V) había logrado que desde 1509 su hija Catalina de Aragón fuese reina de Inglaterra como mujer de Enrique VIII.

Pero Francia conspira contra la paz y prepara la agresión: esto en la novela. Pero en la historia claro está que para un español de la época, Francia había sido siempre la agresora, al menos desde el reinado de Carlos VIII, y allí estaban las interminables guerras de Italia para demostrarlo. La novela nos dice que declarada la guerra, los ingleses desembarcaron en Calais, y entraron por Guines, Tournai, Arras, y por fin dieron batalla a los franceses, y Claribalte "los puso en huýda e duró el alcance quatro leguas" (folio LXVIII vuelto). Esto se parece mucho a la histórica victoria de Enrique VIII, aliado con su suegro Fernando V en la Santa Liga, en Guinegate sobre los franceses (1513), y a su posterior entrada triunfante en Tournai. En Guinegate (Enguingattes, en la actualidad), la caballería francesa huyó de tal manera ante los ingleses que la batalla también se denominó de las Espuelas. Mientras tanto, nos dice la novela, los españoles habían invadido el sur de Francia. La historia no ofrece sincronía tan perfecta, aunque los planes históricos de Enrique VIII eran de un doble ataque a Francia, el suyo por el Norte, y el de su suegro por el Sur, pero en 1512 Fernando V había invadido Navarra, y en 1513 había jurado su cargo el primer virrey español de Navarra.

En 1513, además, se había jurado la liga de Malines, por la que se aliaban contra Francia, Inglaterra, España, el Imperio y el Papado, y en la novela Inglaterra y España están aliadas con Claribalte, heredero del Imperio. Y para apurar más los paralelos, después de su victoria novelística el rey de Inglaterra entra en París donde se corona rey de Francia. Pues por un breve del 20 de marzo de 1512, el Papa Julio II había desposeído a Luis XII de Francia de su reino por cismático, y se lo había conferido a Enrique VIII de Inglaterra.[15]

Con estas victorias militares (históricas y novelísticas, a la vez), Oviedo ha llevado su ficción a un punto en que considera justificable el liberar a su imaginación de la servidumbre a la historia, para poder dar a la novela el desenlace adecuado e ideal, y no el histórico e insatisfactorio. Con Francia sojuzgada y Claribalte en el trono imperial la primera tarea del nuevo Emperador es solucionar el cisma religioso, y es bien sabido que la historia de aquellos tiempos repercute con los términos en pugna de Imperio-Papado-cisma. So color de escribir una novela (una construcción literaria desasida de la Historia), Fernández de Oviedo presenta a estos tres términos en una combinación tan extraordinaria que ni la soñó el más exaltado cesarismo de Dante en el libro III de su *De Monarchia*. Escudado con el carácter ficticio de su construcción, que se supone ocurrir en tiempos de gentiles, el pensamiento de Oviedo vuela con una osadía increíble e inigualada. Para apreciarla bien lo mejor será citar, aun así el pasaje resulte un poco largo:

> Sobre aquesta cisma vinieron las cosas diuinas a término que oluidando la oración y santimonia toda la religiosa gente se conuirtió en armas ... Mas el auctoridad y persona del Emperador fue acatada e de su temor no llegaron las voluntades dañadas a total rompimiento ... e por sus cartas certificó a aquella ciudad e los principales destos mouimientos que si el summo pontífice no era justamente elegido quél sería en le priuar de tal dignidad ... [muere el sumo pontífice] ... Aquesto passado no

---

[15] Véase J. J. Scarisbrick, *Henry VIII* (Berkeley-Los Angeles, 1968), págs. 31-37. Al proyectar el *Claribalte* contra su marco histórico, no deja de tener interés, para apreciar las asociaciones mentales de su autor, que el protagonista se hace llamar en Inglaterra el Caballero de la Rosa, por su divisa, en un momento en que en Inglaterra se acababa de finalizar la Guerra de las Rosas, y la unión de las casas rivales de York (su divisa era la rosa blanca) y de Lancaster (con la rosa roja por divisa), había convertido a la rosa en la divisa del reino. En este sentido, Enrique VIII era el histórico Caballero de la Rosa.

consintió el Emperador que ninguno sucediesse en el Pontificado sino él mismo, e quiso comprender en sí los onores spirituales, e fue el primero que los mezcló en vna persona con los temporales entre los gentiles. E de consenso de todo el sacerdocio e gente militar e de todos los estados fue elegido el mismo Emperador por Pontífice (capítulo LXXXI, folio LXX).

Las disputas de primacía entre el poder temporal y el poder espiritual las hereda el siglo de Fernández de Oviedo de la Edad Media, y todavía llevarían al bochornoso espectáculo del saco de Roma por las tropas imperiales (1527). O sea que el novelista tercia imaginativamente en una controversia abierta, exacerbada, si cabía, por la política de los Reyes Católicos en Italia. Pero el pensamiento político español del siglo XVI, como se tiene que estructurar a partir de realidades empíricas y no novelísticas, no llega ni de lejos a tales audacias como las del Oviedo novelista: un Francisco Suárez puede abogar por la deposición del Papa, si su elección había sido dudosa, pero esto por el Colegio de Cardenales y no el Emperador. [16]

El pensamiento de Fernández de Oviedo, que no está coaccionado por ninguna realidad, vuela con libertad poética para expresar un mensaje de imperialismo exaltado, aunque profético casi, cuando se piensa en las tormentosísimas relaciones entre Felipe II y Sixto V. Pero si dejamos de lado el desplante final, en que Imperio y Pontificado se unen en la persona de Claribalte, humorada quizá del novelista, [17] si dejamos de lado este aspecto

---

[16] *De Fide, Spe et Charitate* (Coimbra, 1621), disputación X, sección 6, párr. 19. En general, véase Bernice Hamilton, *Political Thought in Sixteenth-Century Spain* (Oxford, 1963), cap. IV, "Church and State". Para las disputas entre el Papado y los Reyes Católicos, véase Barón de Terrateig, *Política en Italia del Rey Católico*, 2 vols. (Madrid, 1958).

[17] Dentro de la tradición literaria caballeresca lo podemos explicar como hipérbole de una hipérbole tópica: el héroe caballeresco, de Cligès a Palmerín de Oliva, pasando por Tirant lo Blanc, llega a ser Emperador de Constantinopla, desenlace hiperbólico que por el orden temporal ya no se puede mejorar. La mejora sólo es posible por el orden espiritual, y así lo pone a la práctica Oviedo. Además, el desenlace de Oviedo, por disparatado que pueda parecer, debe considerarse dentro del afán de reforma que sacude a los siglos XV y XVI, y que acababa de llevar a Lutero a clavar sus tesis en la iglesia de Wittenberg (1517). La desazón y afán de reforma perduran en

del desenlace se podrá apreciar mejor la idea imperial de Fernández de Oviedo en el contexto de su época.

Muy en cifra se puede decir que el siglo XVI español conoce y practica dos ideas de Imperio.[18] Carlos V recibe, desarrolla y practica una idea de Imperio Cristiano, "que no es ambición de conquistas, sino cumplimiento de un alto deber moral de armonía entre los príncipes cristianos" (Menéndez Pidal, *op. cit.*, páginas 19-20). En oposición ideológica estaba el concepto de Monarquía Universal, que sostenía que el Imperio era "título jurídico para el mundo todo"; el Emperador "no sólo había de *conservar* los reinos y dominios hereditarios, sino *adquirir más*, aspirando a la monarquía del orbe" (*ibidem*). La primera es la política europea de Carlos V, la segunda justifica su política americana.

El indiano Fernández de Oviedo, dada su circunstancia americana, no podía por menos que comulgar plenamente con la idea de Monarquía Universal, y así lo declara sin ambages en un pasaje de encendida elocuencia de su *Historia general y natural de las Indias* (1535):

> La Cesárea Majestad del Emperador Rey don Carlos, nuestro señor, el cual ha seído digno, mediante la divina clemencia, que le hizo merecedor de sus buenas venturas y nuestras, de ser señor de tan valerosa nasción, para que veamos al presente, como se ve, la bandera de España celebrada por la más victoriosa, acatada por la más gloriosa, temida por la más poderosa, y amada por la más digna de ser querida en el universo. Y así nos enseña el tiempo, e vemos palpable, lo que nunca debajo del cielo se vido hasta ahora en el poderío e alta majestad de algún príncipe cristiano. Y así se debe esperar que lo que está por adquirir y venir al colmo de la monarquía universal de nuestro César, lo veremos en breve tiempo debajo de su ceptro; y que no faltará reino ni secta, ni género de falsa creencia, que no sea humillada y puesta debajo de su yugo y obidiencia (*Bib. Aut. Esp.*, CXVII, 157a).

Oviedo, y hallarán nueva expresión en el intercambio de *epístolas morales* con el Almirante de Castilla don Fadrique Enríquez (1524).

[18] Véase Ramón Menéndez Pidal, *Idea imperial de Carlos V* (Buenos Aires, 1943), y Anthony Watson, *Juan de la Cueva and the Portuguese Succession* (Londres, 1971), apéndice I, "Two Imperial Policies: *Christian Empire* and *Universal Monarchy*".

Unos veinte años antes la misma idea de Monarquía Universal dirigía y justificaba la ficticia conquista de Francia por Claribalte y sus aliados ingleses y españoles. En la misma vena, el Oviedo maduro aconsejará la anexión política de Alemania a España. [19] Y en la idea de Monarquía Universal, que simboliza el emperador Claribalte, se aunaban imaginativamente Oriente y Occidente, como en la práctica predicará más tarde y muy en serio Fernández de Oviedo:

> Espérase en la misericordia de Dios que [la Cruz] será rrestituýda venciendo nuestro Carlo Quinto emperador al Gran Turco, e *ganando la tierra* e Casa Sancta de Jerusalem. [20]

Pero la temprana expresión del ideal de Monarquía Universal en *Don Claribalte* tiene que haber resultado de embarazosa hipérbole, cuando la imaginativa profecía del autor se hizo realidad con el acceso del Rey de España al Imperio. Nueva y categórica razón para que la novela quedase inconclusa, sin la continuación prometida. Lo que no quiere decir, en absoluto, que Fernández de Oviedo abandonase el ideal expansionista y agresivo de Monarquía Universal, ya que acabó sus días predicando en sus *Quinquagenas* la expansión territorial de España por Oriente. Genio y figura... [21]

---

[19] En un largo acróstico que inserta en su *Quinquagena I*, única publicada (ver nota siguiente), dice en parte: "Tengo pensamiento que aquela [*sic*] elecyón y electores han de ser removidos y pasarse a Castyla", *Quinquagenas de la nobleza de España*, ed. Vicente de la Fuente, I (Madrid, 1880), 131-51.

[20] *Quinquagenas de la nobleza de España*, Biblioteca Nacional de Madrid, ms. 2219, folio 60 recto. Es el autógrafo de Oviedo, cuya edición tengo terminada, ver mi trabajo "Las memorias de Gonzalo Fernández de Oviedo", *Filología*, XIII (1968-69), 65-78. Es la última obra de Oviedo, quien escribe al final de ella: "Acabé de escriuir de mi mano este famoso tractado de la nobleza de España domingo primero día de Pascua de Pentecostés, XXIV de mayo de 1556 años, Lavs Deo, y de mi edad 79 años" (folio 97 vuelto). El Néstor de los cronistas de Indias, como le ha llamado Eugenio Asensio, murió el 26 de junio de 1557.

[21] Antonello Gerbi inicia su estudio ya citado, "El *Claribalte* de Oviedo", *Fénix*..., pág. 378, con esta poco acogedora afirmación: "El *Claribalte* es de veras muy pobre". Según lo que uno valore, añadiré yo. Concurro en que es mala novela, pero afirmo que es excelente documento ideológico. El texto impreso contiene ambas cosas: sólo hay que saber a cuál de los dos preguntar qué cosas. La musa Clío es locuaz, pero hay que saber interrogarla.

LA CONFIGURACIÓN MÍTICA DE LA HISTORIA EN LOS *COMENTARIOS REALES* DEL INCA GARCILASO DE LA VEGA

WILLIAM D. ILGEN
Middlebury College

Se ha discutido mucho el problema de la historicidad de los *Comentarios*. Es, tal vez, el problema que más insistentemente ha preocupado a los muchos que se han dedicado a su estudio. Como se sabe, durante siglos se mantuvo virtualmente indiscutido el valor casi literal de la relación hecha por el Inca de las cosas del Perú antes y después de la llegada de los españoles. Pero desde fines del siglo pasado ha ido cambiando esta valoración tan favorable. Los descubrimientos de Jiménez de la Espada de otras fuentes históricas del mismo período; las controversias entre Menéndez y Pelayo y el historiador peruano José de la Riva Agüero y entre éste y Manuel González de la Rosa; y las más recientes investigaciones de antropólogos e historiadores como Means, Porras Barrenechea y Hemming, han disminuido el crédito que se les da a los *Comentarios* como obra de estricta precisión histórica. Hoy en día nadie les concedería el rango de fuentes primarias para la investigación de la historia antigua del Perú, aunque esto no quita que sigan siendo obra de señalada importancia para el estudio de aspectos parciales de aquella realidad cultural.

Ante la disminución del valor estrictamente testimonial de la obra cabe preguntarse si tal vez, en el afán de encontrar en los *Comentarios* ese anhelado rigor histórico, no se ha sacrificado otro valor de mayor y más duradera importancia; es decir, la interpretación personal que el Inca tuvo del proceso de la conquista del Nuevo Mundo, de *su* Nuevo Mundo. Considerados desde este punto de vista los *Comentarios* ganan en amplitud especulativa lo que pierden en exactitud testimonial. Hacen de Garcilaso más un hombre de letras y un filósofo visionario de la historia que un historiador en el sentido formal de esa palabra. Algo así fue lo que intuyó Menéndez y Pelayo cuando observó, en su dictamen ya clásico, que: "Los *Comentarios* no son un texto histórico; son una novela utópica como la de Tomás Moro, como la *Ciudad del Sol* de Campanella, como la *Océana* de Harrington; el sueño de un imperio patriarcal y regido con riendas de seda, de un siglo de oro gobernado por una especie de teocracia filosófica".[1] Pero claro está que no menos se equivocó Menéndez y Pelayo en su atribución de esta calidad ficticia a la obra que los que quisieron hacer de ella una fiel transcripción de la historia. En realidad los *Comentarios* no son ni fantasía ni mera crónica; son algo a la vez más universal y más personal, y quizá por eso más profundamente verídico, como trataré de mostrar en lo que sigue.

Hay que tener en cuenta que detrás del hecho histórico en los *Comentarios* fluye siempre una fuerte corriente especulativa, corriente a la que no se le suele conceder toda la importancia que merece. Es curioso, por ejemplo, que poca o ninguna atención se le ha dado en el estudio de la obra a un tema que a Garcilaso, en cambio, le pareció tan absolutamente fundamental que quiso abordarlo en su primer capítulo. Se trata, según su propia formulación, de la duda sobre "si el mundo es uno solo o si hay muchos mundos".[2] Verdad es que él mismo afirma que se ocupa del problema "conforme a la común costumbre de los escritores",[3] y esto tendería a convencernos, si no lo miráramos con atención, de que el Inca está simplemente repitiendo un lugar común de la historia antes de empezar con la materia propia de su obra.

---

[1] Marcelino Menéndez y Pelayo, *Historia de la poesía hispano-americana* (Santander: Aldus, S. A. de Artes Gráficas, 1948), II, 75-76.

[2] Garcilaso Inca de la Vega, *Comentarios reales de los incas*, ed. Ángel Rosenblat (Buenos Aires: Emecé Editores, S. A., 1945), I, 11. Todas las citas de los *Comentarios* (primera o segunda parte) se darán de aquí en adelante según esta misma edición y con la sola mención: *Comentarios*, más el tomo y la página en que éstas ocurren. He modernizado levemente la escritura en todas las citas.

[3] Ibíd.

Gran parte de lo que dice en ese primer párrafo sugiere precisamente eso, que se trata sólo de un tópico y nada más. "Pasaremos brevemente",[4] dice, por éste y otros temas. Pero, desmintiendo inmediatamente esa afectada prisa, añade lo que es imprescindible tener en cuenta para poder apreciar la importancia personal que este supuesto tópico realmente encierra para el Inca. Lo que Garcilaso verdaderamente siente está encerrado en la siguiente declaración que a duras penas logra ocultar su evidente desasosiego. "Confiado en la infinita misericordia", exclama, "digo que a lo primero se podrá afirmar que no hay más que un mundo, y aunque llamamos Mundo Viejo y Mundo Nuevo, es por haberse descubierto aquél nuevamente para nosotros, y no porque sean dos, sino todo uno. *Y a los que todavía imaginaren que hay muchos mundos, no hay para qué responderles, sino que se estén en sus heréticas imaginaciones hasta que en el infierno se desengañen de ellas*".[5] Tal vehemencia, como la que se nota en la última frase que yo he subrayado a propósito, nos revela claramente lo lejos que está este tema de ser un mero lugar común para Garcilaso. En realidad es su primera declaración de lo que será la materia principal de su obra: el concepto de la conquista como obra restablecedora de una unidad primordial entre las dos partes separadas de un solo mundo.

Siguiendo una pauta nada nueva en él, pero que él elabora para que responda a su visión particular de la conquista, Garcilaso utiliza una antiquísima teoría cristiana de la historia, la *praeparatio evangelica* de Eusebio de Cesarea (siglo IV d. de J.C.), cuyo centro vital es la encarnación del Hijo de Dios. En el uso tradicional esta teoría teleológica de la historia presupone, además del período de preparación para el nacimiento del Salvador, un período posterior de fruición y de disposición ulterior para el segundo advenimiento, en los últimos tiempos, de Cristo como juez y redentor de la humanidad.

Sin embargo, tanto para el Inca como para los otros cronistas cristianos españoles de su época, este esquema tradicional presentaba un grave inconveniente. Había que aplicarlo a todo un

---

[4] Ibíd., p. 12.
[5] Ibíd.

continente descubierto por el mundo cristiano siglos después del momento histórico de la encarnación. Garcilaso, como tantos otros cronistas de su tiempo, lo resuelve, en parte, transformando a los incas, por analogía, en los griegos y los romanos del Nuevo Mundo, para que así anticipen, en lo civil, la llegada de Cristo con los españoles. Aunque estas analogías —particularmente la romana— no estuvieran difundidas por toda la obra, bastaría citar la famosa comparación que Garcilaso hace del Cuzco y Roma para cerciorarnos de la preocupación constante del Inca por trazar un puente entre una y otra civilización precursora: "Porque el Cuzco, en su Imperio", dice Garcilaso lleno de orgullo, "fue otra Roma en el suyo, y así se puede cotejar la una con la otra porque se asemejan en las cosas más generosas que tuvieron. La primera y principal, en haber sido fundadas por sus primeros reyes. La segunda, en las muchas y diversas naciones que conquistaron y sujetaron a su Imperio. La tercera, en las leyes tantas y tan buenas y bonísimas que ordenaron para el gobierno de sus repúblicas. La cuarta, en los varones tantos y tan excelentes que engendraron y con su buena doctrina urbana y militar criaron". [6]

Pero Garcilaso no se contenta con esta analogía, ya bastante común en los otros cronistas, entre los incas y los romanos; su esquema particular de la *praeparatio evangelica* le exige mucho más. Los incas han de ser no sólo iguales sino superiores a la antigüedad pagana, y así lo vemos cuando el autor nos señala la superioridad moral de los incas —y, lo que es mucho más, de las tribus bárbaras que éstos subyugaron— a los griegos y los romanos. En contraste con ellos, dice Garcilaso, con evidente orgullo, los indios y los incas "no adoraron los deleites ni los vicios, como los de la antigua gentilidad del mundo viejo, que adoraban a los que ellos confesaban por adúlteros, homicidas, borrachos, y sobre todo al Príapo, con ser gente que presumía tanto de sus letras y saber". [7]

La meta evidente de Garcilaso en ésta y otras comparaciones tan ventajosas para los incas en contraste con los paganos de la antigüedad clásica es la de preparar el terreno para una ulterior y mucho más audaz analogía entre los incas y el pueblo esco-

---

[6] *Comentarios*, II, 102.
[7] *Comentarios*, I, 75.

gido de Jehová en el Antiguo Testamento. Sin embargo, por razones que son fáciles de adivinar, dadas las implicaciones algo heterodoxas de una tal identificación entre el paganismo de los indios y la historia sagrada, las referencias son aquí más moderadas. Se señalan, sin embargo, leyes incaicas sobre el matrimonio que son como las de las "tribus de Israel", [8] y una fiesta, el Raimi, que, por su semejanza ritual a la tradicional celebración religiosa hebrea, Garcilaso denomina adrede, su "pascua". [9] Pero lo más significativo de la intención de Garcilaso es su referencia al Dios desconocido de los incas, el gran Pachacámac, cuyo nombre era mencionado sólo en las más solemnes circunstancias, precisamente como el de Jehová entre los hebreos, que suele todavía sustituirse, entre los hebreos ortodoxos, por los nombres menos sagrados de Adonaí o Elohím.

Todas estas analogías entre el mundo antiguo de los gentiles y los hebreos y la civilización incaica caen dentro del plan de la *praeparatio evangelica* enunciado por Garcilaso desde el capítulo XV del primer libro de su obra, en que declara el origen de los reyes incas del Perú. Y es aquí también donde Garcilaso sugiere una de sus más temerarias analogías. En la necesidad de trasladar el esquema mesiánico al Nuevo Mundo, sugiere algo así como un atisbo del misterio de Cristo concedido a los pueblos bárbaros del Perú por el Dios cristiano para prepararlos para la recepción del cristianismo que traerían los españoles. "Viviendo o muriendo aquellas gentes de la manera que hemos visto", nos dice el Inca, "permitió Dios Nuestro Señor que de ellos mismos saliese un lucero del alba que en aquellas oscurísimas tinieblas les diese alguna noticia de la ley natural y de la urbanidad y respetos que los hombres debían tenerse unos a otros, y que los descendientes de aquél, procediendo de bien en mejor, cultivasen aquellas fieras y las convirtiesen en hombres, haciéndoles capaces de razón y de cualquiera buena doctrina, para que cuando ese mismo Dios, sol de justicia, tuviese por bien enviar la luz de sus divinos rayos a aquellos idólatras, los hallase no tan salvajes, sino más dóciles para recibir la fe católica y la enseñanza y doctrina de nuestra Santa Madre Iglesia Romana, como

---

[8] Ibíd., p. 195.
[9] *Comentarios*, II, 46.

después acá lo han recibido".[10] La alusión al lucero del alba es una evidente referencia a aquel pasaje del Apocalipsis (II, 28) donde Cristo se promete, a manera de premio, precisamente bajo este título de lucero del alba, a todos aquellos que hagan su voluntad y le sean fieles hasta el fin de los tiempos. En la audaz alusión de Garcilaso el lucero del alba es precisamente la primera pareja inca, Manco Cápac y Mama Ocllo Huaco, fundadores de la dinastía y prefiguraciones de Cristo para una civilización que sólo lo llegaría a conocer muchos años después con la llegada oficial del cristianismo mediante la conquista. Los incas han de ser, por lo tanto, el pueblo de la promesa que, como los griegos y los romanos en filosofía, artes y derecho, y los hebreos en religión, han de preparar a los bárbaros para la venida del Mesías.

Pero Garcilaso no se conforma con la sola elaboración de un esquema tradicional muchas de cuyas líneas esenciales utilizaron también tantos otros cronistas de la conquista. Para él la historia de lo sucedido en el Perú tiene un significado mucho más profundo y personal. Y no se trata sólo de ese amor natural por la patria y por su doble ascendencia hispano-incaica que tan claramente nos demuestra a través de su obra entera. Es algo que indudablemente nace de este amor, pero que se nutre de otra fuente que es imprescindible investigar; es decir, la avasalladora visión filosófica de su maestro, León Hebreo.

Es curioso que a pesar de lo mucho que se ha venido escribiendo sobre los *Comentarios* casi desde el momento en que aparecieron, tan poco se haya dicho sobre la posibilidad de una relación más que puramente casual entre éstos y aquella obra primeriza de cuya redacción tanto se preció su autor, la traducción de los *Diálogos de amor* de León Hebreo. Pocos parecen haberse preocupado siquiera por la razón que puede haber inducido al Inca a traducir ese libro en particular y no otro cualquiera de los muchos que hubiera podido escoger del riquísimo patrimonio renacentista italiano. ¿Qué habrá tenido de particular esa obra para haberle llamado tanto la atención a Garcilaso?

La mayor parte de los comentaristas se han atenido a la respuesta sugerida por el mismo Garcilaso en varias ocasiones; es

---

[10] *Comentarios*, I, 39.

decir, que dio en traducir el libro de León Hebreo "cebado de la dulzura y suavidad de su filosofía". [11] Y no es que se hayan equivocado los que han aceptado esta explicación válida del autor; es que no se han dado entera cuenta del verdadero vacío más allá de toda necesidad de dulzura y suavidad que en el pensamiento de Garcilaso llenan estos *Diálogos de amor*.

Poca atención se le ha dado a un aspecto de los *Comentarios* que cabe ahora mirar a la luz de estas consideraciones. ¿Qué lector no se habrá dado cuenta que lo que tiene entre manos es mucho más que la mera documentación de un proceso histórico impersonal? Detrás del suceso histórico y del dato cultural bulle siempre, a través del libro entero, otra preocupación que, lejos de ser ajena a esa corriente histórico-cultural, está íntimamente entrelazada con ella. Se trata, claro está, de la vida del autor que a menudo —pero no siempre— sale a la superficie del relato. Hay que tener bien en cuenta que los *Comentarios* son, al mismo tiempo, historia y autobiografía. Pero lo que tal vez no sea tan evidente es que, en la intención de Garcilaso, parecen haber sido más bien, y de un modo muy particular, una historia autobiográfica, es decir, una historia en cuyo centro está reflejada nada menos que la problemática personal del propio autor.

Garcilaso es —y nos lo dice de mil maneras en toda su obra— radicalmente mestizo, hijo de madre india y de padre español. Además le hiere —¿quién lo duda?— el problema de la raza. Si no, ¿cómo se explica esa letanía incesante a la vez de tímida disculpa y de orgullosa defensa de su raza materna? ¿Qué lector no recuerda esas tan frecuentes exculpaciones por el estilo de ésta que escojo ahora al azar del primer libro de los *Comentarios*? "Al discreto lector suplico reciba mi ánimo que es de darle gusto y contento, aunque las fuerzas ni el habilidad de un indio nacido entre los indios y criado entre armas y caballos no puedan llegar allá." [12] Y así tantas otras de igual cariz. O aquella otra de tono completamente contrario, todo jactancia, en que Garcilaso se declara orgulloso del tratamiento de mestizo que se le

---

[11] Garcilaso Inca de la Vega, *Obras completas*, ed. P. Carmelo Sáenz de Santa María, S. J. (Madrid: Ediciones Atlas, 1960), IV, 180.
[12] *Comentarios*, I, 50.

da y declara que "por ser nombre impuesto por nuestros padres y por su significación, me lo llamo yo a boca llena, y me honro con él".[18]

Esta tensión interna es la que, en un primer momento, los *Diálogos* le ayudan a conllevar y la que más tarde se refleja en los *Comentarios,* donde la historia revela no sólo un proceso exterior sino también un profundo conflicto interior que el autor va aliviando en el acto mismo de escribir —ya inspirado por el pensamiento de León Hebreo— la historia de lo ocurrido en su tierra. Para Garcilaso los *Comentarios* son nada menos que una proyección y una idealización en la historia de su patria de su problemática personal. La conquista es para él, por lo tanto, el intento de realizar en el vasto panorama de la historia un mestizaje ideal entre el Nuevo y el Viejo Mundo. Y la fuente de tan peregrina interpretación de la conquista es precisamente el pensamiento de León Hebreo en los *Diálogos de amor,* cuyo tema central no es otro que el poder reconciliador del amor como vínculo universal de todo el ser del universo.

Hay en el tercero de los *Diálogos* un pasaje que nos ayudará a ver esto con mayor precisión. Se trata de aquella larga discusión en que Filón y Sofía, los dos dialogantes del libro, van explicando el origen del amor a base de dos fábulas antiguas, la una platónica y la otra bíblica. Según estas fábulas el hombre era originalmente un ser andrógino, es decir que tenía, en su estado de perfección primitiva, una naturaleza doble, a la vez masculina y femenina. Así Filón, explicando el relato platónico, dice: "Los hombres primero eran doblados, medio machos y medio hembras, unidos en un cuerpo".[14] Y de manera análoga dice del mito bíblico: "Adán, que es el primer hombre al cual crió Dios en el sexto día de la creación, siendo un supuesto humano, contenía en sí macho y hembra sin división, y por esto dice [la Sagrada Escritura] que Dios crió a Adán a imagen de Dios, macho y hembra los crió".[15] En esta naturaleza doble precisamente consistía la entereza y perfección del hombre, pero conforme a la una y la otra fábula tanto Júpiter como Jehová decidieron dividirlo en

---

[18] *Comentarios*, II, 279.
[14] Garcilaso, *Obras completas*, I, 178.
[15] Ibíd., p. 172.

macho y hembra y fue de esta división que nació el amor "porque todo medio desea y ama la reintegración de su medio restante". [16]

Nada de esto tendría mayor importancia para nosotros si esta teoría del amor como lazo reintegrante de la perfección originaria del hombre no se extendiera más allá del amor humano. Pero, como ya se ha indicado, el amor para León Hebreo es mucho más: es nada menos que una fuerza universal "que vivifica y penetra todo el mundo", y una "ligadura que une todo el universo". [17] El pasaje que venimos comentando cobra además, una particular importancia apenas nos damos cuenta de que todo el pensamiento de León Hebreo en los *Diálogos* depende de una visión claramente antropomórfica del universo entero. Como dice el mismo Filón: "Todo el universo es un individuo; esto es, como una persona". [18] Y como el hombre, según la teoría expuesta, encuentra su perfección sólo en la unión amorosa que reintegra las partes separadas de su antigua unidad, así también todo el universo busca incesantemente la unión amorosa de su parte masculina con su parte femenina, porque, como le explica Filón a Sofía: "Siendo todo el universo ... un hombre o un animal que contiene macho y hembra, y siendo el cielo uno de los dos perfectamente con todas sus partes, ciertamente puedes creer que es el macho o el hombre, y que la tierra y la materia primera con los elementos, es la hembra, y que éstos están siempre ambos a dos conjuntos en amor matrimonial". [19] Fue precisamente esta teoría del amor como fuerza reintegradora universal la que más atrajo a Garcilaso y la que él más disfrutó en la elaboración de su audacísima reinterpretación del proceso entero de la conquista del Perú en términos que, rebasando la historia, abordan el campo de la metafísica y del mito.

Esto más que nada ayuda a explicar por qué Garcilaso insiste tanto en la división que hizo de su obra. Como el destino lo dividió a él mismo en una parte india y una parte española, así también dividió él sus *Comentarios* en dos partes de una sola obra

---

[16] Ibíd., p. 178.
[17] Ibíd., p. 103.
[18] Ibíd., p. 102.
[19] Ibíd., p. 61.

indivisible.[20] Como el hombre y el universo andrógino de León Hebreo, los *Comentarios* están compuestos de un elemento femenino, el Perú incaico de su madre, y un elemento masculino, la Nueva Castilla española de su padre conquistador. Éste, y no sólo el intento de expresar su devoción filial, dedicando la primera parte a su madre y la segunda a su padre, es el verdadero sentido de la división que hizo Garcilaso de sus *Comentarios*.

Esta visión de la historia de la conquista, vale decirlo claramente, es sólo un ideal, porque nada le impide a Garcilaso reconocer que la conquista fue en realidad una tragedia y así lo declara al final de su obra.[21] Pero dentro de su visión idealizadora de lo que hubiera podido suceder, en contraste con lo que realmente sucedió, la nota dominante es la de una unión de dos culturas diversas en un lazo de amor; la historia, es decir, de un mestizaje ideal. Y, a la base de esa historia, lo que vemos es algo que sobrepasa todos los esquemas de la historiografía tradicional. Más allá aun del plan de la *praeparatio evangelica* vemos a aquel andrógino platónico con que Garcilaso intenta claramente sobreponerse a las adversidades de la historia, suya y de su patria, mediante la "dulzura y suavidad" de aquella filosofía aprendida en los *Diálogos* de su maestro, León Hebreo.

---

[20] Es preciso tener bien en cuenta que Garcilaso habla siempre de la primera y la segunda parte de los *Comentarios*; nunca de los *Comentarios* y la *Historia general del Perú*. Este último título de la segunda parte es póstumo y contrario a sus designios.

[21] Dice allí amargamente: "Ejecutada la sentencia en el buen príncipe [Túpac Amaru, último vástago de la sangre real de los incas sentenciado a muerte por el Virrey Francisco de Toledo] ejecutaron el destierro de sus hijos y parientes a la Ciudad de los Reyes, y el de los mestizos a diversas partes del Nuevo Mundo y Viejo, como atrás se dijo, que lo antepusimos de su lugar, por contar a lo último de nuestra obra y trabajo lo más lastimero de todo lo que en nuestra tierra ha pasado y hemos escrito, por que en todo sea tragedia, como lo muestran los finales de los libros de esta segunda parte de nuestros *Comentarios*. Sea Dios loado por todo". *Comentarios*, V, 250-251.

PICARESCA HISPANOAMERICANA: DE OQUENDO A LIZARDI

Luis Leal
University of Illinois

El descubrimiento del Nuevo Mundo ocurre antes de que exista la literatura picaresca en España; mas no los pícaros. Cuando Colón preparaba sus carabelas ya ese personaje formaba parte de la sociedad hispana, si bien el término no aparece por escrito hasta 1548, en la *Carta del Bachiller de Arcadia al Capitán Salazar*.[1] En el Nuevo Mundo la palabra no la hemos encontrado antes de 1598; en la *Sátira a las cosas que pasan en el Pirú, año de 1598*, del poeta popular, pícaro y aventurero Mateo Rosas de Oquendo, leemos:

> ¡qué de ventanas se abren!
> ¡qué de pícaros son condes![2]

También se refiere a la picaresca en otras poesías, como por ejemplo en la *Carta de las damas de Lima a las de México*, en donde dice:

> Y después como hombre mozo
> salió al campo a refrescarse
> entre pícaras fregonas
> en su picaño lenguaje.

---

[1] Ver Fonger de Haan, "Pícaros y ganapanes" en el *Homenaje a Menéndez y Pelayo*, II (Madrid, 1899), 149-190.

[2] A. Paz y Melia, "Cartapacio de diferentes versos a diversos asuntos compuestos o recogidos por Mateo Rosas de Oquendo", *Bulletin Hispanique*, VIII (1906), 154-162, 257-278; IX (1907), 154-185. La cita en VIII, 259.

> Habla en diferentes lenguas
> porque quiere declararse,
> que es tan pícaro con ellas
> como con nosotras grave. (IX, 167)

Y también:

> Entre amigos apacible,
> entre damas agradable,
> con nobles manso y discreto,
> con pícaros arrogante. (IX, 168)

Durante la época de la conquista Bernal Díaz del Castillo nos dice que varios chocarreros y truhanes venían en los ejércitos de Cortés y Pánfilo de Narváez. Su comportamiento, semejante al que asociamos al de los pícaros, nos hace suponer que pertenecían a la misma calaña. En el capítulo 205 de la *Historia verdadera* nos da Bernal Díaz una lista de los capitanes, soldados y marinos que acompañaron a Cortés en 1519. Ahí se habla también de Maese Rodas, verdadero precursor del Periquillo de Lizardi en la práctica de la medicina sin conocimientos o licencia. Como era su costumbre, Bernal Díaz abandona su relación histórica para contarnos la siguiente anécdota:

> Y quisiera poner una cosa de donaire, y es que un vecino de México que se dice el maestre de Roa, ya hombre viejo, y tiene un gran lobanillo en el pescuezo y era su cuerpo cuatro palmos, como tiene nombre de maestre de Roa le nombraron adrede maese de Rodas, porque este comisario fue al que el marqués hubo enviado a llamar a Castilla para que le curase el brazo derecho, que tenía quebrado de una caída de caballo después que vino de Honduras [...] y tuvo tal conocimiento con la señora doña María de Mendoza, mujer del comendador mayor, de un don Francisco de los Cobos, que le convocó y la prometió de darle cosas con que pariese, y de tal manera se lo decía, que le creyó, y la señora doña María le dijo que si paría que le daría dos mil ducados y le favorecería en el Real Consejo de Indias para haber otros pueblos de indios, y asimismo le prometió el mismo maese de Rodas al cardenal de Sigüenza, que era presidente de Indias, que le sanaría de la gota, y el presidente se lo creyó, y luego le proveyeron, por mandado del cardenal y por favor de la señora María de Mendoza

de muy buenos indios, mejores que los que tenía, y lo que hizo en las curas fue que ni sanó al marqués de su brazo, antes se le quedó más manco, puesto que se lo pagó muy bien y le dio los indios por mí memorados, ni la señora doña María de Mendoza nunca parió, por más letuarios calientes de zarzaparrilla que la mandó comer, ni el cardenal sanó de su gota. [3]

La presencia de tanto pícaro en el Nuevo Mundo movió a Rosas de Oquendo a escribir con ironía:

> Todos son hidalgos finos
> de conocidos solares;
> no viene acá Juan Muñoz,
> Diego Xil, ni Pedro Sánchez;
>
> * * *
>
> Pero yo sé lo que pasa,
> que viene por esa parte;
> sola una caxa metieron
> con cierto matalotaxe;
> una sartén y una olla,
> inventoras de potaxes;
> una cuchara de palo,
> atún, aceite y vinagre;
> una cama en un serón,
> arrimada al cabrestante.   (VIII, 257-258)

Unos cuantos años más tarde Dorantes de Carranza, hijo de conquistador, exclamaba: "¡Oh Indias! vuelvo a decir: confesión de tropiezos, alcahuete de araganes [...] asención de livianos y desvergonzados, trujumán de trampas [...] ¡Oh Indias! madre de extraños, abrigo de forajidos y delincuentes, patria común a los innaturales [...], hartura de los hambrientos, paño con que cubrís y vestís a los desnudos". [4]

Y Cervantes, refiriéndose al protagonista de *El celoso extremeño*: "Viéndose, pues, tan falto de dineros, y aun no con

---

[3] Bernal Díaz del Castillo, *Historia verdadera de la conquista de la Nueva España* (México, 1944), III, 187.

[4] Baltasar Dorantes de Carranza, *Sumaria relación de las cosas de la Nueva España...* (México, 1902), pp. 113-114.

muchos amigos, se acogió al remedio a que otros muchos perdidos en aquella ciudad [Sevilla] se acogen, que es el pasarse a las Indias, refugio y amparo de los desesperados de España, iglesia de los alzados, salvoconducto de los homicidas, pala y cubierta de los jugadores a quienen llaman ciertos [tramposos] los peritos en el arte, añagaza general de mujeres libres, engaño común y remedio particular de pocos". [5]

No todos los pícaros, por supuesto, eran de origen español. Entre los indígenas también se conocía el prototipo. Fr. Bernardino de Sahagún, en 1569, describe en estos términos al chocarrero indígena: "El chocarrero es atrevido, desvergonzado, alocado, amigo del vino, y enemigo de buena fama. El buen chocarrero es suave y gracioso en su habla, y hábil para decir muchos donaires. El mal chocarrero es penoso en su habla, tonto e inhábil para decir las gracias, y las dice fuera de propósito". [6] El rufián, según Fr. Bernardino, es "mozo desbaratado, anda como hechizado o muy beodo, fanfarronea mucho, ni puede guardar secreto, es amigo de mujeres, perdido con algunos hechizos, o con algunas cosas que sacan al hombre de su juicio, como son los malos hongos, y algunas yerbas que desatinan. El viejo putañero es de poca estima y de mala fama, alocado, tonto y necio" (II, 198; X, xi).

La conjunción de estos dos tipos, el español y el indio, dio origen a un pícaro criollo, el *lépero*, más tarde admirablemente descrito por Fernández de Lizardi en sus novelas.

Si los pícaros de carne y hueso eran atraídos por la Jauja que pensaban encontrar en las Indias ¿por qué no los pícaros ficticios? Y así ocurre precisamente. Los primeros pícaros a quienes —dentro de una obra narrativa— el autor hace viajar al Nuevo Mundo son Lugo y Lagartija, personajes en la comedia *El rufián dichoso* de Cervantes. Esa obra se inspira, por supuesto, en los datos que el cronista novohispano Dávila Padilla da sobre el pícaro Cristóbal Lugo en la *Historia ... de la Orden de los predicadores* (Sevilla, 1596). A Lugo y Lagartija les sigue Don Pablos (*El buscón*, 1626) de Quevedo, quien pasa a Indias con su amiga la

---

[5] Miguel de Cervantes Saavedra, *Novelas ejemplares* (Buenos Aires, 1939), II, 9.

[6] Fr. Bernardino de Sahagún, *Historia general de las cosas de Nueva España* (México, 1946), II, 200 (Lib. X, Cap. xi).

Grajal: "Determiné —dice—, consultándolo primero con la Grajal, de pasarme a Indias con ella, a ver si mudando mundo y tierra, mejoraría mi suerte; y fueme [como vuesa merced verá en la segunda parte, *Mss.*] peor, pues nunca mejora su estado quien muda solamente de lugar y no de vida y costumbres". [7] Esas aventuras de Don Pablos en Indias que prometió Quevedo para una segunda parte del *Buscón* nunca fueron publicadas, y tal vez ni siquiera escritas. En 1776, sin embargo, el escritor francés Restife de la Bretonne, cual otro Avellaneda, se atrevió a escribir unas aventuras de Don Pablos en el Nuevo Mundo, mas lo hizo con poco ingenio. Y en nuestros días, el colombiano Enrique Bernardo Núñez se lanza con un *Don Pablos en América* (1932). El ejemplo de Don Pablos lo imitan otros pícaros que pasan a Indias; entre ellos, Alonso, mozo de muchos años, Lazarillo de Manzanares, El soldado Píndaro, Don Querubín de la Ronda y Scipion, criado de Gil Blas. [8]

Genuino representante de la actitud picaresca ante la vida fue el poeta sevillano Mateo Rosas de Oquendo, autor de varios romances y algunas sátiras representativos del género. Uno de los romances, "Respuesta de una carta que un amigo escribió a otro", lo mismo que la *Sátira* de 1598 sobre el Perú, constituyen una verdadera autobiografía de un pícaro, además de ser mordaz comentario sobre la vida colonial. Oquendo, como es tradicional en la literatura picaresca, comienza desvalorando su origen y posición social:

> Solo yo soy un pobrete
> sin Don y con mil azares,

---

[7] Francisco de Quevedo y Villegas, *Historia de la vida del Buscón, llamado Don Pablos; exemplo de vagamundos y espejo de tacaños*. Ed. crítica por Roberto Selden Rose (Madrid, 1927), p. 279.

[8] Las aventuras de Scipion en México las cuenta el teniente coronel español Bernardo María de Calzada, quien publicó en Madrid en 1792 la *Genealogía de Gil Blas*, continuación de la vida de este famoso sujeto por su hijo don Alfonso Blas de Liria. Julio Jiménez Rueda entresacó los capítulos relativos a México y los publicó con el título *Gil Blas de Santillana, en México* (México, 1945); con el *Sueño de sueños* de José María Acosta Enríquez forman el tomo 55 de la colección "Biblioteca del Estudiante Universitario". La obra de Calzada es una simple traducción de una obra anónima en inglés, *The Adventures of don Alfonso Blas de Lirias*... (London, 1741).

con un nacimiento humilde
y un título de Juan Sánchez. (VIII, 272)

En Panamá, donde se encontraba sin blanca, se gana la vida con un boticario, no envenenando a los clientes como el Periquillo sino componiendo versos de amor para el enamorado farmacista:

Al fin llegué a Panamá
sive "Los Diablos la Blanca",
tanto que, por no tenella,
era mi cama unas tablas.
Pero la necesidad,
como el ingenio adelgaza,
valióme la poesía,
con que comí dos semanas.
Porque hallé un boticario
tan rendido a una mulata,
que volví la nieve fuego
con hacelle dos otabas. [9]

En 1598 Oquendo se despide del Perú con una sátira en la que pinta en términos de novela picaresca la vida colonial en el Virreinato. Y ya en México, hace lo mismo en la *Sátira que hizo un galán a una dama criolla que le alababa mucho a México* (IX, 159-163). Si no escribió una novela picaresca no fue por falta de materiales: la vida en Perú y México durante los últimos años del siglo XVI era semejante a la de España, en donde Mateo Alemán había de escribir su *Guzmán de Alfarache* en 1599. Pero una vez que pasa al Nuevo Mundo, lo único que publica es una *Ortografía*. Su novela, en cambio, tuvo gran popularidad en las Indias desde que llegó el primer ejemplar, que fue el año que se publicó. [10]

---

[9] "Respuesta de una carta que un amigo escribió a otro" en Alfonso Reyes, "Sobre Mateo Rosas de Oquendo, poeta del siglo XVI", *Revista de Filología Española*, IV (1917), 341-370; sobre Oquendo ver también Fernando Cabrices, "Mateo Rosas de Oquendo, poeta satírico de la conquista", *Revista Nacional de Cultura*, V, 40 (set.-oct., 1943), 10-16; José M. Vélez Picasso, "Un satírico olvidado, Mateo Rosas de Oquendo", 3, núm. 4, Lima (mar., 1940), 5-15.

[10] Sobre la suerte del *Guzmán* en América ver Irving A. Leonard, *Los libros del conquistador* (México, 1953), cap. XVII.

El caso de Oquendo no es único. Su contemporáneo Juan Rodríguez Freile (1566-*ca*. 1638) también veía el mundo desde un punto de vista picaresco. Su obra única, *El carnero* (escrita en 1636, publicada en 1859), contiene tantos elementos picarescos como las poesías de Oquendo. La vida en Bogotá no era diferente de la vida en México o Lima. Destacaremos el nombre de un pícaro colombiano mencionado por Fraile, Juan Roldán, alguacil de corte, pero sin empleo, que se gana la vida picarescamente. Primero se le encarga que lleve un pliego a Cartagena y lo hace engañando a la gente del visitador. Después éste lo emplea de soplón. Cuando un amigo del visitador está preso, se ofrece a ponerlo en libertad y lo hace proporcionándole limas en una torta de pan. En prisión le dan tormento, pero logra evadir a sus atormentadores fingiéndose muerto. En fin, la vida de Juan Roldán es la de un verdadero pícaro. [11]

Después de *El carnero*, en Hispanoamérica hay que esperar más de medio siglo para que se publique otra obra narrativa en la que encontramos algunos elementos característicos de la literatura picaresca. Nos referimos a los *Infortunios de Alonso Ramírez* (1680) de Carlos de Sigüenza y Góngora, boceto de novela en la que la estructura, mas no la actitud del narrador, es picaresca. El puertorriqueño Alonso Ramírez es un mozo de muchos amos mientras se encuentra en Puerto Rico y en México; mas cuando pasa a Cavite ocupa una posición que requiere responsabilidad; y sus aventuras con los piratas ingleses, más que picarescas, son de naturaleza bizantina. Si bien la forma es autobiográfica, y en la primera parte Alonso se comporta como un pícaro, la segunda parte de la obra se parece más a un libro de viajes que a una novela picaresca. Además, no se moraliza, y no hay episodios humorísticos o satíricos. La conducta del héroe, además, es el resultado de un código moral que no es el de los pícaros. [12]

Un siglo ha de pasar antes de que aparezca otra obra que se valga de los recursos narrativos característicos de la literatura picaresca. En 1773 Alonso Carrió de la Vandera (*ca*. 1715-1778),

---

[11] Juan Rodríguez Freile, *El carnero* (Bogotá, 1963), pp. 198-221.
[12] Ver Raúl H. Castagnino, "Carlos de Sigüenza y Góngora o la picaresca a la inversa" *Razón y Fábula*, 25 (mayo-junio, 1971), 27-34.

bajo el seudónimo Calixto Bustamante Carlos Inca, Concolorcorvo, publica *El Lazarillo de ciegos caminantes*, obra que tiene la forma de un itinerario entre Buenos Aires y Lima. Escrito con espíritu picaresco en primera persona, encontramos (lo que no hay en los *Infortunios de Alonso Ramírez*) una actitud de abierta crítica a la sociedad, lo mismo que los pasajes moralizantes. Como verdadero pícaro, el narrador se denigra a sí mismo: "Yo soy indio puro, salvo las trampas de mi madre, de que no salgo fiador". [13]

A las anteriores podríamos añadir algunas obras menores, tales como *El mosqueador* (1742) del guatemalteco Antonio Paz y Salgado (m. 1757), *La portentosa vida de la muerte* (1792) del mexicano Joaquín Bolaños, los *Apuntes de la vida de D. José Miguel Guridi y Alcocer* y el *Sueño de Sueños* (1801?) de José Mariano Acosta Enríquez, ambos mexicanos. [14] La obra de Salgado, cuyo subtítulo es "abanico con visos de espejo para ahuyentar y representar todo género de tontos, moledores y majaderos", es más satírica que picaresca. El bibliógrafo mexicano J. M. Beristáin de Souza, en la *Biblioteca Hispanoamericana Septentrional* (1816-1821), decía de Salgado: "No me atreveré a llamarle el Quevedo de Guatemala. Pero si D. Diego de Torres Villarroel quiso imitar a aquel genio original de la Antigua España, nuestro Paz en la Nueva dio muchos pasos sobre las huellas del juvenal español, y con mucho decoro". La única característica que encontramos en la obra de Bolaños, en cuanto a la novela picaresca, es la estructura: los capítulos están unidos por la presencia del protagonista, la Muerte en persona. En los episodios, contados en tercera persona por un autor omnisciente, no hay humor y el protagonista, la Muerte, no tiene las características del pícaro. En el

---

[13] Concolorcorvo, *El Lazarillo de ciegos caminantes* (Buenos Aires, 1946), p. 27.

[14] Antonio Paz y Salgado, *El mosqueador* (Guatemala, 1742); Joaquín Bolaños, *La portentosa vida de la muerte* (México, 1792); hay ed. moderna, incompleta, en la colección del Estudiante Universitario, con *Los sirgueros de la Virgen* (1620) de Francisco Bramón (México, 1943), con Prólogo de Agustín Yáñez; *Apuntes de la vida de D. José Miguel Guridi y Alcocer por él mismo en fines de 1801 y principios del siguiente de 1802. Manuscrito inédito de la colección de D. Joaquín García Icazbalceta, que publica por primera vez su hijo D. Luis García Pimentel...* (México, 1906); José Mariano Acosta Enríquez, *Sueño de sueños* (México, 1945).

capítulo X, sin embargo, encontramos algunos elementos picarescos en la persona del Doctor Rafael Quirino Pimentel de la Mata, que prefigura al Doctor Purgante de Lizardi en el *Periquillo*. Los *Apuntes* de Guridi y Alcocer no pertenecen al género picaresco. Sin embargo, algunos de los episodios de esta autobiografía son de naturaleza picaresca; uno de ellos, el del protagonista metido a torero, también nos recuerda uno de los lances del *Periquillo*. [15]

Según parece, una obra recientemente descubierta tiene características semejantes a las anteriores. Trátase del manuscrito inédito *La Endiablada* del peruano Juan Mogrovejo de la Cerda, descubierto en la biblioteca de Solórzano Pereira por Antonio Rodríguez Moñino, quien dice:

> Trátase de un relato satírico-moral con el título de *La Endiablada*, del doctor don Juan Mogrovejo de la Cerda. Influidísima por Quevedo, es, a nuestro juicio, la primera ficción novelesca que se escribe en el Perú. En la dedicatoria que hace el autor al Dr. Solórzano Pereira, le dice: "Esta, señor, que ofrezco a v. m., se llama *La Endiablada* y puesto que no tiene cosa que no lo sea, no dirá el vulgo por lo menos que no corresponde al título demasiado puntual. Un diablo chapetón y otro baquiano (harto habladores) me ocasionaron este discurso, de quien no soy autor sino parlero, suplico a Vmd. no se divulgue que no les guardo secreto porque no se recaten y pueda yo oirles en otra ocasión. Dellos nos libre Dios y todos y guarde a Vmd".
>
> En *La Endiablada* se pasa revista al clima moral del Perú, no sólo de Lima, y con el pretexto de una conversación en voz alta entre un diablo colocado en medio de la calle de los Mercaderes y otro en los portales de la Providencia "en una noche, la más apacible de las que en Madrid ofrece mayo y en Lima diciembre", vemos desfilar a muchos tipos de la picaresca virreinal. [16]

Hasta que el manuscrito de Mogrovejo no se publique y pueda ser estudiado, tenemos que seguir considerando *El Periquillo Sar-*

---

[15] Sobre Guridi ver Luis G. Urbina, Pedro Henríquez Ureña y Nicolás Rangel, *Antología del Centenario* (México, 1910), II, 545-575.
[16] Antonio Rodríguez Moñino, "Manuscritos literarios peruanos en la biblioteca de Solórzano Pereira", *Caravelle*, 7 (1966), 93-121; la cita en la p. 99.

niento (1816) de Fernández de Lizardi como la primera novela hispanoamericana; y sin duda, la primera novela picaresca de autor americano. En Lizardi encontramos conciencia plena del género. En su novela la tradición picaresca desde el *Lazarillo* hasta la *Vida* de Villarroel, pasando por el *Guzmán* y sobre todo el *Gil Blas*, deja su huella. El título nos hace pensar en *El Periquillo de las Gallineras* (1668) de Francisco de Santos, si bien las semejanzas ahí terminan.

Un precursor de Lizardi es, sin duda, José Mariano Acosta Enríquez, el autor de *La levadura de sueño de sueños* (1801?), obra en la que por primera vez en la literatura mexicana irrumpe el lépero, personaje original en la picaresca mexicana. Se manifiesta en Acosta Enríquez, además, una conciencia de la sátira y la picaresca; se mencionan el *Rinconete y Cortadillo* de Cervantes (*ed. cit.*, p. 125) y el *Gil Blas de Santillana* (p. 150). El narrador, en su sueño, acompaña a Quevedo, Cervantes y Torres Villarroel en un viaje por los espacios de la muerte, en el cual desfilan una serie de personajes literarios y populares, entre otros Merolico, Martín Garabato, Berjoletas, Juan Gargajo, San Cuilmas de Petate, Pispis y Gañas, El Rey que Rabió, Juan Orozco, Julio Tortilla, Juan Soldado, Mateo Pico, El Rey Perico y otros tantos. En la procesión aparece una comitiva de léperos; uno de ellos dice: "Esas que acaban de pasar son las de la hoja, tras de quienes vamos los léperos, que por ser muy parcias los tres que presentes estamos, siempre andamos juntos y somos los tres de la vida airada, pero no porque seamos iracundos ni amigos de la ira, como creen algunos, sino porque nos gustó siempre andar paseando y tomando el aire" (p. 183). Quevedo, que acompaña al narrador, dice: "Esta es gente alegre y aguda y viven como dicen, a la birlonga, sin dárseles un pito de nada; así se aplicaran al trabajo y tuvieran vergüenza, que de otra manera anduvieran las cosas, pero ya se hace gala de la ociosidad, zanganería y leperuscada en el mundo. Esto lo digo así porque decir lépero y zángano es tenido por una misma cosa, y de lépero se deriva leperusco, y a los leperuscos también llaman macutenos, y advierte que esta gente y este estilo en que te voy hablando no es de mi tiempo, ni de la tierra donde viví, sino del suyo y de la tierra que habitas" (p. 183).

La contribución de Fernández de Lizardi al género es la creación de prototipos picarescos originales: el lépero, el catrín, la pícara pomposa, el pelado, todos ellos genuinamente representativos de la nueva sociedad mexicana. Las diferencias entre estos tipos han sido estudiadas por Agustín Yáñez, quien dice: "El *pícaro* reacciona con ingenio, muchas veces inmoral y anti-inmoral, no exento de hipocresía, para amoldarse a las circunstancias y poder vivir sin trabajos; el *lépero* —incapaz de nada noble, ni siquiera de los recursos ingeniosos del *pícaro*— reacciona con villanía y bajeza; y el pelado propiamente dicho reacciona sin otra malicia que su voluntad libertaria, su cansancio de postergación y su miseria orgullosa, no para insertarse o acomodarse en ajeno estilo de vida, como el *pícaro*, o para desahogar su cloaca, como el *lépero*, sino para defender su género de existencia y su aspiración autonomamista y autárquica. El *pícaro* es cobarde y mendaz; el *lépero*, alevoso y montonero; el *pelado*, valiente e individualista". [17]

Podríamos comparar *El Periquillo* de Lizardi a sus prototipos españoles y demostrar las semejanzas. Pero hay que recordar que la novela de Lizardi pertenece a una nueva época, una época durante la cual las ideas de Rousseau se dejan sentir, [18] una época que comienza a ser cambiada por la nueva ciencia, por las nuevas ideas políticas en torno a la libertad, la igualdad y la fraternidad. *El Periquillo* fue escrito después de las revoluciones norteamericana y francesa, después de que Hidalgo y Morelos habían comenzado a luchar por la independencia política de México. Si *El Periquillo* es la primera novela hispanoamericana, también es la primera que, como un espejo, nos muestra una sociedad en decadencia, carcomida, fácil de hacerla rodar.

El Periquillo Sarniento tiene otro mérito además de ser la primera novela hispanoamericana: con ella se inicia una tendencia

---

[17] Agustín Yáñez, "El Pensador Mexicano" cap. V de *Fichas mexicanas* (México, 1945), No. 39 de las *Jornadas* de El Colegio de México, pp. 60-94; la cita en la p. 74.

[18] Ver J. R. Spell, "The Intellectual Background of Lizardi as Reflected in *El Periquillo Sarniento*", PMLA, LXXI, 3 (June, 1956), 414-432; Carlos Lozano, "*El Periquillo Sarniento* y la *Histoire de Gil Blas de Santillana*" *Revista Iberoamericana*, XX, 40 (abr.-sept., 1955), 263-274; Bernabé Godoy, *Corrientes culturales que definen al "Periquillo"* (Guadalajara, 1938).

en la novela picaresca que sigue dando frutos. Escritores contemporáneos como Payró y Romero han escrito excelentes novelas picarescas en nuestros días. [19] Pero hay que tener presente que los precursores de estos escritores fueron Oquendo, Freile, Sigüenza y Góngora, Concolorcorvo y Lizardi. No creemos, como con frecuencia se asevera, que la literatura picaresca en Hispanoamérica nació un siglo más tarde que en España. Como hemos tratado de demostrar, esa literatura aparece en el Nuevo Mundo al mismo tiempo que en España. Por supuesto que no en las mismas formas. Pero la forma externa es lo de menor importancia; lo que cuenta es la actitud picaresca del autor. Américo Castro dice que las tres características básicas de la literatura picaresca son la forma autobiográfica, la técnica naturalista y el gustar de la vida con mal sabor de boca. [20] Esas características las encontramos en los *Romances* de Oquendo, quien usa la palabra *pícaro* antes de que Mateo Alemán la incorpore en la novela. Y no podía ser de otra manera; las relaciones entre los hombres de letras en España y América fueron siempre estrechas. La literatura en Hispanoamérica se desarrolla paralelamente a la peninsular a través del intercambio de formas e ideas. Sin embargo, los críticos de la picaresca han ignorado a Hispanoamérica, lo que nos parece inadmisible. Esperamos que estas notas estimulen más profundos y amplios estudios.

---

[19] Ver Enrique Anderson Imbert, *Tres novelas de Payró, con pícaros en tres miras* (Tucumán, 1942); Margaret Blondet, *Picaresque Literature in Spanish America*. Tesis inédita (New York, Columbia University, 1954); Carol R. Blackburn, *The Picaresque Novel in Mexico*. Tesis inédita (Urbana, University of Illinois, 1969).

[20] Miguel Cané, *Juvenalia*. Ed. crítica de Américo Castro (Buenos Aires, *s. a.*).

EL NEGRO EN LOS JUEGOS RELIGIOSOS DE VILLANCICOS EN MÉXICO Y ESPAÑA

Cyril A. Jones
Trinity College, Oxford

Durante los últimos años se ha venido produciendo un gran número de estudios sobre la figura del negro en la poesía y el drama españoles, aparte del llamativo verso afrocubano de poetas modernos tales como Nicolás Guillén. El negro ha representado en la literatura del Siglo de Oro un tipo muy definido, siendo estudiado notablemente por Frida Weber de Kurlat en una serie de artículos que hacen referencia concreta al teatro.[1] El profesor José Arrom ha tratado el tema del negro en la poesía folklórica americana y ha señalado algunas variaciones interesantes en el tratamiento que de su figura se hace en este tipo de poesía popular.[2] Más recientemente, mi colega, el profesor P. E. Russell, ha escrito sobre el tema de la poesía negra de Rodrigo de Reinosa, que probablemente se remonta a finales del siglo xv, y ha sugerido algunas conclusiones literarias y sociológicas que despiertan la curiosidad y que pueden deducirse de una investigación más

---

[1] "Sobre el negro como tipo cómico en el teatro español del siglo xvi", *Romance Philology*, XVII, 1963, 380-91; "El tipo cómico del negro en el teatro prelopesco: fonética", *Filología*, VIII, 1962, 139-68; "El tipo de negro en el teatro de Lope de Vega: tradición y creación", *Nueva Revista de Filología Hispánica*, XIX, 1970, 337-59.

[2] J. J. Arrom, "Presencia del negro en la poesía folklórica americana", *Certidumbre de América*, Madrid, Gredos, 1971, 122-53.

detallada de dos —o incluso de tres— poemas escritos por este autor.[3]

Un amplio material de poesía negra se encuentra en los *juegos de villancicos*, colección de canciones populares religiosas compuestas generalmente para ser representadas en los Maitines en las grandes festividades eclesiásticas. No se sabe con exactitud cuándo empezaron los villancicos a agruparse en la forma que les caracterizaría a finales del siglo XVII, época en la que parecen haber alcanzado la cima de su popularidad y variedad; sin embargo, continuaron hasta bien entrado el siglo XVIII y la extensión geográfica de su forma es considerable, tanto en la península ibérica como en México, al menos éste entre los países del Nuevo Mundo.

Algunos de los más gratos ejemplos de esos juegos de villancicos se encuentran unidos, con mayor o menor insistencia, al nombre de la monja mexicana Sor Juana Inés de la Cruz; y es en sus canciones, o en las que se le atribuyen a ella, donde encontramos algunos de los más variados y vivos ejemplos de poesía negra.[4]

Como característica constante, los villancicos aparecen en grupos de ocho, divididos en los tres nocturnos del oficio de Maitines, el último de los cuales se completa con un *Te Deum*, oración en la que las partes populares y las más solemnes de la liturgia probablemente venían a confluir.[5] Los poemas negros aparecían más frecuentemente en el octavo y último de los villancicos propiamente dichos —llamados a menudo la *Ensalada* o *Ensaladilla*—

---

[3] "Towards an Interpretation of Rodrigo de Reinosa's *poesía negra*", que será publicado en una serie de estudios en honor del profesor E. M. Wilson.

[4] Hago referencia a la edición en un solo volumen de las obras de Sor Juana publicadas por la Editorial Porrúa, México, 1969, en la colección "Sepan Cuántos..." y basada en la edición en cuatro volúmenes de Alfonso Méndez Plancarte, publicada también en México por el Fondo de Cultura Económica entre 1951 y 1957.

[5] He dado una relación de algunos juegos de villancicos mexicanos en un ensayo que formará parte de un volumen de estudios en honor de Rafael Lapesa. Compárese también E. M. Wilson, "Felix Persio Bertiso's *La harpa de Belén*", *Atlante*, II, 1954, 126-36, que reproduce un grupo de ocho Villancicos de Navidad publicados en un pliego suelto en Sevilla el año 1677 y adquirido por Samuel Pepys.

y contenían, como su nombre sugiere, una mezcla de elementos derivados de una forma que data de principios del siglo XVI. [6]

El primero de estos villancicos de Sor Juana que se conoce, y también el primero que contiene una muestra de la poesía negra, es el que fue compuesto para la fiesta de la Asunción en la Ciudad de México en 1676. [7] En el Villancico VIII, la *ensaladilla* se abre con un ofrecimiento en el que "la Plebe Humana" se une a "la Angélica Nobleza" para dar culto a la Reina de los Cielos. El himno general de alabanza se interrumpe repentinamente y continúa la Introducción:

> No faltó en tanta grandeza,
> donde nada es bien que falte,
> quien con donaires y chistes
> tanta gloria festejase.
> Porque dos Negros, al ver
> misterios tan admirables,
> Heráclito uno, la llora;
> Demócrito otro, la aplaude. [8]

La canción de los Negrillos, presentada de una forma tan incongruente, constituye una mezcla de patética simplicidad y de sofisticación juguetona, que evoca al mismo tiempo la nota de abandono y aflicción que Fray Luis de León pulsó en su famoso poema sobre la Ascensión, combinando estos elementos con un juego de palabras acerca de la oscuridad en que los negros han quedado. Es precisamente esta nota de alegría lo que eleva a la poesía negra de esos juegos de villancicos del abatimiento de los *espirituales* norteamericanos, con los cuales, por otra parte, tienen no pocos rasgos en común. El lenguaje que se utiliza es típico de la clase de argot con que el habla del negro se ha asociado desde que empezó a ser recogido en la escritura: [9]

---

[6] Compárese B. W. Wardropper, *Historia de la poesía lírica a lo divino en la cristiandad occidental*, Madrid, Revista de Occidente, 1958, 197. La *Ensaladilla* está especialmente relacionada con el mayor de los Flecha, cuyo sobrino Mateo publicó una colección de éstas que vio la luz en Praga en 1581.

[7] *Obras completas*, ed. cit., 181-8.

[8] P. 187.

[9] Para un estudio del español de los negros compárese E. de Chasca, "The phonology of the speech of the Negroes in early Spanish drama",

> *1.* Cantemo, pilico,
> que se va las Reina,
> y dalemu turo
> una noche buena.
> *2.* Iguale yoylale,
> Flacico, de pena,
> que nos deja ascula
> a turo las Negla.
> *1.* Si las Cielo va
> y Dioso la lleva,
> ¿pala qué yolá,
> si Eya sa cuntenta?
> Sará muy galana,
> vitita ri tela,
> milando la Sole,
> pasando la Streya.
> *2.* Déjame yolá,
> Flacico, pol Eya,
> que se va, y nosotlo
> la Oblata nos deja. [10]
> ....

El estribillo que sigue contiene una de las notas comunes de la poesía negra, la reminiscencia del *Cantar de los Cantares*, donde la esposa de Salomón se jacta de su color negro "porque el Sol me miró": [11]

> —¡Ah, ah, ah,
> que la Reina se nos va!
> —¡Uh, uh, uh,
> que non blanca como tú,
> nin Pañó que no sa buena,
> que Eya dici: So molena
> con las Sole que mirá!
> —¡Ah, ah, ah,
> que la Reina se nos va! [12]

Hispanic Review, XIV, 1946, 329-39; P. Teyssier, *La langue de Gil Vicente*, París, 1959, 226-29; G. de Granda, "Posibles vías directas de introducción de africanismos en el 'habla de negro' literaria castellana", *Thesaurus*, XXIV, 1969, 459-69; íd. "Sobre el origen del 'habla de negro' y la literatura peninsular del Siglo de Oro", *Prohemio*, II, 1971, 97-109. Compárense también los estudios sobre el negro llevados a cabo por Frida Weber de Kurlat a quien ya me he referido en la nota 1.

[10] *Obras completas*, 187.
[11] *Cantar de los Cantares*, I, 5-6. Citado por J. J. Arrom, loc. cit., 114n.
[12] *Obras completas*, 187.

El patrón seguido por Sor Juana en este primer juego de villancicos es aquél que se repite con bastante regularidad. El octavo villancico compuesto para la fiesta de la Inmaculada Concepción en la capital de México el mismo año 1676, consiste por completo de una canción en la que se muestra a un negro que ha sido excomulgado de este festival de luz, y la respuesta de éste que tiene un cierto sabor evangélico:

> —Acá tamo todo
> Zambio, lela, lela,
> que tambié sabemo
> cantaye las Leina.
> —¿Quién es? —Un Negliyo.
> —¡Vaya, vaya fuera,
> que en Fiesta de luces,
> toda de purezas,
> no es bien se permita
> haya cosa negra!
> —Aunque Neglo, blanco
> somo, lela, lela,
> que il alma rivota
> blanca sá, no prieta.
> —¡Diga, diga, diga!
> —¡Zambio, lela, lela! [13]

Entre aquellos que van a dar culto a S. Pedro Nolasco, para cuya festividad escribió Sor Juana un juego de villancicos al año siguiente en 1677, aparece un negro en la *Ensaladilla* que forma el villancico octavo y canta "al son de un calabozo" el siguiente estribillo:

> Tumba, la-la-lá; tumba, la-lé-le:
> que donde ya Pilico, escrava no quede! [14]

Este negro pulsa una nota de apelación en favor de la igualdad racial que, si no hubiese sido por las afirmaciones hechas por personas tales como Fray Bartolomé de las Casas de que todas las gentes del mundo son hombres, parecería sorprendentemente moderna. Recuerda como

---

[13] *Obras completas*, 193.
[14] *Obras completas*, 199.

> La otra noche con mi conga
> turo sin durmí pensaba,
> que no quiele gente plieta,
> como eya so genta branca.
>   Sola saca la Pañola;
> ¡pues, Dioso, mila la trampa,
> que aunque neglo, gente somo,
> aunque nos dici cabaya! [15]

Pero a este tono de rebeldía le sigue a continuación una nota de arrepentimiento:

> Mas ¿qué digo, Dioso mío?
> ¡Los demoño, que me engaña,
> pala que esé mulmulando
> a esa Redentola Santa! [16]

Entre aquellas personas que aparecieron para honrar a la Virgen en la fiesta de la Asunción celebrada en la Ciudad de México en 1679 se encontraban, se nos dice, "dos princesas de Guinea / con vultos azabachados", quienes, a su debido tiempo, ofrecieron un chocante estribillo:

> *Negr. 1.* — ¡*Ha, ha, ha!*
> *2.* — ¡*Monan vuchilá!*
> ¡*He, he, he,*
> *cambulé!*
>   *1.* — ¡*Gila coro,*
> *gulungú, gulungú,*
> *hu, hu, hu!*
>   *2.* — *Menguiquilá*
> *ha, ha, ha!* [17]

Éste está seguido por unas coplas en las que dicen cuán apropiado es que en este día de regocijo, hayan dejado sus cocinas para ir a la iglesia, "a turo trote", y así rendir homenaje a la Virgen, que también fue una buena esclava de Dios y, por lo tanto, se ganó la libertad.

---

[15] Ibíd.
[16] *Obras completas*, 200.
[17] *Obras completas*, 216-17.

Para la misma fiesta celebrada en esta misma ciudad el año 1685, Sor Juana escribió una *Ensalada,* en la que, después de presentar "en tono de jácara" a un par de coristas, uno de los cuales se ha olvidado de traer el texto y se pone a cantar una canción en honor a S. Pedro en lugar de a la Virgen, vuelve a la Introducción con palabras que indican que quizás una sola persona asumió varios papeles en estas *Ensaladas*:

> 3. — Bueno está el Latín; mas yo
> de la Ensalada, os prometo
> que lo que es deste bocado,
> lo que soy yo, ayuno quedo.
>   Y para darme un hartazgo,
> como un Negro camotero
> quiero cantar, que al fin es
> cosa que gusto y entiendo;
> pero que han de ayudar todos. [18]

La palabra final del octavo villancico compuesto para Maitines en la fiesta de San José celebrada en Puebla el año 1689, la tiene el Negro que evoca la leyenda según la cual el propio S. José pudo haber sido de su misma raza:

> —Pues, y yo
> también alivinalé;
> lele, lele, lele, lele,
> que pulo ser Neglo Señol San José!
> *1.* — ¿Por dónde esa línea va?
> *Neg.* — Pues ¿no pulo de Sabá
> telé algún cualtelo?
> Que a su parre Salomó
> también eya fué mujel:
> ¡lele, lele, lele, lele!
> ¡que por poca es Neglo Señol San José! [19]

Muchos de los villancicos que Méndez Plancarte clasifica como meramente "atribuibles" a Sor Juana Inés de la Cruz son, con bastante seguridad, obra de la monja, y se caracterizan por la misma mezcla de jovialidad, ternura e ingenuidad, que no encuentra, en

---

[18] *Obras completas,* 230.
[19] *Obras completas,* 254.

parte alguna, mejor expresión que en las canciones negras que aparecen en los juegos. Uno de estos grupos, compuestos para la fiesta de la Asunción en la capital de México el año 1677, de estructura poco común por tener nueve villancicos completos, en lugar de los ocho que le son habituales, nos cuenta en el último cómo

> Por festejar a la Virgen,
> de urracas dos Monacillos
> salieron, dándole vaya
> a cierto Negro Perico.
>   Una ensalada de cosas
> le dijeron, y aturdido
> el Negro era el apagado,
> siendo ellos los encendidos. [20]

Más adelante oímos que

> Perico, con otros Negros,
> dando de contento brincos,
> aunque los estribos pierda
> no ha de perder su estribillo. [21]

Para la Navidad de 1680 en Puebla, es el que hace el número seis del grupo el que constituye la canción del negro, y la cantan "Los Músicos de Azabache", que se visten solemnemente para la ocasión:

> *Turu la ninglito*
> *se pone culbata,*

pero el efecto causado en el Niño Jesús es el de

> *la Niño se panta*
> *de milal a neglo*
> *su cara tisnala.* [22]

Si no enteramente original, sí ingeniosa es la referencia hecha en el noveno villancico del grupo compuesto para la Asunción en

---

[20] *Obras completas*, 306.
[21] Ibíd.
[22] *Obras completas*, 322.

México el año 1686 a dos negras como "Los Azabaches con alma", que cantan una canción:

> y novedad fue en Maitines
> ver las Tinieblas cantando: [23]

Casi se pueden oír los bulliciosos ritmos del estribillo, seguidos de las acostumbradas coplas en las que los negros suplican a la Virgen que les libere y se dirigen a Ella como "una Nenglita beya" que "e Cielo va gobelná".

Por muchos villancicos anónimos, compuestos en México a fines del siglo XVII, que queramos atribuir a Sor Juana, ella, en modo alguno, ejerció ninguna clase de monopolio sobre este tipo de composiciones. En una colección de estas canciones —todas ellas mexicanas a excepción de una— que se encuentran en la biblioteca John Carter Brown de Brown University, y sobre cuyo tema ya he escrito en otra ocasión, hay grupos que incluyen uno, que data de 1658 y que contiene una canción negra; y también en 1670, con motivo de la celebración de la fiesta de la Inmaculada, hay una *negrilla* cuyo refrán, como ya señalé en el mismo estudio, contiene lo que debe representar una de las más tempranas manifestaciones de lo *yé-yé*, ingrediente común de tantas canciones "pop" de hoy día. [24] Uno podría citar, por lo menos, media docena más de canciones de autores mexicanos, aparte de Sor Juana Inés de la Cruz, y cuyos nombres —no todos conocidos— contienen ejemplos de poesía negra.

Por lo que respecta a la poesía peninsular, hay al menos una colección bastante amplia de juegos de villancicos que entrañan una cantidad considerable de poesía negra. Así, no es de sorprender que muchos de ellos se cantasen en Sevilla, centro español del comercio de esclavos donde, según una autoridad, la población se asemejaba a un gran tablero de ajedrez, dada la cantidad de caras blancas y negras mezcladas. [25] En esos villancicos, la mayoría de los cuales habían sido compuestos para Navidad y

---

[23] *Obras completas*, 343.
[24] Compárese C. A. Jones, "Mexican juegos de villancicos", loc. cit.
[25] Compárese Domínguez Ortiz, "La esclavitud en Castilla durante la Edad Moderna", *Estudios de Historia Social de España*, II, 1952, 63.

Epifanía muy a finales de los siglos XVII y XVIII, se encierran muchos juegos de palabras acerca del color de la piel y algunas de las bromas que más tarde se hicieron familiares afloran varias veces y en formas muy diversas. Por ejemplo, en el noveno villancico de la serie que celebra la Natividad en 1703, encontramos la siguiente aserción: "que tambien zomo la Negla / quien alegla / Nacimiento de la luz". [26] Un caso interesante de orgullo racial negro se da en un grupo compuesto para la Epifanía en el año 1720, donde el octavo villancico tiene el siguiente estribillo:

 1. Pasqualiyo.
 2. ¿Qué me quieles?
 1. Antoniyo.
 3. ¿Qué es tu empleza?
 1. Que folmes vna esquadlona
 de tura la gente negla.
 Cor. ¿Pues acaso la enemiga
 va a conquistar a Guinea?
 ....
 y al rebelde Hebleo
 turos acometan.
 Arma, arma, arma,
 Suelte gente negla. [27]

Aunque los juegos de villancicos continuaron componiéndose al menos hasta finales del siglo XVIII, el último en el que hemos podido encontrar un ejemplo de la poesía negra, es aquél que fue escrito para celebrar la Epifanía en la Capilla Real de Madrid el año 1738, y en el que uno de los cantantes afirma en el tercer villancico "puz negloz, y blancoz / somoz unoz ya". Esta afirmación de igualdad, que por otra parte no es nueva, pero que quizás no haya sido tan explícitamente expresada en ningún otro lugar, tiene su origen en la participación en el culto al Niño Jesús; pero prueba ser genuina de una forma mucho más actual que en las canciones más antiguas. Sería exagerado afirmar que el espíritu de la Ilustración se pone de manifiesto en un contexto como éste;

---

[26] Estoy en deuda con el profesor E. M. Wilson por dejarme consultar y copiar estas y otras colecciones de juegos de villancicos de su biblioteca particular.

[27] De la colección mencionada en la nota 26.

pero hemos recorrido un largo camino desde la cómica figura infantil de los poemas negros de Reinosa, e incluso de autores del siglo XVII tales como Lope de Vega, Quevedo o Sor Juana Inés de la Cruz. El negro ha adquirido la dignidad de su contraparte, el negro norteamericano, en los extrañamente tristes, incluso patéticos —y raras veces cómicos— *espirituales* negros; sin embargo, en las canciones españolas, ha mantenido casi siempre una alegre espontaneidad y un sentido del humor que se remontan al mismo tiempo a sus antepasados africanos y a sus antecesores literarios.

SOBRE LA "CANCIÓN INDIANA", DE OLMEDO

Luis Monguió
University of California, Berkeley

La primera publicación impresa de la "Canción indiana", de don José Joaquín de Olmedo, que hasta hace poco se conocía era la que de ella hizo don Juan María Gutiérrez en su edición de las *Obras poéticas* de aquél en Valparaíso y 1848.[1]

En una comunicación titulada "La Poesía y la Independencia, Perú 1808-1825", leída el 10 de agosto de 1971 en una sesión del XV Congreso del Instituto Internacional de Literatura Iberoamericana, reunido en Lima (ver *Literatura de la Emancipación... Memoria del XV Congreso del IILI* [Lima, 1972, i.e. 1973], págs. 7-15), mencioné haber hallado la "Canción indiana", publicada anónimamente, en un periódico limeño, *El Tribuno de la República Peruana*, N.º ii, de 1.º de diciembre de 1822, páginas 32-34. Quisiera ahora ampliar un poco esta noticia que allí sólo pude y debí dar de paso en mi texto y en confirmatoria nota de pie de página.

* * *

El Padre Aurelio Espinosa Pólit, S. I., benemérito, erudito y más reciente editor de las *Poesías completas* de Olmedo, que había examinado el manuscrito de la "Canción indiana", conservado en la vitrina 20 de la Sala de los Próceres del Museo

---

[1] *Obras poéticas de D. José Joaquín Olmedo, Única colección completa revista y corregida por el autor y ordenada por J. M. G.* [Juan María Gutiérrez] (Valparaíso: Imprenta Europea, Calle de la Aduana, Julio, 1848), págs. 57-60 y 195-196.

Municipal de Guayaquil, sin indicación de fecha ni lugar de composición, creía "verosímil atribuirla al año 1826, cuando estuvo Olmedo en París". [2] Quizás le indujera a ello el hecho de que el poema está inspirado, según ya lo había indicado don Clemente Ballén, [3] en un pasaje de la *Atala*, de Chateaubriand, quien precisamente era personaje literario relevantísimo (fueron los años de la publicación de sus obras completas por el editor Ladvocat) y no menos visible en lo político (por su oposición al ministerio Villèle) en los días de la residencia de don José Joaquín en la capital francesa, cuando desempeñaba la representación diplomática del Perú en Londres y en París (diciembre de 1825 a marzo de 1828). Olvidó, sin embargo, el P. Espinosa que Olmedo durante su estancia parisina dijo y repitió que se sentía incapaz de escribir versos, que había perdido esa gracia, que la verdad purísima era que ya no podía escribirlos, o que en dos meses apenas había logrado traducir veintinueve versos de la tercera epístola del *Essay on Man*, de Pope. [4]

No debiera olvidarse, por otra parte, el instantáneo éxito de la novelita de Chateaubriand desde su primera publicación en 1801: cinco ediciones ese año, cuatro por lo menos con *Le Génie du Christianisme* de 1802 a 1804, y la de 1805 con *René*, considerada por su autor como la definitiva. [5] No menor boga alcanzó en el mundo hispánico y sus traducciones al castellano fueron numerosas. Doce son, si no me he descontado, las ediciones de *Atala* en lengua española entre 1801 y 1822 (para limitarme a esos años solamente): 1801, 1802, 1803, 1806, 1807, 1808, 1812,

---

[2] *Poesías completas de José Joaquín de Olmedo*, ed. Aurelio Espinosa Pólit, S. I. (México: Fondo de Cultura Económica [Biblioteca Americana, 6], 1947), pág. 279.

[3] José Joaquín de Olmedo, *Poesías, Edición corregida conforme a los manuscritos o primeras ediciones, con notas, documentos y apuntes biográficos por Clemente Ballén* (París: Garnier Hermanos, Libreros-Editores, 6, rue des Saints-Pères, 6, 1896), pág. 295.

[4] Ver sus cartas de 20 de marzo, 12 de junio y 2 de julio de 1827 desde París a don Andrés Bello, en Londres, en José Joaquín de Olmedo, *Epistolario*, ed. Aurelio Espinosa Pólit, S. I. (Puebla, Pue., México: Editorial J. M. Cajica, Jr., S. A. [Biblioteca Ecuatoriana Mínima], 1960), págs. 270, 273 y 276.

[5] Chateaubriand, *Œuvres romanesques et voyages, I, Texte établi, présenté et annoté par Maurice Regard* ([París]: Nouvelle Revue Française, Gallimard [Bibliothèque de la Pléiade, 209], 1969), págs. 1157-1158.

1813, 1818, 1819 y dos de 1822, impresas en Francia y en España, en París, Valencia, Madrid, Barcelona y Burdeos, y de la mano de varios traductores, Fray Servando Teresa de Mier (o quizás don Simón Rodríguez), Pascual Genaro Ródenas, y Torcuato Torío de la Riva. [6] No necesitó, pues, Olmedo esperar a su viaje a Francia para poder conocer, en francés y en castellano, el texto de *Atala*, bien en América misma, bien durante su estancia en la Península como diputado a las Cortes de Cádiz.

El hallazgo de una impresión de la "Canción indiana" en *El Tribuno de la República Peruana* permite ahora, en efecto, retrotraer la fecha de publicación a Lima y 1822. En esa oportunidad llevaba Olmedo residiendo en la Ciudad de los Reyes desde el mes de agosto de dicho año y era diputado al Congreso Constituyente peruano, convocado por el Protector don José de San Martín e inaugurado el 22 de setiembre. Redactor importante de *El Tribuno* era su amigo don José Faustino Sánchez Carrión, junto con quien iba a ser designado por el Congreso, el 14 de mayo de 1823, para ir al Ecuador e invitar al General Bolívar a que pasara al Perú con sus tropas.

Como anejo N.º 1 a este artículo reproduzco el texto de la "Canción indiana" tal como aparece en *El Tribuno de la República Peruana*. Sólo he modernizado en él la acentuación gráfica. En cuanto a la puntuación he respetado la del impreso. No sé si dicha puntuación será la del propio Olmedo o bien la del tipógrafo o del corrector del periódico; pero por si fuera del autor que, residiendo entonces en Lima es creíble haya sido quien facilitara el texto del poema, la dejo intacta como un elemento instrumental más a la disposición de los futuros editores críticos de la obra olmediana. Para comodidad del lector he anotado al pie del texto de *El Tribuno* las variantes léxicas que ofrece respecto al impreso en Valparaíso, 1848, respecto al manuscrito del Museo de Guayaquil (cuando las indicaciones del Padre Espinosa Pólit en las págs. 278-279 de su obra así lo permiten) y respecto a la edición espinosiana. Hubiera sido excesiva prolijidad anotar

---

[6] Ver José F. Montesinos, *Introducción a una historia de la novela en España, en el siglo XIX, seguida del Esbozo de una bibliografía española de traducciones de novelas (1800-1850)*, 2.ª ed., corregida (Madrid: Editorial Castalia, 1966), págs. 172-175.

también las numerosas variantes de puntuación que entre ellas existen: un editor crítico, claro es, habrá de tomarlas en consideración.

Las diferencias entre el texto poético de *El Tribuno* y el del manuscrito, tal como lo describe la nota del Padre Espinosa Pólit en las págs. 278-279 de su edición de 1947, son escasas: "Dila un sartal de cuentas" en vez de "La di un hilo de cuentas" de 1822, versión ésta que me parece mejor puesto que evita la proximidad poco eufónica del *la* de *dila* y *al* de *sartal* (v. 9). El verso 22 del manuscrito confirma el texto del mismo verso de 1822; la intrusión o la supresión (esta última preferida por el P. Espinosa en su edición) de *un* entre *exhala* y *grato olor* no afecta al metro, pero yo en una edición conservaría el artículo indefinido en bien de la construcción gramatical. En el verso 36, el manuscrito guayaquileño coincide de nuevo con el texto de 1822, "y de un mismo color" en vez de "y del mismo color" que el P. Espinosa prefiere (más abajo volveré sobre este punto). De las dos distintas versiones de los versos 59-61 en el manuscrito y en 1822 me parece preferible la lectura de 1822 que fluye más armoniosamente evitando la repetición de "en él" y "a él" del manuscrito, excesivamente próximos el uno al otro y por ello cacofónicos.

Entre el texto de 1822 y el de 1848 la diferencia más notable es que en el verso 33 dice 1848 (y dice también la edición espinosiana) "Sus pechos *son* cabritos" en lugar de "Sus pechos *dos* cabritos". Evidente es que los pechos son dos y no hace falta quizás decirlo, pero el énfasis en *dos* de la versión de *El Tribuno* me parece justificado (además de que lo mismo dice el texto de Chateaubriand) por el contraste también enfático con el unitarismo de los versos siguientes: "En *un* día nacidos, / De *una* madre paridos, / Y de *un* mismo color". El Padre Espinosa Pólit es consecuente al menos al preferir a la vez *son* en el verso 33 y "y *del* mismo color" en el 36; pero no así la versión de 1848 que oscila entre la forma verbal plural *son* en el verso 33 y los *un*, *una* y *un* de los versos 34, 35 y 36.

Las diferencias entre el texto en prosa de la versión de 1822 y la de 1848 (aparte de su diferente posición en el impreso: encabezamiento del poema en 1822 [y en el manuscrito de Guayaquil] y nota en página separada en 1848) son dos: 1848 añade *la* en una frase que sin ella es más imprecisa, y corta unas palabras del final. Más notables son las diferencias de estas líneas en prosa entre 1822 y la edición de 1947 que las copia del manuscrito y que presenta varias substituciones, cortes y añadidos, que por lo común hacen a este texto más específico, preciso y particularizante.

En mi opinión el encabezamiento en prosa ofrece mejor lectura en el manuscrito del Museo Municipal de Guayaquil y en la edición del P. Espinosa que en los textos de 1822 y 1848; en cambio, en el texto poético, las variantes posteriores a 1822 me parecen inferiores a la lectura de esa primera publicación.

Para el mejor entendimiento de lo que sigue, adjunto también a este trabajo como Anejos N.º 2 y N.º 3, respectivamente, los textos de unas líneas de la edición de 1801 de *Atala, ou les Amours de deux sauvages dans le désert* y de su traducción castellana por don Pascual Genaro Ródenas (1803).

En efecto, al procurar determinar si Olmedo se inspiró directamente en el texto francés de *Atala*, pues poseía muy bien ese idioma, o en alguna de sus traducciones castellanas, no es posible llegar a una conclusión firme pero sí insinuar la probabilidad de que tuviera a la vista tanto el texto original como uno traducido. Así, por ejemplo, al explicar en la prosa preliminar la "épreuve du flambeau", el texto olmediano de 1822 dice: "si la virgen la apagaba [el hacha] con su soplo, era señal de que admitía a su amante favorablemente". La edición de *Atala* francesa reza: "Si la vierge étoignoit le flambeau, elle acceptoit un époux". El traductor Ródenas lo vierte así: "Si la doncella apagaba la antorcha, era señal de aceptar el esposo". Al comparar los tres textos parece que Olmedo hubiera combinado elementos de sus dos antecesores: "si la virgen la apagaba" (virgen dice Chateaubriand y doncella Ródenas) con "era señal de que admitía...", que parece derivar del "era señal de aceptar..." del traductor; y ello no me parece ser coincidencia entre dos versiones independientes puesto que esos "era señal" no traducen directamente ninguna expresión de Chateaubriand quien sencillamente dijo "elle acceptoit". Hace a este detalle más significativo todavía el hecho de que "era señal de que" desaparece en el manuscrito conservado en Guayaquil.

En el texto de la canción misma dice Chateaubriand, "Sa bouche est un coquillage rose, garni de perles"; la prosa de

Ródenas, "su boca es una concha guarnecida de perlas"; y los versos de Olmedo, "Cual conchita de nácar / de perlas guarnecida". Los dos hispanos olvidan el "rose" del francés y utilizan el mismo verbo "guarnecida" cuando "adornada" o "decorada" hubiera muy bien podido ocurrírsele al uno o al otro. De nuevo, no parece mera coincidencia inevitable en dos traducciones independientes. Cierto es que la canción de Olmedo no es simple traducción y que, como buen poeta, está más cerca sin embargo del francés al adjetivar "de nácar" que alcanza a sugerir cierta tonalidad rosada. En fin, no será exceso exegético expresar la hipótesis de que don José Joaquín, literato amante de los libros, tuviera a la mano tanto el texto francés de *Atala* como una traducción española, probablemente la de Ródenas.

Ese bien conocido amor por los libros de parte de Olmedo ("la lectura se me ha hecho tan necesaria como el pan", llegó a decir en una carta a su hijo),[7] permite además sospechar igualmente que conociera las fuentes mismas en las que Chateaubriand parece haber adquirido noticias de "la épreuve du flambeau", base de su canción a Mila: Quizás la novelilla *Odéraï* (1795 y 1801) y su traducción al castellano (1804);[8] probablemente la obra del barón de Lahontan, *New Voyages to North-America* o *Mémoires de l'Amérique Septentrionale* (1703), frente a la pág. 37 de cuya edición londinense puede verse una de grabados, que incluye cinco, con los dos superiores que representan, respectivamente,

---

[7] Carta desde Lima y 20 de junio de 1846, en Olmedo, *Epistolario*, ed. cit., pág. 214.

[8] *Odéraï* en *Veillées américaines*, 2.ª ed. (París, Año III [1795]), 3 tomos de 192, 202 y 196 págs., respectivamente. El prefacio va firmado "P. B." y por ello la obra es atribuida a Ambroise Marie François Palisot de Beauvois (1752-1820), botánico francés. No se ha encontrado la primera edición. — *Odérahi, Histoire américaine; contenant une peinture fidèle des mœurs des habitants de l'intérieur de l'Amérique Septentrionale. Odérahi est la sœur aînée d'Atala* (Paris: Chez Boiste, Imprimeur, rue Haute-feuille, núm. 21... [1801]) *q. v.* en ed. moderna: *Une sœur aînée d'Atala, Odérahi, Histoire américaine*, ed. Gilbert Chinard (Paris: Raymond Clavreuil, 1950). — Y *Oderay, Usos, Trages, Ritos, Costumbres y Leyes de los habitantes de la América Septentrional. Traducidas del francés e ilustradas con notas críticas, históricas y geográficas, por Don Gaspar Zavala y Zamora* (Madrid: Por Gómez Fuentenebro y Compañía, 1804. Se hallará en su Librería, calle de Carretas), 288 págs. (Hay ejemplar en la Biblioteca de la Universidad de California, Berkeley).

"A Savage approaching with a torch his mistress's bed, who rejecting his offers covers her face with the coverlet" y "A Savage carrying a torch to ye bedside of his mistress who shows her consent by blowing out the light";[9] y, finalmente, los *Travels Through the Interior Parts of North America in the years 1766, 1767, and 1768* (1778 y 1779), de Jonathan Carver.[10] No se piense que esos libros fueran inaccesibles en la América española en el XVIII y comienzos del XIX. No hay más que ver las referencias y las notas de pie de página del *Mercurio Peruano* (1791-1792) o de las *Primicias de la Cultura de Quito* (1792) o de los numerosos papeles periódicos mexicanos,[11] para darse cuenta de la variedad y amplitud de la lectura de los iluministas americanos, a cuya tradición pertenece Olmedo. Es más, en una serie de avisos sobre libros ofrecidos en venta en librerías limeñas en el Perú recién independizado, que tengo recogida, no faltan libros de este tipo, tales como el Banier, de 1743, la traducción castellana de la *Historia general de los viajes*, etc., etc.[12]

---

[9] *New Voyages to North America. Giving a full account of the Customs, Commerce, Religion, and Strange Opinions of the Savages of that country. With Political remarks upon the Courts of Portugal and Denmark, and the Present State of the Commerce of those countries. Never Printed Before. Written by the Baron de Lahontan, Lord Lieutenant of the French Colony at Placentia in Newfoundland. Now in England. Vol. II* (London: Printed for H. Bonwicke in St. Paul's Church-yard..., 1703), pág. 37. (Hay ejemplar en la Biblioteca de la Universidad de California, Berkeley.) El mismo año 1703 apareció la misma obra en francés en La Haya. No he visto esta edición holandesa del libro de Louis Armand de Lom d'Arce (1666-1715), pero sí una moderna, Baron de Lahontan, *Dialogues Curieux entre l'Auteur et un sauvage de bon sens qui a voyagé et Mémoires de l'Amérique Septentrionale*, ed. Gilbert Chinard (Baltimore, Md.: The Johns Hopkins Press, 1931). Ver sus págs. 117-118; frente a la 118 hay el mismo grabado mencionado que en la ed. londinense de 1703, pero con las leyendas en francés.

[10] *Travels through the interior parts of North America, in the years 1766, 1767, and 1768. By J. Carver, Esq., Captain of a Company of Provincial Troops during the late war with France. Illustrated with copper plates*, 2.ª ed. (London: Printed for the Author, by William Richardson in the Stand..., 1779), págs. 376-378. He manejado el ejemplar de esta 2.ª ed. existente en la Biblioteca de la Universidad de California, Berkeley. La 1.ª ed. es también de Londres y 1778.

[11] Ver mi artículo "'Las Luces' and the Enlightenment in Spanish America", en *The Ibero-American Enlightenment*. ed. A. Owen Aldridge (Urbana, Ill.: The University of Illinois Press, 1971), págs. 211-233.

[12] Antoine Banier, *Cérémonies et coutumes réligieuses de tous les peuples du monde* (Amsterdam, 1743), de que hay ejemplar en la Biblioteca Nacio-

Basándose en la hipótesis del P. Espinosa Pólit sobre el lugar y la fecha de composición de la "Canción indiana", algún olmedista la ha calificado de producto de la nostalgia por su patria, sus bosques y sus indios sentida por Olmedo en París. Esto procede, claro está, del error antes mencionado, pero sobre todo de una anacrónica romantización de la personalidad y la obra de don José Joaquín.

Nótese que la "Canción indiana" está escrita en versos heptasílabos, "el metro más cultivado en la lírica neoclásica", proporcionalmente escaso en la romántica, y en octavillas agudas abbé: cddé, también frecuentemente empleadas por los neoclásicos.[13] En efecto, sin salir de un solo tomo de la trillada colección de *Poetas líricos del siglo XVIII*, del marqués de Valmar, el LXVII de la Biblioteca de Autores Españoles, de Rivadeneyra, pueden encontrarse composiciones heptasilábicas en octavillas agudas de Juan Bautista Arriaza ("El sueño importuno", págs. 78-79), de Dionisio Solís ("Adónde, clara noche", pág. 267) o de Alberto Lista ("El desdén", págs. 352-353; "A mi ausente, en sus días", págs. 354-355; "La entrevista", pág. 358), escritores todos conocidamente neoclásicos y coetáneos de Olmedo. Obra del neoclásico género idílico-amatorio, en estrofa y metro predilectos de los neoclásicos, en el neoclasicismo se inserta la "Canción indiana".

Además el indianismo de Olmedo en esta canción y en otras relevantes obras poéticas suyas procede de la visión que los iluministas tenían de los indios americanos: "amables hijos de la naturaleza", llenos de "valor marcial" y "amor a la patria", que vivieron en "tiempos sin lujo y sin artes, pero con inocencia y virtudes", dice el propio Olmedo. Frases estas que por cierto proceden, en hombre tan libresco como él y en ambiente tan libresco como el suyo, no de la visión directa del mundo en torno (no hay más que compararlas con su propio discurso gaditano sobre la

---

nal del Perú, Lima. — *Historia general de los viajes o Nueva colección de todas las relaciones de los que se han hecho por mar y tierra... obra traducida del inglés al francés por el Abate Antonio Francisco Prevost y al castellano por don Miguel Terracina* (Madrid, 1763-1791), 28 tomos. — *Los viajes de John Byron* (trad. castellana, 1789), de J. MacCarthy (trad. castellana, 1821), etc., etc.

[13] Tomás Navarro Tomás, *Métrica española, Reseña histórica y descriptiva* (Syracuse, N. Y.: Syracuse University Press, 1956), pág. 317.

mita) sino del mundo de los libros: de los libros más arriba citados y de otros, tan frecuentados por aquellos días, como lo fueron *Les Incas,* de Marmontel, Bernardin de Saint-Pierre, Volney y, como no, el propio Chateaubriand. Hasta en un escritor como Alexander Pope, al que Olmedo era tan aficionado que tradujo tres de las cuatro epístolas de su *Essay on Man* (1734), pudo don José Joaquín haber encontrado también versos de ese tipo de indianismo tales como los siguientes, que don Bernardo Monteagudo y don Juan García del Río no habían desdeñado publicar en traducción castellana nada menos que en el periódico del Ejército Libertador, *El Pacificador del Perú,* de 30 de mayo de 1821: [14]

> O stretch thy reign, fair Peace! from shore to shore
> Till conquest ceases, and slavery be no more;
> Till the freed Indians in their native groves
> Reap their own fruits, and woo their sable loves;
> Peru once more a race of kings behold,
> And other Mexicos be roof'd with gold.

Más todavía, un ejemplo visual de indianismo iluminista mezclado de mitologismo europeo, indianismo entre rousseauniano y cincinnatiano, lo tenía ante los ojos Olmedo en Lima y en 1822, en el nuevo telón de boca del Teatro recién refaccionado e inaugurado el 19 de mayo de dicho año de veintidós. En él se veían pictóricas alegorías del Padre de los Incas saliendo por detrás de unos montes andinos; de la Hija del Viento anunciando a Lautaro el triunfo de la Independencia; de la Paz y la Justicia trasladando sus lares a América. [15]

---

[14] "Windsor Forest" (1704-1713), en *The Complete Poetical Works of Alexander Pope, Cambridge Edition* (Boston & New York: Houghton Mifflin Company & Cambridge: The Riverside Press, 1903), pág. 34. Para la referida traducción castellana ver mi artículo mencionado en el texto, "La Poesía y la Independencia, Perú, 1808-1825."

[15] Ver su descripción en *El Correo Mercantil, Político y Literario,* Lima, núm. 28, de 25 de mayo de 1822, págs. 5-6 (Colección en la Biblioteca Nacional del Perú, Lima). Cfr. esta escenográfica pintura de la aparición del Inca sobre los Andes del telón del Teatro de Lima con la aparición de Huaina Cápac en *La Victoria de Junín, Canto a Bolívar:* "El suelo tiembla; y cual fulgentes faros / de los Andes las cúspides ardieron; / y de la noche el pavoroso manto / se trasparenta, y rásgase, y el éter / allá lejos purísimo

En resumen: La primera publicación ahora conocida de la "Canción indiana" de don José Joaquín de Olmedo se retrotrae a Lima y 1.º de diciembre de 1822. El texto de la prosa que encabeza esa publicación me parece inferior al del manuscrito conservado en el Museo Municipal de Guayaquil, pero su texto poético es, en mi opinión, mejor lectura que las de dicho manuscrito y edición de 1848. El impulso para escribir la "Canción indiana" se lo dio a Olmedo otra obra literaria, la canción de Mila de la *Atala* de Chateaubriand. Su forma y su estilo son netamente neoclásicos. Su indianismo es el indianismo iluminista, fomentado por conocidas obras del setecientos y temprano ochocientos.

---

aparece, / y en rósea luz bañado resplandece; / cuando improviso veneranda sombra / en faz serena y ademán augusto / entre cándidas nubes se levanta". Para otro caso notable de este tipo de indianismo literario y sus fuentes ver mi estudio "La Controversia literaria sobre 'Las Ruinas de Pachacámac', Lima, 1822", *Revista Iberoamericana*, México, 35:51 (1961), págs. 81-110.

ANEJO N.º 1

El Tribuno de la República Peruana, Lima, Imprenta de D. Manuel del Río, N.º ii, del domingo, 1.º de diciembre de 1822, págs. 32-34.

A   Poesía

B   Canción indiana

C   Los antiguos americanos que la culta Europa llamó indios,
D regularmente no vivían formando pueblos, sino entre los mon-
E tes en cabañas separadas unas de otras. Cuando un joven
F amaba, iba por la noche a la choza de su amada con un hacha
G encendida; y si la virgen la apagaba con su soplo, era señal de
H que admitía a su amante favorablemente. La noticia de esta
I costumbre, y la observación de que el valor marcial y el amor
J a la patria eran las primeras virtudes de aquellos amables
K hijos de la naturaleza, bastan para entender bien esta canción,
L en que se ha procurado imitar en lo posible el estilo de aquellos
M tiempos sin lujo y sin artes, pero con inocencia y virtudes.

B.   Después del título la ed. de 1848 dice: "Inédita". Si Olmedo revisó y corrigió los textos de esta ed., según su portada indica, ¿cómo se justifica esta indicación de "inédita" en vista de la publicación de 1822? Quizá valga recordar que al enviar Olmedo a don Andrés Bello unos versos de don José Fernández Madrid, le decía: "Esta composición es inédita y no es inédita. No lo es porque se imprimió en un periódico de Colombia, y lo es, porque la impresión en los diarios no se cuenta". (Carta desde París, 20 Marzo 1827. Verla en el *Epistolario* cit., pág. 271).

D.   Ed. 1947 (que en esta prosa sigue al manuscrito de Guayaquil): formando *pueblo.*

F.   Ed. 1947: *cabaña* (en lugar de *choza*).

G.   Ed. 1947: No dice *era señal de que.*

H.   Ed. 1947: *al* amante; *si no, no.* No dice *La noticia de.*

K-L.   Ed. 1848: en *la* que se ha procurado. Ed. 1947: en que se ha *imitado* en lo posible.

L.   Ed. 1947: el estilo *americano.* Ed. 1848: El texto en prosa termina con *de aquellos tiempos* y tres puntos suspensivos.

M.   Ed. 1947: sin lujo *ni comodidades.* — y *con* virtudes.

Canción

Entre las sombras mudas,
Por esta alzada loma
Yo busco a mi paloma,
En alas del amor.

5   Yo voy a sorprenderla
Allá en su mismo nido,
Solitario y querido
antes que nazca el sol.

La di un hilo de cuentas
10 Que siempre al cuello lleve;
Tres blancas cual la nieve,
Indican su candor.

Tres verdes mi esperanza
De gozar sus favores,
15 Tres negras mis temores,
Y tres rojas mi amor.

Yo voy a sorprenderla
Antes que nazca el sol.

Cual conchita de nácar
20 De perlas guarnecida,
Su boca reducida
Exhala un grato olor.

Sus ojos de paloma
Que arrulla lastimera,
25 Su larga cabellera
Es un campo de arroz.

Yo voy a sorprenderla
Antes que nazca el sol.

Sus mágicas palabras
30 Son bálsamo süave
Que las heridas sabe
Curar del corazón.

1-74. Ed. 1947: Mayúsculas sólo al comienzo de estrofa o tras un punto.
  9. MS.: Dila un sartal de cuentas (ver ed. 1947, p. 279).
 22. MS: Exhala un grato olor (ver ed. 1947, p. 279). — Ed. 1947: Exhala grato olor.

Sus pechos dos cabritos
En un día nacidos,
35 De una madre paridos,
Y de un mismo color.

    Yo voy a sorprenderla
    Antes que nazca el sol.

Cubra su dulce aliento
40 De sombra voluptuosa,
Esta hacha luminosa
Que mi amor encendió.

Yo alegraré su seno,
Cual alegra el rocío
45 En el ardiente estío
Las yerbas y la flor.

    Yo voy a sorprenderla
    Antes que nazca el sol.

O Mila! que yo vea
50 Pendiente de tu seno,
Y de mil gracias lleno
El fruto de mi amor.

No temeré, mirando
Su sonrisa agraciada,
55 Ni la vejez helada,
La muerte, ni el dolor.

    Yo voy a sorprenderla
    Antes que nazca el sol.

La patria en él poniendo
60 Su gloria y su esperanza,
Le fiará la venganza
De su ultrajado honor.

---

33. Ed. 1848 y ed. 1947: *son* cabritos.
36. MS.: y de un mismo color (ver ed. 1947, p. 279). Ed. 1947: y del mismo color.
49. Ed. 1947: ¡Oh Mila!
59-61. MS.: En él verá la Patria / Su apoyo y su esperanza / Y a él fiará la venganza (ver ed. 1947, p. 279); los versos 62-66 igual que en 1822.

　　　　　Y meciendo su cuna
　　　　　Fumaré en paz sabrosa
65　　　Mi pipa deleitosa
　　　　　Cantando esta canción:

　　　　　Entre las sombras mudas
　　　　　Por esa alzada loma,
　　　　　Yo buscaré a mi paloma
70　　　Antes de ver el sol.

　　　　　Yo vine a sorprenderla
　　　　　Aquí en su mismo nido,
　　　　　Solitario y querido,
　　　　　Y aquí pagó mi amor.

ANEJO N.º 2

Atala, ou les Amours de deux sauvages dans le désert; par François-Auguste Chateaubriand (Paris: Chez Migneret et à l'ancienne Librairie de Dupont, An IX [1801] (reproducido por *Atala, Reproduction de l'édition originale,* eds. Victor Girard y Joseph Girardin [Paris: Albert Fontemoing, Éditeur, 1906]). Págs. 39-40 de la ed. original.

Nous apperçûmes à travers les arbres un jeune homme, qui portant à la main un flambeau, ressembloit au génie du printemps, parcourant les forêts, pour ranimer la nature. C'étoit un amant, allant s'instruire de son sort à la cabane de sa maîtresse. Si la vierge étoignoit le flambeau, elle acceptoit un époux; si elle se voiloit sans l'éteindre, elle rejetoit les vœux offerts. Le guerrier en se glissant dans les ombres, chantoit à demi-voix ces paroles:

"Je devancerais les pas du jour sur le sommet des montagnes, pour surprendre ma colombe solitaire sur le rameau de la forêt."

"J'ai attaché à son cou un collier de porcelaines;[1] on y voit trois grains rouges pour mon amour, trois violets pour mes craintes, trois bleus pour mes espérances."

"Mila a les yeux d'une hermine et la chevelure légère d'un champ de riz: sa bouche est un coquillage rose, garni de perles; ses deux seins sont comme deux petits chevreaux sans tache, nés au même jour d'une seule mère."

"Puisse Mila éteindre ce flambeau! Puisse sa bouche verser sur lui une ombre voluptueuse! Je fertiliserai son sein. L'espoir de la patrie pendra à sa mamelle féconde, et je fumerai mon calumet de paix sur le berceau de mon fils."

"Ah! laissez-moi devancer les pas du jour sur le sommet des montagnes, pour surprendre ma colombe solitaire sur le rameau de la forêt!"

---

[1] Sorte de coquillage.

ANEJO N.º 3

Atala ó los amores de dos salvages en el desierto. Novela escrita en francés por Francisco Augusto Chateaubriand. Tercera impresion. En Valencia Por José Ferrer de Orga. Año 1813 [La primera impresión es también de Valencia y 1803. El traductor es "P. G. R.", esto es Pascual Genaro Ródenas]. Págs. 31-33.

Por entre los árboles vemos un joven, que con una antorcha en la mano se parecía al Genio de la primavera, recorriendo los bosques para reanimar la naturaleza. Era un amante, que iba a saber su suerte a la cabaña de su querida. Si la doncella apagaba la antorcha, era señal de aceptar el esposo; si se cubría sin apagarla, desechaba los deseos ofrecidos. El guerrero deslizándose por entre las sombras cantaba así a media voz:

"Al rayar el día, ya estaré yo en la cima del monte, para sorprender a mi paloma solitaria sobre las ramas del bosque. — He prendido a su garganta un collar de porcelanas,* que tiene ensartados tres granos roxos para mi amor, tres morados para mis temores y tres azules para mis esperanzas. — Mila tiene los ojos de un armiño, y la cabellera como un campo de arroz: su boca es una concha guarnecida de perlas: sus dos pechos como dos cabritillos sin mancha, nacidos en un día de una misma madre. — ¡Oxalá apague Mila esta antorcha, y su boca derrame sobre ella una sombra deliciosa! Yo fecundaré su seno: de su materno pecho penderá la esperanza de la patria, y sobre la cuna de mi hijo fumaré mi calumet** de paz. — Al rayar el día, ya estaré yo en la cima del monte, para sorprender a mi paloma solitaria sobre las ramas del bosque."

---

* Especie de conchitas.
** Especie de pipa.

UN PARENTESCO POÉTICO: ANDRÉS BELLO Y JAMES THOMSON

Donald F. Fogelquist
University of California, Los Angeles

En 1810 llegó Andrés Bello a Londres en calidad de secretario de una misión diplomática de la cual formaban parte también Simón Bolívar y otro compatriota suyo, Luis López Méndez.[1] Enviados por la junta revolucionaria[2] de Caracas, venían para solicitar apoyo para el movimiento libertador, que, como se sabe, se inició no como rebelión contra España sino más bien como reivindicación de los derechos de Fernando VII al trono, es decir levantamiento contra la usurpación napoleónica. Era lógico que los delegados se dirigieran a Londres, foco de la resistencia a Napoleón y centro acogedor de los españoles y otros europeos que huían de las tierras invadidas u ocupadas por las fuerzas del Emperador.

Bello tenía entonces veintinueve años de edad. De dotes intelectuales y morales poco comunes, se había destacado ya por su gran erudición y la diversidad de su labor cultural.[3] No era de extrañar que fuera nombrado para servir en la misión, pero es digno de notar que lo que más influyó en su elección fue su previo estudio del inglés. Lo había estudiado sin maestro, valiéndose de un diccionario y una gramática. No se sabe como pudo Bello

---

[1] Rafael Caldera, *Andrés Bello* (Caracas: Biblioteca Popular Nacional, 1965), p. 31.
[2] *Ibid.*
[3] *Ibid.* p. 27. Dice Caldera que Bello "realizó una carrera universitaria llena de distinciones".

arreglárselas con la endiablada fonética inglesa, pero ya pasaba por ducho en el idioma, pues iba a Londres como el delegado "que sabía inglés". [4] Después, los trastornos de las guerras americanas de independencia y la precaria situación económica en que se encontraban él y su familia, dificultaban el regreso a América, con el resultado de que fue postergado repetidas veces. Bello se quedó diecinueve años en Inglaterra. Formó allá su familia. Se casó en 1815 con una dama inglesa; enviudó en 1821, y se volvió a casar en 1824, esta vez también con una inglesa. [5]

Estos detalles biográficos tienen una relación más que marginal con la vida literaria de Bello durante los años londinenses. Hombre de una gran curiosidad intelectual, lingüista y literato, no hubiera desaprovechado las excelentes oportunidades que su destierro le ofrecía para conocer otra cultura, para dominar otra lengua y disfrutar de la gran literatura escrita en esa lengua. Son escasos los datos que los críticos y biógrafos de Bello han dejado sobre este aspecto de su experiencia inglesa y parecen dar más importancia a los contactos filosóficos que a los literarios. Germán Arciniegas, para citar un caso, ve como fundamental en la formación de Bello las relaciones que tuvo con los pensadores ingleses de su tiempo:

> Es curioso que una de las más pródigas y difíciles labores en que hubo de empeñarse Bello cuando más pobremente vivía en Londres, fuera poner en orden los manuscritos de Bentham. Obtuvo este trabajo por recomendación del padre de John Stuart Mill, de quien era amigo. Así, vivió en el mundo de los utilitaristas, se compenetró de la filosofía inglesa, la puso en limpio en cierto modo, y todo ello dejó una profunda huella en su formación intelectual. [6]

---

[4] Germán Arciniegas, *El pensamiento vivo de Andrés Bello* (Buenos Aires: Losada, 1946), p. 15.

[5] Caldera ofrece este interesante comentario sobre la familia de Bello: "Era por temperamento afecto al matrimonio, y el 27 de febrero de 1824 contrajo nuevas nupcias, esta vez con Doña Isabel Antonia Dunn, quien le sobrevivió, sazonando en Chile la tertulia íntima con acento inglés y amenos barbarismos. Ambas [esposas] le dieron numerosa familia; y ha sido destacado el papel desempeñado por sus muchos descendientes, entre los cuales se han contado políticos, diplomáticos, profesionales, sacerdotes, escritores de talla, artistas de renombre, rectores universitarios". *Op. cit.*, p. 38.

[6] Arciniegas, *op. cit.*, p. 35.

Era natural que los intelectuales y los dirigentes hispanoamericanos del movimiento de independencia, tanto Bello como los otros, se interesaran por aquellas ramas del saber que tuvieran una relación directa con el gobierno, la economía y la estabilidad de las naciones en formación. Las colonias norteamericanas ya habían demostrado el valor de la filosofía —notablemente la de Locke— en la creación de su organismo nacional. En el pensamiento inglés seguramente encontró Bello mucho que era aprovechable y útil para la América del Sur. Con todo, no dejó de dedicarse a la creación literaria. Fundó revistas, no tanto para difundir teorías políticas y económicas de carácter utilitario, como para contribuir a la difusión de la cultura. Salieron los primeros números de la *Biblioteca Americana* en Londres en 1823. A pesar de la acogida entusiasta que tuvo en América,[7] la vida de este periódico fue breve, puesto que su publicación se suspendió poco después de completarse el primer tomo. Movido por el éxito inicial de la *Biblioteca Americana,* Bello fundó en 1826 otra revista cultural, el *Repertorio Americano,* del cual llegaron a publicarse cuatro tomos completos.[8] El propósito de Bello en esta empresa editorial era —como él mismo dijo— de dar "en todo un lugar distinguido a cuanto tenga relación con la América y especialmente a su historia, que dividiremos en *antigua, media y moderna*".[9] Sin embargo, el contenido del *Repertorio* es mucho más variado de lo que se podría suponer ateniéndose solamente a esta afirmación de Bello. Entre los temas comentados figuran no solamente la historia moderna y antigua, sino también la ciencia, la economía, la geografía, la antropología, los viajes, la religión, el arte, la filología y la literatura. La lista completa sería bastante larga.[10]

Dos de los poemas más conocidos de Bello salieron por primera vez en el *Repertorio Americano,* su célebre "Silva a la agricultura de la Zona Tórrida", y en forma fragmentaria su "Alocución a la poesía". Para estas fechas (1826) llevaba Bello dieciséis

---

[7] Pedro Grases, *Tiempo de Bello en Londres* (Caracas: Ministerio de Educación, 1962), p. 174.
[8] Con un total de más de 1200 páginas. Véase Grases, p. 169.
[9] Citado por Grases, p. 169.
[10] Véase Grases, pp. 179-218.

años en Inglaterra. Era casi imposible que no dejara alguna huella en estos poemas el conocimiento que ya tendría de poetas ingleses. No solamente en sus lecturas, sino también en su trato cotidiano con los londinenses, y hasta en su hogar, donde seguramente se hablaba más inglés que español, [11] habría tenido ocasión de ampliar su apreciación de las letras inglesas. Hábil traductor de autores latinos, italianos, y franceses, también vertió al castellano algunas obras inglesas.

Aunque más conocidas son sus versiones poéticas de Hugo, de Byron tradujo Bello parte de la tragedia *Sardanapolus*, además de dos ensayos críticos sobre el poeta inglés. [12] Sin embargo, su interés en Byron debe atribuirse más a lo que separaba a los dos que a lo que los unía. De temperamento sereno y equilibrado, Bello se parecía muy poco al impetuoso y arrogante inglés. Lo que admiraba en Byron era indudablemente su arte, no su persona.

Con James Thomson (1700-1748), mucho más que con Byron, hubiera congeniado Andrés Bello. Examinando los antecedentes literarios y la obra de los dos poetas, llama la atención la convergencia, en varios puntos, de su trayectoria poética y espiritual. Los dos ocupan en la evolución literaria de sus respectivas naciones (o continentes) una posición análoga. Ambos son precursores del romanticismo —mucho más tardío en Hispanoamérica que en Inglaterra— pero con fuertes vínculos con el clasicismo. Bello, igual que Thomson, [13] se crió en un ambiente hogareño religioso, hizo estudios humanísticos, y completó su formación intelectual en la universidad. El neoclasicismo que los dos poetas cultivaban no impedía que descubrieran en la naturaleza una fuente inagotable de temas e imágenes poéticos. En su juventud Thomson conoció la naturaleza vagando por los campos y selvas de su Escocia nativa. Bello se crió en una región de América donde estaba en comunicación diaria con una naturaleza pródiga y bella. Sin embargo, este común amor a la naturaleza, que apuntaba hacia

---

[11] Véase nota núm. 5.
[12] Uno de ellos por E. Lytton Bulwer, el otro por A. F. Villemain.
[13] Bernard D. Grebanier, Samuel Middlebrook, Stith Thompson and William Watt, *English Literature and its Backgrounds* (New York: Dryden, 1949), II, 17-18.

el romanticismo,[14] estaba regido en ambos por un concepto de orden y armonía, de origen clásico, y por un sentimiento de reverente asombro de raíz bíblica y cristiana. En tono y tema eran virgilianos los dos, aunque en Bello se descubre a veces un rasgo romántico cuando —después de largos años en el extranjero—, evoca con nostalgia su lejana tierra natal.[15]

Los poemas que Bello escribió en Inglaterra[16] son precisamente los que ofrecen más paralelos o puntos de comparación con los de Thomson, en especial con los cuatro poemas largos que componen la serie, *The Seasons*.

De amplia visión geográfica son los poemas del venezolano y también los del escocés. Son abundantes sus alusiones —tanto al mundo clásico como al contemporáneo— mitológicas e históricas. De paso, merece mención el conocimiento que Thomson demuestra del mundo americano. Nombra, por ejemplo, "the branching Oronoque",[17] de la tierra del propio Bello, y "the sea — like

---

[14] Arturo Uslar Pietri hace este comentario esclarecedor sobre la dualidad estética de Bello:
"El principio clásico fundamental, al que Bello nunca llega a renunciar, es ese de 'fidelidad de la imitación' de la naturaleza. Fuera de eso todo lo demás le parecen reglas convencionales que el talento creador puede desechar cuando lo juzga necesario. Esta es la actitud, los grandes clásicos, y a la vez recibir sin asombro los hallazgos de los románticos."
"Los temas del pensamiento crítico de Bello", en *Andrés Bello*, IX, *Temas de crítica literaria* (Caracas: Ministerio de Educación, 1956), p. XXIII.

[15] Véase, por ejemplo su poema "Elegía del desterrado" *Silvas americanas* (Caracas: Fundación Eugenio Mendoza, 1965), pp. 155-158.

[16] Deben incluirse no solamente "Silva a la agricultura de la Zona Tórrida" y "Alocución a la poesía" sino también los fragmentos que Bello dejó inéditos de un poema muy extenso que pensaba completar y titular América. Pedro P. Barnola, S. J. "La poesía de Andrés Bello en sus borradores", estudio preliminar a *Silvas Americanas*, p. 22.

[17] Todas las citas de Thomson en este estudio se toman de la edición siguiente de sus poesías: *The Complete Poetical of James Thomson* (London: Oxford University Press, 1908). "Oronoque", a pesar de la ortografía un poco rara es el Orinoco, inconfundible por la descripción que Thomson da en el poema. El pasaje ofrece interesantes datos geográficos y antropológicos sobre el río y su región: "Wide o'er his isles the branching Oronoque / Rolls a brown deluge, and the native drives / to dwell aloft on life-sufficing tress. At once his dome, his robe, his food, and arms." *Op. cit.*, p. 83.

Cuando alude Thomson a "The mighty Orellana [sic] ..." que, agrandado por sus mil afluentes desciende de los Andes, es obvio que se refiere al Amazonas pero qué ha confundido el nombre del río con el de su descubridor.

Plata", que Bello en uno de sus poemas llama "el vasto Plata". Alude Thomson también a México, "Proud Montezuma's realm", y a la desvanecida riqueza de Potosí, "sad Potosí's mines".

La serenidad de su contemplación de la naturaleza, que puede atribuirse en parte a su formación clásica, tiene también una relación directa con una fe religiosa, sincera pero teñida de panteísmo. En sus poemas Thomson siempre escribe "Nature", con mayúscula y a veces la personifica, como en el verso siguiente de *Spring*: "Harmonious Nature too looked smiling on". En la "Silva a la agricultura de la Zona Tórrida" Bello habla de lo que "quiso Naturaleza bondadosa", como si se tratara de un ser benévolo, dotado de voluntad propia. En otros poemas, también, Bello escribe "Natura" y "Naturaleza" con mayúscula. Por supuesto, este empleo de la mayúscula era normal en la poesía inglesa del tiempo de Thomson, y lo mismo en la hispanoamericana cuando escribía Bello, pero hay en los dos un tono rayando en adoración cuando meditan sobre la naturaleza.

Las invocaciones a Dios son frecuentes en ambos poetas y muy parecidas en su expresión. "Almighty Father" dice Thomson, el equivalente exacto del "Padre Omnipotente" de Bello.[18] No son los razonamientos filosóficos o teológicos lo que sostiene su fe sino la presencia de Dios que ven y sienten en el mundo natural, la obra de Dios. Thomson se deleita ante la profusión de las flores de la primavera, con su infinita variedad, su incomparable fragancia y el deslumbrante espectáculo de sus colores que le mueven a la alabanza de su Creador:

> Hail, Source of Being! Universal Soul
> Of heaven and earth! Essential Presence, hail!
> To thee I bend the knee; to thee my thoughts
> Continual climb, who with a master-hand
> Hast the great whole into perfection touched.[19]

Bello, enumerando algunas de las maravillas de "la buena madre tierra" también cede al impulso de adoración:

---

[18] Thomson, p. 117; *Silvas americanas,* p. 117. En las *Geórgicas* Virgilio atribuye el orden en la naturaleza y el universo al "pater omnipotens" que gobierna todo.
[19] Thomson, p. 24.

¿Pero quién de tus obras portentosas
puede la varia innumerable suma
declarar, Causa Eterna, Eterna Fuente
del Ser y de la Vida?...[20]

El poema termina con una nota de asombro ante la grandiosidad de la Creación y la insignificancia del hombre:

... mas el hombre
como el insecto que en el verde cáliz
de una flor es nacido, y vive y muere,
sólo una parte mínima contempla
de maravillas tantas, y en el libro
de la Naturaleza puede sólo
descifrar una línea y adorarte. [21]

El "entusiasmo poético" despertado en Thomson por la naturaleza lo llevó, en su fantasía, muy lejos de su fría tierra septentrional: "Now come, bold fancy, spread a daring flight / And view the wonders of the torrid zone..." [22] Enumera las maravillas de la zona que canta Bello, también, con amor y un dejo de nostalgia. Dice Thomson:

Bear me, Pomona! to the citron groves;
To where the lemon and the piercing lime,
With the deep orange glowing through the green,
Their lighter glories blend...[23]

Continúa, nombrando otras frutas del trópico, entre ellas la piña, celebrada por Bello también. Thomson la elogia: ... thou best Anana, thou the pride / Of vegetable life, beyond what e'er / The poets imaged in the golden age". [24] Dice Bello: "y el ananás sazona su ambrosía". [25] La nostalgia de Bello era natural, pero es posible que Thomson, también, desde las brumas y el frío del norte, suspirara a veces por la soleada tierra de la piña.

---

[20] *Silvas americanas*, p. 114.
[21] *Ibid.*
[22] Thomson, p. 77.
[23] *Ibid.*, p. 78.
[24] *Ibid.*, p. 79.
[25] Andrés Bello, *Poesías* (Caracas: Ministerio de Educación, 1952), p. 66.

En sus versos descriptivos de la naturaleza, las imágenes de Bello tienden a ser más visuales que las de Thomson en cuya obra abundan también las sonoras y olfativas.

Coinciden los dos poetas en sus elogios de la vida del campo. Thomson aconseja a sus compatriotas a que veneren el arado: "ye generous Britons, venerate the plough" [26] y Bello en palabras muy parecidas se dirige a las "jóvenes naciones" de América:

> honrad el campo, honrad la simple vida
> del labrador, y su frugal llaneza. [27]

La ciudad, en cambio, merece su censura. En el verso inicial de un poema titulado "Of a Country Life" Thomson pierde momentáneamente su acostumbrada serenidad para apostrofar: "I hate the clamours of the smoky towns", [28] queja con cierta resonancia profética, pues expresa perfectamente la desesperación del hombre de nuestros días que se asorda en el tráfico y se ahoga en el "neblumo" de la megalópolis.

En los dos poetas el campo se asocia con la virtud y con la salud física y moral; la ciudad en cambio conduce al vicio y a la corrupción de costumbres. Estas ideas, por cierto, ya eran tradicionales pero la importancia que se les da en la obra de los dos poetas establece cierta afinidad moral entre ellos. El tono didáctico es común a los dos y probablemente remonta a las mismas fuentes clásicas.

Para Thomson, dichoso es el que vive en íntimo contacto con la naturaleza, lejos de la ciudad y sus moradores perversos y tristes:

> The happiest he! who far from public rage
> Deep in the vale, with a choice few retired,
> Drinks the pure pleasures of the rural life.
> What though the dome be wanting, whose proud gate
> Each morning vomits out the sneaking crowd
> Of flatterers false, and in their turn abused? [29]

---

[26] Thomson, p. 6.
[27] Bello, *Poesías*, p. 74.
[28] "Of a country life", *op. cit.*, p. 494.
[29] Thomson, p. 177.

De igual manera amonesta Bello a sus compatriotas:

> ¡Oh! ¡si al falaz rüido
> la dicha al fin supiese verdadera
> anteponer, que del umbral le llama
> del labrador sencillo,
> lejos del necio y vano
> fasto, el mentido brillo
> el ocio pestilente ciudadano [30]

Para Bello se trataba, al parecer, no solamente de un tema literario y patriótico sino también de una preocupación personal por su familia, pues sus propios hijos se criaban en Londres. Entre las "míseras ciudades" de su poema indudablemente aludía —aunque indirectamente— más a Londres que a ninguna otra ciudad. Desconfiaba sobre todo de las sirenas ciudadanas:

> No allí con varoniles ejercicios
> se endurece el mancebo a la fatiga;
> mas la salud estraga en el abrazo
> de pérfida hermosura,
> que pone en almoneda los favores [31]

Thomson también se proponía advertir a sus compatriotas de los peligrosos encantos de la mujer de rapiña que andaba al acecho de jóvenes ardorosos y candorosos:

> The enticing smile, the modest-seeming eye,
> Beneath whose beauteous beams, belying Heaven,
> Lurk searchless cunning, cruelty, and death:
> And still, false-warbling in his cheated ear,
> Her siren voice enchanting draws him on
> To guileful shores and meads of fatal joy. [32]

Como si las consideraciones morales no fueran suficientes para demostrar la superioridad de la vida del campo sobre la de la ciudad, los dos poetas aducen también razonamientos prácticos en apoyo de su tesis. Sostiene Bello que el aire del campo

---

[30] *Poesías*, p. 67.
[31] Señala también los peligros de la bebida, de la mesa de juego, del ocio, del "festín beodo", etc.
[32] Thomson, p. 40.

fortalece la salud, devuelve "el perdido vigor" y "... a la enojosa / vejez retarda el paso". [33] Thomson celebra la salud y la fuerza del joven campesino, hecho al trabajo al aire libre: "The rustic youth, brown with meridian toil / Healthful and strong ..." Aplaude también la sana y exuberante belleza de la muchacha rústica y la retrata con aptas imágenes sensuales:

> ... full as the summer rose
> Blown by prevailing suns, the ruddy maid,
> Half naked, swelling on the sight, and all
> Her kindled graces burning o'er her cheek. [34]

El patriotismo en la época de Thomson, y lo mismo en la de Bello, se tenía por un sentimiento noble, no aburguesado ni canallesco como se ha pintado a veces en tiempos más recientes. Pero eran ante todo hombres de paz, poco propensos a cantar las hazañas de guerreros. La guerra era contraria a la naturaleza y enemiga del bienestar del hombre; la llama Thomson "detested war". [35] Bello honraba a sus compatriotas que lucharon por la independencia pero le apesadumbraba la destrucción causada por la guerra. Insta a los americanos a que cierren "las hondas heridas de la guerra", a que vuelvan al cultivo del campo, para que fructifique de nuevo la tierra y para que gocen las nuevas naciones de los beneficios de la paz. Cifraba su esperanza en la laboriosidad del campesino y en la naturaleza que lo sustentaba. Por él invoca a su Dios:

> ¡Buen Dios! no en vano sude
> mas a merced y a compasión te mueva
> la gente agricultora
> del ecuador, que del desmayo triste
> con renovado aliento vuelve ahora
> y tras tanta zozobra, ansia, tumulto,
> tantos años de fiera
> devastación y militar insulto,
> aún más que tu clemencia antigua implora, [36]

---

[33] *Poesías*, p. 69.
[34] Thomson, p. 66.
[35] *Ibid.*, p. 73.
[36] *Poesías*, p. 72.

Para cerrar este breve comentario sobre los dos poetas afines merece mención el aspecto formal de sus obras. Dentro de su neoclasicismo cabe cierta preferencia por una forma relativamente libre. El soneto, por ejemplo, no los atrae. En sus *Seasons* emplea Thomson el verso blanco. Esta forma sin duda se adaptaba mejor que otras más rígidas a su propensión divagadora, que a veces lo llevaba a una prolijidad rayando en lo soporífero. [37] Bello ensayó varias formas poéticas pero la silva parece haber sido la de su predilección. Con la alternación de sus endecasílabos y heptasílabos y las variaciones que se permiten en la rima, era, tal vez, la forma más libre de la poesía tradicional.

La relación literaria y espiritual entre Andrés Bello y James Thomson se descubre en la obra misma, no en la crítica, ni en las traducciones del poeta venezolano. Sin embargo, hay una mención de Thomson en uno de los ensayos de Bello publicados en Londres en 1823. [38] Se trata de "Juicio sobre las obras poéticas de Don Nicasio Álvarez de Cienfuegos". En su defensa de la poesía discursiva dice Bello lo siguiente:

> ... Muchos censuran ésta que llaman manía de filosofar poéticamente y de escribir sermones en verso. Pero nosotros estamos por la regla de que
>
> tous les genres sont bons, hors le genre ennuyeux,
>
> y por tanto pensamos que la cuestión se reduce a saber si este género es, o no, capaz de interesarnos y divertirnos. Las obras de Lucrecio, Pope, Thompson [sic], Gray, Goldsmith, Delille, nos hacen creer que sí...[39]

Por lo que dice aquí es claro que Bello conocía la obra de Thomson y que la estimaba. Es muy posible que la lectura

---

[37] *English Literature and its Backgrounds*, p. 17.
[38] Véase *Temas de crítica literaria*, p. 197, nota.
[39] *Ibid.*, pp. 206-207.
En el "Índice de autores citados" del libro citado Guillermo [?] Thompson ha sido confundido con James Thomson. No hay la menor duda de que éste es el poeta a quien se refiere Bello.

de Thomson dejara una impronta directa en la poesía de Bello. Quien lea las obras de los dos poetas y las compare verá un parentesco más que superficial entre ellos. [40]

---

[40] En este breve estudio no me he propuesto hacer un análisis estilístico detallado de los dos poetas sino solamente señalar las semejanzas que más se destacan.

RENACIMIENTO ROMÁNTICO EN CUBA DEL TEMA DEL CONDE ALARCOS

James A. Castañeda
Rice University

El estreno en Cuba en 1838 de *El Conde Alarcos*[1] de José Jacinto Milanés vincula una vez más varios momentos importantes de la cultura hispánica. La manifestación más temprana del tema del Conde Alarcos la encontramos en un romance probablemente del siglo XVI, firmado por Pedro de Riaño.[2] Modificado el tema en reencarnaciones literarias por Lope de Vega,[3] Guillén de Castro[4] y Mira de Amescua,[5] para mencionar sólo algunos de

---

[1] *El Conde Alarcos. Drama caballeresco en tres actos y en verso...* Habana: Imprenta del Gobierno y Capitanía General por S. M., 1838. Para este estudio, usamos José J. Milanés, *Obras*, III (Habana: Imprenta del Faro Industrial, 1846), 1-99.

[2] Número 365 en la colección de Agustín Durán, "Romancero general o colección de romances castellanos anteriores al siglo XVIII", *B. A. E.*, X, 224-227. Incluido también en *Poesía de la Edad Media y poesía de tipo tradicional*, selección, prólogo, notas y vocabulario de Dámaso Alonso (Buenos Aires: Editorial Losada, S. A., 1942), 516-523.

[3] *La fuerza lastimosa*, publicada primero en *Parte II* (1609). Según Morley y Bruerton, *Cronología de las comedias de Lope de Vega* (Madrid: Editorial Gredos, S. A., 1968), 245: "Puede fecharse con certeza 1595-1603". Usamos la edición en *B. A. E.*, CCXLVI, 11-78.

[4] *El Conde Alarcos*, publicado primero en 1618, en su *Primera parte*. Usamos la edición de Eduardo Juliá Martínez, *Obras de don Guillén de Castro y Bellvís*, II (Madrid: Tipografía de la "Revista de archivos", 1926), 1-39. Según Bruerton, "The Chronology of the *Comedias* of Guillén de Castro", *Hispanic Review*, XII (1944), 95, la comedia *El Conde Alarcos* representada en 1602 no pudo ser obra de Mira de Amescua, sino de Guillén de Castro.

los autores atraídos por la trágica historia, lo vemos incorporado a la temática del teatro español de la Edad de Oro y luego, tras un hiato de más de dos siglos (con respecto a tratamientos en español), resucitado en Cuba en traje romántico. Vuelve a aparecer una vez más en *El Conde Alarcos* de Jacinto Grau,[6] escrito en 1907 y publicado nueve años más tarde.[7]

Puesto que el tratamiento del cubano José Milanés y Fuentes le ha interesado a José Juan Arrom,[8] hemos decidido basar nuestra humilde contribución al homenaje que le rendimos en el estudio del romanticismo inherente en el tema del Conde Alarcos, y en la matización que le da Milanés y Fuentes en el período cimero del movimiento romántico.

Aunque el nombre de José Jacinto Milanés y Fuentes no es universalmente conocido, se le ha atribuido gran importancia a su drama *El Conde Alarcos*, con referencia al romanticismo. Ángel Valbuena Briones afirma, por ejemplo: "En Cuba, la figura de José Jacinto Milanés y Fuentes decidió el éxito de las nuevas ideas con el drama en verso *El Conde Alarcos*..."[9]

El asunto del romance, que representa el primer tratamiento conocido del tema, es el siguiente: preocupado por la melancolía de la Infanta, el Rey le pregunta por qué ha rechazado la oferta de matrimonio del Príncipe de Hungría. La Infanta le explica que lo ha hecho porque el Conde Alarcos le había dado palabra

---

[5] *El Conde Alarcos*, publicado primero en las *Escogidas* (1653). Usamos la edición de A. T. Pickering, *"El Conde Alarcos* — A Critical Edition with Introduction and Notes". Unpublished Ph. D. Dissertation. The Ohio State University, 1951. Pickering (pág. lii) se inclina a creer que la fecha de composición de la comedia de Mira es posterior a 1625.

[6] Hemos usado Jacinto Grau, *El Conde Alarcos — tragedia romancesca en tres actos* (Buenos Aires: Editorial Losada, S. A., 1944). Véase Vernon A. Chamberlin, "Dramatic Treatments of the Conde Alarcos Theme Through Jacinto Grau", *Hispania*, XLII (Diciembre, 1959), 517-523.

[7] Véase José M. de Osma, *"El Conde Alarcos*. Tragedia de Jacinto Grau", *Hispania*, XII (1929), 179-184.

[8] *Historia de la literatura dramática cubana*. Yale Romanic Series, XXIII (New Haven: Yale University Press, 1944), 49-51. Véase especialmente página 49: "Si bien esta obra es consecuencia directa de la renovación romántica, muestra a la vez, en su morigerado eclecticismo, apego a la mejor tradición de los clásicos del Siglo de Oro".

[9] A. Valbuena Briones, *Literatura hispanoamericana*, segunda edición (Barcelona: Editorial Gustavo Gili, S. A., 1965), 138.

de casarse con ella —que luego no cumplió, casándose con otra. Alarcos le confiesa al Rey su pasado amor a la Infanta, pero explica su actuación a base de su estado de humilde vasallo:

>No puedo negar...
>Por miedo de vos el Rey
>No me casé con quien debía. [10]

Aunque critica el Rey a la Infanta ("¡Muy mal mirastes, Infanta, / Do estaba la honra mía!"), decide remediar todo exigiendo la muerte de la Condesa a manos de su esposo, para así dejar libre al Conde para casarse con su hija.

En una escena desbordante de patetismo, sobrepone Alarcos a su amor profundo el honor ineludible, y estrangula a su mujer con una toca suya. Antes de morir, la Condesa perdona al Conde, pero no al Rey ni a la Infanta:

>Sino que queden citados
>Delante la alta justicia,
>Que allá vayan a juicio
>Dentro de treinta días. [11]

Muerta ya la Condesa, el Conde la desnuda y llama a los criados para anunciarles su muerte "de un cierto mal que tenía". Allí queda truncada la acción —y termina el romance con la noticia de que se han cumplido todas las condiciones del emplazamiento:

>Así murió la Condesa,
>Sin razón y sin justicia;
>Mas también todos murieron
>Dentro de los treinta días.
>Los doce días pasados
>La Infanta ya se moría;
>El Rey a los veinte y cinco,
>El Conde al treinteno día,
>Allá fueron a dar cuenta
>A la justicia divina.
>Acá nos dé Dios su gracia,
>Y allá la gloria cumplida. [12]

---

[10] B. A. E., X, 225.
[11] Ibid., 227.
[12] Ibid.

Esta versión escueta fue la inspiración de muchos romances paralelos y de varias obras teatrales, entre las cuales figuran la *Comedia Serafina* de Torres Naharro,[13] *La fuerza lastimosa* de Lope de Vega, *El valor perseguido* de Juan Pérez de Montalbán[14] y obras de idéntico título, *El Conde Alarcos,* de Guillén de Castro y de Mira de Amescua.

Aunque hay tratamientos del tema en otras literaturas durante el siglo XVIII,[15] la trayectoria literaria no se reanuda en español hasta 1838, año en que aparece *El Conde Alarcos* de Milanés y Fuentes.

Aparte de las versiones de Torres Naharro y de Montalbán, que no pensamos estudiar porque Milanés no da indicio alguno de haberlas conocido, el que más se desvía temáticamente del romance que le sirvió de inspiración es Lope de Vega.

Para su acción, que tiene lugar en Irlanda, Lope guarda del romance tan sólo la propuesta muerte de la esposa del Conde (en esta obra ni siquiera llamado Alarcos, sino Enrique), como solución al problema de la Infanta Dionisia. Por medio de un engaño, el Duque Otavio ha gozado a la Infanta bajo el pretexto de ser el Conde Enrique, su verdadero amante. Después de unos años el Conde vuelve de España a Irlanda, casado y con tres hijos. La furibunda Infanta lo acusa de haberle robado el honor y el padre manda que muera la Condesa Isabel para que Enrique pueda casarse con Dionisia. Abandonada en un barco destinado a naufragar, Isabel es salvada por Otavio. En una escena de *anagnórisis*, se aclaran equivocaciones y el desenlace anuncia las consabidas múltiples bodas que resolverán felizmente la acción.

Lope, según Menéndez Pelayo, "naufragó en los escollos de *La fuerza lastimosa;* y para suplir la escueta desnudez de los

---

[13] Estudiado por Pickering, *op. cit.*, ix-xi, y por Gladys Wallach, "The Conde Alarcos Theme in Spanish Literature — A Preliminary Survey of Its Poetic and Dramatic Versions." Unpublished M. A. Thesis, New York University, 1944. Págs. ii, 117.

[14] Véase Irving A. Leonard, "Montalbán's *El valor perseguido* and the Mexican Inquisition, 1682", *Hispanic Review,* XI (1943), 47-56.

[15] Se destaca el *Alarcos* (1802) de Friedrich Schlegel entre otras versiones portuguesas, alemanas, francesas e inglesas estudiadas por Pickering. Véase también el artículo de Vernon A. Chamberlin, "Schlegel y Milanés: dos dramas románticos sobre el tema del Conde Alarcos", *Hispanófila,* número 3 (Mayo, 1958), 27-38.

datos de la leyenda, tuvo que inventar un embrollo incoherente, sin unidad ni interés, salvándole sólo su poderoso instinto en la pintura del carácter de la condesa, y en la grande y conmovedora escena que el romance le ofrecía, y que él desarrolló de un modo no indigno del romance, aunque salvando la vida de la heroína, como en todas las versiones decadentes". [16]

De las demás versiones dramáticas del siglo XVII, ofrece el siguiente juicio Menéndez Pelayo: "Con menos fortuna que Lope renovaron el mismo argumento Guillén de Castro y el doctor Mira de Amescua en sendas comedias de *El Conde Alarcos* —y el doctor Juan Pérez de Montalbán en la suya *El valor perseguido y traición vengada*". [17] La última representa poco menos que una refundición poco lograda de *La fuerza lastimosa,* pero los tratamientos de Guillén de Castro y Mira de Amescua tienen una estrecha relación temática con el romance como lo indica el título que emplean. (Se relacionan más con el romance que la obra del "Fénix de los Ingenios", aunque por su escena del barco parece probable que Mira conociera la fuente lopesca.) Ambos dramaturgos evitan la muerte de la esposa del Conde y ambos tienen una escena en que la Infanta vengativa ordena que se le sirva a la futura esposa el corazón y la sangre de su propio hijo, orden no cumplida por un vasallo compasivo que los substituye por el corazón y la sangre de un animal. En común con Lope, Guillén de Castro y Mira buscan el desenlace feliz y someten el tema a las exigencias de la comedia de la Edad de Oro.

Las posibilidades románticas de la leyenda fueron explotadas por Milanés, que se dio cuenta de la presencia de vetas no exploradas en las obras anteriores. Así la juzga Menéndez Pelayo: "...la obra del moderno poeta cubano Milanés, escrita con gran inexperiencia técnica, pero con viva fantasía romántica y calor de sentimiento en algunos pasajes". [18] En un sentido, Lope, Mira y

---

[16] Marcelino Menéndez y Pelayo, *Antología de poetas líricos castellanos,* VII (Madrid: C. S. I. C., 1944), 418-419.

[17] *Ibid.,* 419.

[18] *Ibid.* Cf. Max Henríquez Ureña, *Panorama histórico de la literatura cubana,* I (New York: Las Américas Publishing Co., 1963), 194: "El drama de Milanés se desenvuelve con soltura y animación, y la versificación es fluida y sonora. Cualesquiera que sean los defectos que pueden señalársele, no desmerecen gran cosa si se le compara con las producciones que otros

Guillén de Castro, autores "clásicos" de tratamientos del tema, sacrificaron la inherente dimensión romántica a la fórmula de la comedia, según la cual la acción termina en feliz resolución del conflicto y en múltiples bodas. Le devuelve Milanés al tema su naturaleza prístina (en lo principal del argumento), y utiliza una gran cantidad de elementos románticos para destacar aún más las calidades que tenían que ser transformadas en el siglo XVII pero que, irónicamente, encajan bien en la época romántica del siglo XIX.

Como ha notado Gladys Wallach, [19] la obra de Milanés es la primera versión dramática que permanece fiel al desenlace trágico del romance.

Además, la obra de Milanés crea un ambiente de acendrado romanticismo. El autor nos dice: "...he fijado mi época en el siglo XIII, tiempo fértil en atrocidades de esta naturaleza, por estar entonces el feudalismo en toda su virilidad". [20]

En su propio prólogo, afirma Milanés que el romance le "ha dado el hecho principal de este drama". De todas las demás obras que trataron el tema, menciona tan sólo a las de Lope y Mira de Amescua, pero "Descaro insoportable sería que yo pusiese en cotejo mis medios dramáticos con los que usaron Mira de Mescua y Lope. Baste decir que los tres dramas en nada se parecen entre sí sino en la sustancia del hecho que les sirve de base". [21]

Los dramaturgos clásicos modifican el texto básico del romance según las normas dramáticas de su época e incluyen intrigas secundarias. En lugar de inventar una intriga secundaria, Milanés fortifica la acción principal de su drama e intensifica su romanticismo.

Explotando como ningún predecesor dramático el tan importante elemento de la melancolía de la Infanta Blanca, emplea

---

dramaturgos, algunos muy ilustres, dedicaron al mismo asunto". Véase también Raimundo Lazo, *La literatura cubana. Esquema histórico desde sus orígenes hasta 1964* (México: Universidad Nacional Autónoma de México, 1965), 79: "Con remanentes clásicos, se combinan elementos románticos de estructura, ambiente y versificación, que inclinan la obra hacia esta última tendencia"; y Juan J. Remos y Rubio, *Resumen de historia de la literatura cubana* (Habana: Tipos. Molina y Cía., 1930), 98-100.

[19] *Op. cit.*, 95.
[20] Milanés, *Obras*, III, 9.
[21] *Ibid.*

Milanés a un trovador medieval que abre la acción de la obra explicando su presencia en la corte:

> Me ha conducido el mandato
> Del rey, mi augusto señor.
> Teme que en el atahud
> Pare su melancolía,
> Y a templársela me envía
> Con el son de mi laúd.   (I, i.)

La música del Trovador no alivia la melancolía de la Infanta, que usa el trillado recurso romántico del sueño para evocar un contraste con la triste realidad:

>   Soñé
> Que era el Conde esposo mío:
> Soñé que la Francia toda
> En fiestas se deshacía,
> Y al preguntar lo que había,
> Me respondieron: tu boda.
> ... ...
> Vino el Conde a ser mi dueño:
> Que cesó mi enfermedad.
> Y despierto... ¡Y no es verdad!...
> ¡Maldiga Dios tan buen sueño!   (I, iii.)

Se ha enterado Blanca de que Alarcos, enviado hace años con una "expedición bizarra... contra el de Castilla", en lugar de volver a Francia, partió a su nativa Andalucía, donde se ha casado con "una gallarda Leonor". Lejos de haberse defendido de los estragos del tiempo, de los celos y de la vanidad herida, la Infanta se autorretrata en términos tristes. Dice...

A Matilde, su dama de honor:

> No se ha contentado el Conde
> ... ...
> Con marchitar mi semblante
> Que parece el de un espectro...   (I, iii.)

Al Conde Alarcos:

>   ¡Cruel!
> Dime: estos ojos sin brillo,
> Este semblante amarillo,

> ¿Son propios para un dosel?
> Pues si tan pálida ahora
> Me ves, tu amor lo causó. (I, viii.)

La propuesta boda con el Príncipe de Hungría, elemento importante del romance, figura en la obra de Milanés, pero su función es la de explicar los celos que causaron la partida de Alarcos. Matilde dice a Blanca:

> Un embajador de Hungría
> Te ofreció la mano y cetro
> De su señor ... ...
> ... ... Alarcos,
> Tu debilidad temiendo,
> ... ...
> Y sin pedirte una sola
> Lágrima para recuerdo;
> Ni verte, ni verme, a España
> Partió con terribles celos. (I, iii.)

Aunque confiesa Blanca que "es cierto / Que con él ¡ay! no me liga / ningún sacro juramento" (I, iii.), hay referencias a su honor perdido,[22] y la empuja una motivación doble: recobrar a su amante y vengarse de su rival.

La vuelta a Francia de Alarcos se explica por un pacto que hizo con el rey:

> Hoy hace un lustro completo
> Que le prometí volver
> A París, y él ha de ver
> Que cumplo lo que prometo.
> Juréle que volvería
> Armado, y armado voy,
> ¡Que así me esclavizan hoy
> Leyes de caballería! (I, iv.)

Los presentimientos románticos abundan. Al separarse Alarcos y Leonor por primera vez después de casados, su esposa le revela:

---

[22] I, iii — Blanca a Matilde: "Me pintaste / Fácil y hermoso el sendero / Del deshonor... / ¡Y en un abismo caí!"; I, iv — Pelayo, criado, al Conde: "Con todo, aquella beldad / ¿Os dio su honor?". Alarcos: "Verdad es".

> ...al notar que me pareces
> Triste, callado, sombrío,
> Temo en el alma, bien mío,
> Que aun he de llorar más veces. (I, vi.)

Alarcos, aunque no ha visto todavía a la Infanta, no sólo es incapaz de aliviar la pena sentida por su esposa, sino que la aumenta con su propio presentimiento romántico:

> ¡Adiós quinta mía!
> Ojalá que todavía
> A verte vuelva... aunque llevo
> La terrible convicción
> Del que al patíbulo va,
> Que sin esperanza, ya
> Echa menos su prisión. (I, vii.)

En el segundo acto, Milanés modifica ligeramente la temática del romance. Por razones políticas, ya no le interesa al Rey casar a su hija con el Príncipe de Hungría. Busca un yerno capaz de asegurarle una victoria militar contra Sicilia... y el candidato ideal sería el Conde Alarcos. Hasta ahora ignora el Rey que ha habido amor entre Blanca y Alarcos. Los planes matrimoniales que tiene el Rey para él, independientes de la intriga amorosa, realzan más el dilema con el cual se va a encarar Alarcos.

Para nosotros, decae la calidad de la obra en el segundo acto. El Rey, ofendido al saber que se ha casado Alarcos sin siquiera pedirle permiso, manda que mate Alarcos a Leonor; al notar la resistencia de su vasallo (más audaz que la de ningún conde de la trayectoria literaria del tema), no titubea en garantizar la solución deseada:

> Si no haces lo que he prescrito,
> Yo le buscaré un delito
> Y la decapitaré. (II, v.)

En efecto, el Rey manda a un embozado, que es el verdugo de París, que acompañe a Alarcos a su quinta. Para mayor seguridad, un grupo de hombres misteriosos también los siguen y quedan rodeando la quinta. Las acotaciones nos dicen: "Es de noche. De cuando en cuando relampaguea y truena".

Sin poder sostener la acción dentro del marco tradicional, empieza Milanés a emplear más y más su propia inventiva. Intenta Alarcos sobornar a los agentes del Rey. El verdugo confiesa que:

> Hace tiempo largo
> Que pido a Dios con amargo
> Y silencioso jemir
> Que me quiera redimir
> De este abominable cargo. (III, iv.)

Alarcos, confiando en la cooperación del verdugo, sale por una puerta secreta para tratar de sobornar a los demás. Durante su ausencia entra el Capitán de la Guardia y obliga al verdugo a matar a Leonor. Llega Alarcos, y la felicidad que siente por haber sobornado al último hombre se convierte en desesperación al enterarse de que su mujer ha muerto. Se desploma románticamente en brazos de su criado Pelayo, y cae el telón.

Lo significativo no es que Milanés emplee las convenciones trilladas del romanticismo, como las melancólicas canciones del Trovador, el verdugo embozado, puertas secretas, los sueños, los presentimientos tristes y la tormenta nocturna que establece una atmósfera fatídica, sino que haya reconocido en el tema del Conde Alarcos las condiciones temáticas perfectamente adecuadas para las técnicas del movimiento romántico.

Nos parece interesante notar que un poeta cubano del siglo XIX se remonta directamente al romancero para revestir de ropaje romántico un tema ya muy romántico en sí, cuyos tratamientos "áureos" del siglo XVII habían desvirtuado las dimensiones trágicas y románticas que tanto llaman la atención en el asunto del Conde Alarcos. Lope, Guillén de Castro y Mira de Amescua adaptaron su fuente a la fórmula de la nueva comedia. Le tocó a un dramaturgo bastante alejado en el tiempo y en el espacio, a un cubano del siglo XIX, dramatizar el latente fondo romántico y trágico, guardándole más fidelidad temática que sus ilustres antepasados.

UNA NOTA SOBRE EL PRIMER MODERNISMO: JULIÁN DEL CASAL Y ALGUNOS POETAS MEXICANOS

Allen W. Phillips
University of Texas, Austin

A raíz de la muerte de Julián del Casal en 1893, José Martí escribió sobre su compatriota, a quien no había tratado personalmente, una breve página en la cual afirma:

> ...Y es que en América está ya en flor la gente nueva, que pide peso a la prosa y condición al verso, y quiere trabajo y realidad en la política y en la literatura. Lo hinchado cansó, y la política hueca y rudimentaria, y aquella falsa lozanía de las letras que recuerda los perros aventados del loco de Cervantes. Es como una familia en América esta generación literaria, que principió por el rebusco imitado, y está ya en la elegancia suelta y concisa, y en la expresión artística y sincera, breve y tallada, del sentimiento personal y del juicio criollo y directo. El verso, para estos trabajadores, ha de ir sonando y volando. El verso, hijo de la emoción, ha de ser fino y profundo, como una nota de arpa. No se ha de decir lo raro, sino el instante raro de la emoción noble o graciosa. —Y ese verso, con aplauso y cariño de los americanos, era el que trabajaba Julián del Casal...[1]

A pesar del abismo que separa a ambos escritores cubanos y algunas críticas implícitas que Martí hace a Casal por su excesiva entrega a las modas francesas del día, el fragmento aquí citado

---

[1] José Martí, *Obras completas* (La Habana, 1963), Vol. V, pp. 221-222.

es significativo porque da testimonio de que en aquellos años, entre 1880 y 1895 aproximadamente, existía ya en la juventud hispanoamericana una creciente conciencia artística que comenzaba a unir desde temprano a los primeros modernistas. Aquellos jóvenes tenían fe en la obra colectiva a la que contribuía cada uno a su modo y que en un principio despuntaba sobre todo en la zona septentrional de América: Martí en Venezuela y Nueva York, Gutiérrez Nájera en México, Julián del Casal en Cuba, Silva en Colombia, y Darío en Chile, luego en Centro América y por último en la Argentina donde se afirmó el triunfo definitivo del movimiento. Los escritores miraban a su alrededor, y percibían señales de vitalidad en la nueva generación que se iba formando y que estaba en marcha ya hacia la plena realización de sus afanes renovadores. En el momento de la eclosión del primer modernismo no sólo se afianza el diálogo con otras literaturas, sino que se establece, entre los creadores mismos, otro diálogo fraternal e igualmente provechoso que no dejará de influir de modo positivo en la renovación literaria.

No sería difícil comprobar, a través de los textos de la época, la existencia de ese espíritu colectivo y solidario. Martí, por ejemplo, proclama su fe en la excelencia literaria de América desde las columnas de la *Revista venezolana* (1881) y en muchas páginas expone toda una poética modernista que se oponía a la tradición de entonces. Por su parte, Rubén Darío, ya en la etapa chilena, comienza a hablar con entusiasmo y esperanza del renacimiento de las letras americanas. La palabra *modernismo* se difunde y Darío, cada vez más seguro de sí mismo y de su papel de renovador, escribe en 1893 su célebre "Fotograbado", que es la primera definición directa del movimiento que conocemos en su obra. No sería dato perdido notar que en ese texto recuerda a Gutiérrez Nájera, Salvador Díaz Mirón entre otros de la nueva oleada. [2] Desaparecidos los primeros modernistas, entre 1893 y 1896, Darío se convierte en abanderado del movimiento y, desde

---

[2] Recordemos que unos años después, en las agresivas y polémicas "Palabras liminares" a *Prosas profanas*, escribirá Darío que una de las razones por las cuales no considera oportuno un manifiesto (¡!) es "porque la obra colectiva de los nuevos de América es aún vana, estando muchos de los mejores talentos en el limbo de un completo desconocimiento del mismo Arte a que se consagran".

Buenos Aires, emprende la tarea organizadora, encauzando los impulsos artísticos de América hasta entonces algo dispersos.

Sin multiplicar inútilmente las transcripciones textuales, en América, recién nacida a la independencia política y artística, se va formando un núcleo de escritores jóvenes, conscientes de su misión, los cuales con su nuevo profesionalismo llegaron a establecer las bases de lo que con el tiempo iba a ser el estilo colectivo de toda una brillante época en la literatura escrita en lengua española. Los poetas se leían y se conocían, a veces personal y directamente (Martí y Darío, Casal y Darío); se dedicaban libros y poemas; [3] y hacían comentarios elogiosos los unos de los otros. [4] Se ha iniciado, pues, la comunicación artística y espiritual entre aquellos escritores que en la década de los ochenta comenzaban a romper con los viejos moldes en una nueva aventura estética iniciada por Martí y consolidada un poco después por Darío. Algo

---

[3] Recojo aquí sólo dos ejemplos de dedicatorias. En el ejemplar de los *Versos sencillos* que tenía Gutiérrez Nájera se lee: "A Manuel Gutiérrez Nájera — marfil en el verso, en la prosa seda, en el alma oro: su José Martí, N. Y. 7. 92". En José Martí, *Obras completas*, Vol. XX, p. 515 y en Ernesto Mejía Sánchez, *Exposición documental de Manuel Gutiérrez Nájera* (México, 1959), núm. 49. Y en la misma *Exposición* (Núm. 47) ordenada por Mejía Sánchez se encuentra la siguiente dedicatoria de la segunda edición de *Azul:* "A don Manuel Gutiérrez Nájera. Homenage de su muy apasionado admirador, Rubén Darío. Guatemala, Marzo de 1891".

[4] Inolvidables son las sentidas páginas que escribe Darío sobre Casal y sobre Martí. Recordemos también aquí que en 1891 Casal se ocupó detenidamente de *Azul* y *A. de Gilbert* y que Gutiérrez Nájera comentó elogiosamente *La edad de oro* de Martí. Muchas son las referencias amistosas a Gutiérrez Nájera en las *Cartas a Manuel A. Mercado* (México, 1946) y en una de ellas escribe Martí: "A quien no se puede tachar de incorrecto, y a quien le prologaré el libro y le cuidaré la impresión con muchísimo gusto, es a Gutiérrez Nájera, a quien mando por Ud. todo mi agradecimiento por el afecto con que piensa en mí, y yo le pago bien, porque lo merece cuanto sé de él y veo escrito. Es de los pocos que está trayendo sangre nueva al castellano y de los que mejor esconden las quebraduras y hendijas inevitables de la rima. Más hace; y es dar gracia y elegancia al idioma español al que no faltaba antes gracia, pero placeril y grosera. Y eso lo hace Gutiérrez sin afectación, y no porque tome de modelo a éste o aquél, aunque se ve que conoce íntimamente, y ama con pasión, lo perfecto de todas las literaturas; sino por invencible tendencia suya a hermanar la sinceridad y la belleza. Hay mucho que decir de Gutiérrez, y yo tendré a honor el decirlo. Es un carácter literario. —De su libro, si decide imprimirlo aquí, dígale que se lo cuidaré más que si fuera propio. Porque si se lo cuido como propio, se lo cuido mal (p. 169)".

se ha hecho en la crítica para precisar el alcance de esas recíprocas relaciones amistosas y literarias entre los primeros modernistas, pero en el presente trabajo, que aspira a ser una mínima contribución a la historiografía de los comienzos del modernismo americano, me propongo ofrecer algunas puntualizaciones sobre Julián del Casal y los contactos que mantuvo con varios poetas mexicanos de la época, por modo especial con Gutiérrez Nájera, Urbina e Icaza. [5]

Unos planteos previos: Casal y México

En una temprana prosa fechada en 1889 se demuestra el interés que Casal tenía por las letras en México, y en ella escribe una serie de elogios del país y de algunos de sus más distinguidos escritores:

---

[5] No es mi intención dar aquí sino una bibliografía muy parcial de ciertas aportaciones al tema. El caso más notorio y más documentado es el de la amistad entre Darío y Casal, de la cual se han ocupado Esperanza Figueroa ["Julián del Casal y Rubén Darío", *Revista bimestral cubana*, L (núm. 2, septiembre-octubre de 1942)] y José María Monner Sans *[Julián del Casal y el modernismo hispanoamericano* (México, 1952), pp. 32-37; y también en el apéndice del mismo libro se recogen varios documentos pertinentes, pp. 244-259].

Sobre Martí y Gutiérrez Nájera son de indispensable consulta los libros de José de J. Núñez y Domínguez, *Martí en México* (México, 1934), pp. 214-221 y de Margarita Gutiérrez Nájera, *Reflejo* (México, 1960), especialmente pp. 152-156. Son importantes también las *Cartas a Manuel A. Mercado*, de las cuales cité ya en una nota anterior un fragmento significativo.

A Boyd G. Carter se debe un buen trabajo esclarecedor sobre Gutiérrez Nájera y Rubén Darío ["Manuel Gutiérrez Nájera y Rubén Darío: la *Revista Azul*, *Comunidad*, VI (núm. 30, Abril de 1971, pp. 197-208] y de Ernesto Mejía Sánchez hay que mencionar por lo menos un trabajo: "Las relaciones literarias interamericanas. El caso Martí, Whitman, Darío", *El Libro y El Pueblo*, Época VI (núm. 25, febrero de 1967), pp. 26-32.

Es curioso notar que entre los primeros modernistas Silva parece quedar un poco al margen de esos afectos literarios, aunque se afilia de modo estrecho con los creadores del modernismo en Venezuela hacia finales de su vida. Dada la importancia continental de la *Revista Azul*, quizá sorprenda que en sus páginas se encuentra una sola colaboración de Silva ("Transposiciones", I (núm. 23, 7 de octubre de 1894), pp. 358-359). Sin embargo, se ha dicho que guardaba en un estuche precioso el *Ismaelillo* de Martí, pero a la vez nadie se olvida de las sátiras hechas a los *rubendariacos*. Sobre el tema de Silva y Darío: Donald Fogelquist, "The Silva-Darío Controversy", *Hispania*, XLII (núm. 3, sept. de 1959), pp. 341-346 y la réplica de Carlos García Prada, "¿Silva contra Darío?", *Ibidem*, XLIII (núm. 2, mayo de 1960), pp. 176-183.

Hace tiempo que se observa, en la vecina república mejicana, un movimiento literario, digno de llamar la atención de los amantes de las letras. Allí abundan los buenos poetas; como las plantas exóticas en los invernaderos reales. Puedo citar, entre los bardos contemporáneos, a Juan de Dios Peza, el cantor de los goces del hogar y de las glorias nacionales, siempre correcto, siempre fecundo; al general Riva Palacio, ... admirado universalmente por su talento poético, por su fino sarcasmo, por su ardiente patriotismo y por sus obras históricas; a Salvador Díaz Mirón, cuyas estrofas irreprochables, griegas en la forma y profundamente modernas en el fondo, tienen la sonoridad y el brillo del diamante; a Gutiérrez Nájera, tan notable estilista y tan exquisito poeta, que parece un escritor francés de la escuela *parnasiana*, vertido correctamente al castellano; a Pugal (sic) y Acal, crítico penetrante, de refinado gusto literario, y poeta excelente, lleno de gallardía, amargura y originalidad; a Manuel J. Othón, aplaudido dramaturgo, poeta pasionado y hombre de ilustración nada vulgar; a Luis Urbina, joven cantor, cuyos primeros versos revelan, como los de Alfredo de Musset, una melancolía profunda, un hastío prematuro de la vida y una especie de encanto severo que se siente pero no se puede definir. [6]

Cabe notar que las breves caracterizaciones arriba citadas revelan unos conocimientos nada superficiales de la obra de los escritores mexicanos incorporados a esa nómina. En el mismo sitio habla luego de las condiciones que favorecen en México el desarrollo de la poesía y el culto a la belleza. Del año siguiente data otra prosa crítica, cuyo propósito primordial es el de comentar el primer libro de poesías de Urbina. Un amigo acaba de regresar de un viaje imaginario o ficticio a la república vecina y le exalta los encantos exóticos y artísticos apreciados en ella:

Después de hablarme —anota Casal—, con febril entusiasmo y con cariñosa admiración del país que acababas de dejar, aconsejándome que me fuera a él, porque el clima era frío en la capital; porque las mujeres tenían la belleza de las argelinas y los hombres la finura de los parisienses; porque había poetas como Salvador Díaz

---

[6] "Recuerdos de Madrid. Un poeta mejicano: Francisco de Icaza", *Prosas* (La Habana, 1963), Vol. 1, pp. 199-200. Salvo indicación contraria, todas las citas de Casal corresponden a esta edición del Centenario.

> Mirón, Gutiérrez Nájera y Peza; porque todo estaba poblado de recuerdos, monumentos y tradiciones; porque vería muchas cosas exóticas, entre ellas unas mujeres de Mérida con un traje de merino blanco y los pies descalzos, llevando por única joya un rosario de oro y brillantes; porque, en una palabra, aquello era una especie de París americano, digno de ser conocido y admirado... [7]

Siempre en pugna con el ambiente social hasta cierto punto asfixiante de la Cuba de aquel entonces, cuya sociedad retrata en sus crónicas periodísticas, Casal parece ver en México la posibilidad de una más amplia realización de sus propios talentos artísticos debido a una atmósfera más propicia, y afirma de nuevo sus deseos de conocer personalmente a los poetas mexicanos que allá iniciaban la renovación literaria.

Más adelante nos ocuparemos con cierto detalle de las relaciones amistosas de Casal con Gutiérrez Nájera y con Urbina. En la obra de Casal no sorprenden las frecuentes menciones de Salvador Díaz Mirón, un poeta ampliamente conocido en toda América a partir de 1886, pero el caso de Juan de Dios Peza es algo distinto. Era desde luego un escritor muy popular en la época, cuyo verdadero mérito ahora se discute, y de él se vuelve a ocupar Casal en una crónica del mismo año de 1890 en términos que distan de ser del todo favorables, lo cual no asombra dado el abismo que media entre la obra de ambos. Al hablar del volumen *Horas de pasión,* escribe Casal:

> En este tomo se incluyen, como el título indica, las composiciones amorosas del poeta mejicano, las cuales son bastante conocidas entre nosotros, ya por haberse publicado en algunos periódicos, ya por ser de las que se recitan frecuentemente en ciertas veladas. Distínguense por su melancolía pasional y por su fácil versificación.

---

[7] "Carta abierta", *ibid.,* pp. 166-167.
Otro testimoino de aquel fervor por México es una conversación que recuerda Manuel Marqués Sterling ["Julián del Casal", *Revista azul,* II (número 21, 24 de marzo de 1895), p. 328], a su vez a punto de embarcarse para México y en aquel entonces le dijo el poeta: "Es ud. muy feliz... Yo siempre he tenido vivos deseos de conocer a México. Me encantan sus poetas, y tengo la idea de que es el París de América. Allí, según cuentan, se hace una vida enteramente europea... ¡Gozaría yo tanto conociendo a Gutiérrez Nájera y Díaz Mirón!...".

Casi todas se parecen, hasta el extremo de que, después de leído el tomo, el lector no acierta distinguirlas unas de otras, porque en conjunto pierden algunas de las bellezas que ostentan aisladas.

Es un defecto que se observa en todas las obras de los poetas que, como Juan de Dios Peza, tienen más sentimiento que imaginación. [8]

No sólo es evidente que Casal conocía muy bien a la obra de los escritores mexicanos del día, sino que también en México se conocía la poesía del cubano. Circulaban en México, seguramente, las revistas y periódicos habaneros de aquella época, sobre todo *El Fígaro* y *La Habana Elegante*, órganos literarios en los cuales Casal era asiduo colaborador. Y también se hallan muchas colaboraciones del poeta cubano en las publicaciones periodísticas de México antes y después de su muerte. Entre ellas recogen páginas de Casal *El Fígaro Mexicano, El Partido Liberal, El Tiempo*, además de otras que no mencionamos, y en la *Revista Azul* se publican póstumamente trece poemas y dos prosas. Frecuentes noticias e informes sobre su persona también aparecen en la misma revista de Gutiérrez Nájera. Ya veremos luego, inclusive, como Urbina dedica tres artículos a *Nieve* aparecidos en 1892 en *El Siglo XIX*.

Casal y Gutiérrez Nájera

Los dos poetas no se conocían personalmente, pero una fina relación amistosa, de mutua admiración, los unía en forma estrecha. Además de las escuetas alusiones a Gutiérrez Nájera en las nóminas de líricos mexicanos citados por Casal, no conozco ningún comentario más dilatado del cubano sobre la persona del Duque Job. Sin embargo, por un texto poco conocido que luego se transcribe se deduce que Casal le escribía y que le mandaba sus libros. También le dedicó a Gutiérrez Nájera su poema exotista y luminoso "El camino de Damasco", recogido en *Nieve* (1892), y según dato proporcionado por Mejía Sánchez que publica las *Cartas del jueves* (1891-1892) de Gutiérrez Nájera, aparecidas en

---

[8] "Crónica semana (11 de octubre de 1890)", *Crónicas habaneras* (Universidad Central de Las Villas, 1963), p. 153.

El Partido Liberal, el soneto "Galatea", uno de los más logrados de "Mi museo ideal", llevaba originalmente dedicatoria para el escritor mexicano al publicarse en el mismo sitio en 1891.[9] En la Carta Tercera el poeta mexicano afirma que su propósito en esas páginas es comentar los libros que recibía y entre ellos destaca "... el hechicero *Azul* de Rubén Darío, aladino maravilloso, rey del color, príncipe veneciano de cuya elegantísima escarcela siempre van cayendo perlas ... las *Páginas [sic] al viento* de Julián del Casal, mi muy querido hermano en Banville y en Gautier..."[10]

Ya hablé de la frecuencia con que se reproducían verso y prosa de Casal en la *Revista Azul*. Y la revista no se olvidaba nunca del poeta desaparecido. Por ejemplo, *Petit Bleu* (Carlos Díaz Dufoo), al recordar el primer aniversario de su muerte, recoge varios textos sobre el poeta; lo emparenta con Urbina; y luego afirma: "... Como adorador de la forma, Casal se mostraba irreprochable... es un ilustre desaparecido en el cielo de la poesía hispano-americana. Hacemos bien en dejar correr lágrimas silenciosas junto al borde de esta pálida sepultura".[11] No son éstas las únicas alusiones a Julián del Casal en dicha revista, que publica también el conocido texto de Darío ("¿Te acuerdas, mi querido Enrique, ...?"), así como un largo fragmento tomado de las crónicas que en 1892 había dedicado Urbina a *Nieve*.[12] Pero dentro del presente contexto, de mayor importancia es la inser-

---

[9] Manuel Gutiérrez Nájera, *Cartas del jueves*, edición y prólogo de Ernesto Mejía Sánchez, *Las letras patrias* (México, 1957), p. 82. En su trabajo "Julián del Casal y el modernismo" [*Revista Iberoamericana*, XXXI (núm. 57, enero-junio de 1965), pp. 47-69]. Esperanza Figueroa afirma que Gutiérrez Nájera dedica a Casal su célebre poema "Pax animae" (p. 64). No he podido encontrar comprobación del dato.

[10] Gutiérrez Nájera, *Cartas del jueves*, p. 96.

[11] *Petit Bleu, Revista Azul*, II (núm. 3, 18 de noviembre de 1894), p. 52.

Y al año siguiente el mismo cronista *Petit Bleu* escribirá: "El día 21 se cumplen los dos años de la muerte de Julián del Casal, del buen amigo que 'viene de la poesía como de una patria lejana', según la frase de un amado poeta nuestro. No olvida la *Revista* a este espíritu ausente, a este excelso compañero que partió, como Gutiérrez Nájera, cuando aún había rumor de besos y batir de alas en los tibios nidos. —Reproducimos hoy un artículo de Rubén Darío, escrito con ocasión de la muerte de Casal. Sobre la pálida tumba del autor de *Nieve* deshoja el poeta del *Azul* sus exquisitas flores". *Ibidem*, III (núm. 25, 20 de octubre de 1895), p. 400.

[12] *Ibid.*, II (núm. 11, 13 de enero de 1895), pp. 181-182.

ción en 1895 de un artículo anterior de Gutiérrez Nájera sobre el poeta cubano firmado con la fecha de 1893, año de su muerte, y textualmente dice así:

> ¡Oh, mi Julián del Casal! ¡Oh, mi pobre poeta, hermano mío!
>
> No llegamos a conocernos, y tal vez por eso nos conocíamos hondamente. A veces caían tus cartas y tus versos en la mesa... Sí, caían como suelen caer los rayos de la luna sobre la página en que escribo! Yo repetía tu nombre y repetías el mío. Fuimos, somos, como dos ecos distantes, enamorados de la misma vaga melancolía. ¡Oh, mi poeta, el de los ojos claros e indecisos que no saben ver; oh, mi poeta, el de los ojos tristes que sonreían por bondad y por cariño; oh, mi poeta, el de los ojos que no han muerto y que siempre estuvieron despidiéndose; contigo acaricié las alas rizadas del gallardo cisne; juntos creíamos en Lohengrín, oh, mi poeta! Mañana... cuando haya luz... cuando no sienta, tan fría tu NIEVE entre mis manos... cuando vuelvan a casa mis pensamientos asustados y dispersos, iré a aquel sitio melancólico en donde por primera vez nos encontramos. Mañana... hablaré de ti con mi alma. [13]

No es mi intención hablar aquí de las posibles influencias o préstamos entre los dos poetas, tarea por cierto extremadamente delicada por la conjunción de fuentes extranjeras e hispanoamericanas, [14] sino destacar la amistad literaria que existía entre esos dos

---

[13] *Ibid.*, II (núm. 16, 17 de febrero de 1895), p. 246.

Como me sugiere el amigo Boyd Carter es posible que se trate de un fragmento de un trabajo más largo sobre Casal, cuyo lugar de primera publicación se desconoce.

En una nota titulada "en honor de Manuel Gutiérrez Nájera" [*Revista azul*, III (núm. 5, 2 de junio de 1895), pp. 77-79] el escritor F. Turcios cita oportunamente ese mismo texto y siempre une los dos nombres de Casal y Gutiérrez Nájera: "las dos almas más excelsas, delicadas y artísticas de la América literaria (p. 77)".

[14] De las influencias y coincidencias entre los dos escritores han hablado Esperanza Figueroa en su ya citado trabajo "Julián del Casal y el modernismo" (pp. 63-68) y también Monner Sans, *ob. cit.* pp. 61-65. Del último me permito transcribir las siguientes palabras: "... vuelvo a mi tema para remachar que siendo probables las influencias recíprocas entre Darío y Casal, juzgo prevalecientes las de aquél sobre éste. Y, aunque menos profundas, las que sobre Casal ejerció Gutiérrez Nájera (p. 111)".

poetas del primer modernismo. Eran, desde luego, dos escritores singularmente distintos. Casal, menos importante como prosista, siempre es en su verso más pesimista y más amargo, entregándose también con cierta delectación al decadentismo morboso y satánico de la época. Ambos acogían los módulos parnasianos, sobre todo en sus poemas descriptivos, pero Gutiérrez Nájera en su poesía no se aparta sino en muy contadas ocasiones de un romanticismo sentimental, cuya expresión carece de la fuerza dramática de Casal torturado siempre por un hastío intenso. Y si se aleja de lo sentimental el poeta mexicano lo hace por el camino del verso frívolo y gracioso, dirección no cultivada por el escritor cubano, más agudo y enfermizo en la expresión de su tristeza. A pesar de esas claras diferencias poéticas, los dos están íntimamente emparentados por su devoción al arte y su amor a la perfección artística.

Un breve paréntesis: Casal y Francisco A. de Icaza

Por lo visto Casal mantuvo relaciones cordiales con el poeta e investigador mexicano aunque es difícil documentar el alcance de esa amistad. Como se recordará, en 1888 Casal parte para Europa y, durante su estancia en Madrid, llega a conocer a Icaza. En una crónica publicada en La Habana Elegante (1889) el cubano habla de las circunstancias de aquel encuentro en la Cervecería Inglesa, punto de reunión de los artistas; elogia en el joven elegante su amor al arte y su modestia; e incorpora a su artículo unos poemas del mexicano no recogidos todavía en volumen para comentarlos en forma entusiasta. Aquí tan sólo me permito dos breves transcripciones de aquel texto temprano:

> ...No he conocido ningún artista que sea tan severo para consigo mismo, ni tan indulgente para los demás. Pocos aman tanto lo bello y odian tanto lo vulgar. Puedo decir, sin equivocarme, que es un hombre del mundo y un noble de la literatura...

> ...Sus versos tienden al primor de una joya florentina, la delicadeza de un lirio y la consistencia de un mármol. Bajo la belleza de la forma, se encuentran ideas poéticas y originales. Conserva siempre, en sus poesías, la hermosura de la expresión, el gusto más exquisito, la armo-

nía de los contornos y el deseo ardiente de la perfección... [15]

Algo después Casal dedica a Icaza la soberbia composición "La agonía de Petronio" aparecida en *Nieve,* pero hasta donde alcanzan mis informes no le correspondía en igual forma el erudito mexicano, cuya obra en verso revela cierta parquedad en dedicatorias personales. Tampoco en la obra en prosa de Icaza he encontrado alusión alguna al poeta cubano desaparecido a finales del siglo. Aparentemente existe un epistolario, aún inédito y en manos de los familiares de Icaza, que pudiera permitir mayores puntualizaciones sobre esta amistad personal y literaria iniciada en España. [16]

Casal y Luis G. Urbina

Más accesibles son algunos datos que me permiten perfilar un poco más la amistad que tuvo Casal con ese otro escritor mexicano, la cual comenzó hacia 1890, precisamente el año de la publicación de los primeros libros de cada uno. Se conserva de Casal una carta fechada el 22 de mayo de 1890 y dirigida a Urbina en México, remitiéndole un ejemplar de *Hojas al viento*. Como necesario punto de partida para medir el alcance de sus relaciones y afinidades espirituales se reproduce ahora esa breve comunicación:

> Aunque no nos hemos encontrado nunca, ni nos encontramos tal vez, como tenemos los mismos gustos, las mismas nostalgias, los mismos años y, sobre todo, como la vida ha echado sombra en nuestras inteligencias y en nuestros corazones, me parece que somos hermanos desconocidos pero que, desde lejos, nos podemos amar.
>
> Así, pues, mi querido hermano, reciba usted, con el adjunto ejemplar de mis primeros versos, la primera prueba del profundo cariño que le profesa su hermano espiritual y su verdadero admirador. [17]

---

[15] "Recuerdos de Madrid. Un poeta mejicano: Francisco de Icaza", p. 200 y p. 201.

[16] Luis Noyola Vázquez, "El centenario de Casal", *El Nacional* (número 856, 25 de agosto de 1963), p. 3.

[17] La carta se reproduce en María del Socorro López Villarino, *Luis G. Urbina, el poeta y el prosista* (México, 1956), y fue tomada de la *Revista Moderna*, XII, núm. 2, abril de 1909, p. 96.

En el mismo año de 1890 Casal también tuvo ocasión de leer el libro primerizo de Urbina, aquel pequeño libro modesto titulado *Versos*, con prólogo de su mentor don Justo Sierra, que circulaba en La Habana. Y de ese volumen, al parecer perteneciente a Pichardo, se ocupa Casal en una crónica publicada en *El Fígaro*. El cronista subraya en *Versos* la nota subjetiva del joven poeta y sobre todo la inherente tristeza de su alma, cualidades que tan estrechamente lo relacionan con el cubano. De esas páginas me limito a copiar en ese contexto un breve fragmento significativo que hace pensar en la poesía de Casal mismo:

> Todas [las estrofas] son tristes y, por lo tanto, bellas. A través de los versos que las componen, no se oye una carcajada, ni siquiera se adivina una sonrisa. Allí no hay más que sombras crepusculares, perfumes de rosas muertas, estrellas rielando en el fango, rumores de hojas secas, siluetas de castillos abandonados, relentes de noches húmedas, artistas que arrojan al arroyo sus creaciones, quejas de pinos solitarios, silencio de selva oscura, playas desiertas, hermosuras enlutadas; todo lo que impresiona, en una palabra, al alma enferma, sobre todo si, como la de Urbina, empieza a subir al calvario del ideal.[18]

Urbina, que corresponde al afecto del cubano, hace publicar en México una segunda edición de *Nieve* (1893), ahora rarísima, y esa edición lleva un prólogo suyo firmado con su conocido seudónimo de Daniel Eyssette.[19] El texto de Urbina, redactado en 1892, no sólo es poco conocido, sino que también es un escrito crítico de primer orden, que ahora merece nuestra atención.

El perspicaz prólogo de Urbina abunda, como dije, en aciertos críticos y da testimonio además de cuán hondamente sentía y conocía la poesía de aquel espíritu afín, en cuyos versos a su vez

---

[18] "Carta abierta", p. 168.

[19] En la edición de 1893 el prólogo ocupa las páginas I-XII. Con el mismo seudónimo firmó Urbina también los tres artículos anteriores (1892) que aparecieron con el mismo título de "*Nieve* por Julián del Casal" en los siguientes números de *El Siglo XIX*: I, Tomo 101, núm. 16.333, 10 de junio de 1892, p. 2; II, Tomo 102, núm. 16.372, 26 de julio de 1892, p. 2; y III, Tomo 102, núm. 16.376, 30 de julio de 1892, p. 2.

Hasta ahora no he podido cotejar los textos en cuestión, pero todo me lleva a suponer que son idénticos, aun en el detalle de que se mantiene una misma división tripartita en el prólogo.

encontraba eco de sus propias tristezas, como Casal en los del mexicano. En la primera parte del texto, de aspecto circunstancial, se acuerda de la carta afectuosa que le trajo *Hojas al viento*, a la cual aparentemente no contestó, excusándose por pereza y por no querer incurrir en meras fórmulas de cortesía. No era indiferente, dice, a las excelencias poéticas del libro; recitaba en reuniones artísticas los versos de Casal, dando una preferencia especial a "La canción de la morfina"; y, ahora que ha leído *Nieve*, va a contar la impresión que esa nueva lectura le ha producido.

La segunda parte del prólogo es descriptiva, y la acertada impresión producida en el alma de Urbina es la de haber entrado en un taller de pintor, a media luz, cuyo dueño no está aunque su espíritu siempre anima los cuadros y paisajes allí vistos. El autor recorre con delectación el estudio. Evoca los lienzos del artista, y, en seguida, el lector enterado se da cuenta de que está aludiendo directamente a varios poemas del libro, siempre con términos relacionados con el arte de pintar. Recordemos a este propósito que Casal creía que el estilo moderno era el pictórico [20] y que él pensaba aprender a pintar. [21] Se reproduce en el texto el "hermoso lienzo (VI)" de "La agonía de Petronio"; por ser el más bello de los "muchos pequeños cuadros de clásico helenismo (VII)" se copia el soneto "Galatea" tomado de "Mi museo ideal"; se llama la atención sobre los "tres hermosos *cuadros de género* (VIII)" incluidos en la sección del libro "Cromos españoles", de los cuales se transcribe "La maja"; y se terminan las transcripciones con el poema "Flores", que se califica de "delicioso *croquis de flores* (VIII)".

Hecho, pues, el viaje "por las altas esferas del Arte (IX)" y descrito detalladamente el taller del poeta, Urbina en la parte final de su prólogo va a reflexionar sobre todo lo que ha visto. Comienza diciendo:

> Lo sabía yo desde que leí las *Hojas al viento*. Julián del Casal es un poeta francés que vive en La Habana, de la misma manera que Rubén Darío, es ave de paso

---

[20] "Rubén Darío. *Azul* y *A. de Gilbert*", I, p. 171.
[21] Carta a Esteban Borrero Echevarría reproducida en *Prosas*, III, páginas 85-86.

en Costa Rica, y el *Duque Job* pasea entre nosotros la lumbre de su puro: por un fenómeno de alucinación... (IX).

Y a esos poetas los imagina transportados a París donde viven rodeados de las infinitas maravillas artísticas de la ciudad soñada y donde se entregan a sus ensueños del arte sublime. Urbina luego escribe una admirable y sintética caracterización del arte y de la persona de Casal, un fragmento digno de ser recordado siempre en la crítica sobre el cubano:

> Julián del Casal se muestra en algunas composiciones, en algunas estancias, en algunos versos, un poeta enamorado de esa forma *parnasiana* que tiene la marmórea rigidez de la belleza plástica y que alcanzó la cumbre del Arte en el maravilloso Leconte de Lisle; pero otras veces, las más, poseído de la irritable nerviosidad de los *decadentes,* entra de lleno en esa encantadora locura poética donde el mundo real se transforma y los sentidos toman distintas facultades; donde la palabra no tiene sonido sino colores, y la armonía del verso, líneas; donde, el eco extraño de la rima misteriosamente sonora, se levanta, como a un conjuro cabalístico, una imagen exótica, indecisa, indefinible, pero reluciente y vívida, como la pedrería de los cuentos orientales; poesía que embriaga al sueño con opio, para que el divino ebrio encuentre inusitadas analogías de todas las cosas y huya del mundo real arrebatado en el ala de una febril demencia (XI).

Mencionadas algunas influencias francesas en Casal, entre ellas las de Baudelaire, Verlaine, Richepin y otras, el poeta cubano, después de la provechosa excursión "al país de los neuróticos (XII)", regresa a América "con la imaginación fresca, el pensamiento robusto y la frase sencilla (XII)". Y América tendrá en el poeta una influencia benéfica: se curarán las decadentes tristezas bajo la serenidad del cielo americano. Y tan penetrante prólogo sobre su hermano espiritual termina con una nota esperanzada que tan sólo en parte pudo ser cumplida por la muerte prematura del poeta cubano:

> Julián del Casal, una de las grandes esperanzas, ya casi hecha realidad, de nuestra literatura americana, se

ha afiliado en la moderna escuela francesa, hija tal vez de una generación enferma de sensibilidad, que siente muy hondo y piensa muy alto.

Pero para mí, el poeta cubano no viene de allá; viene tan sólo de *la Poesía como de una patria lejana* (XII).

Tal vez apreciado menos que sus compañeros generacionales, Julián del Casal era un importante poeta en su época y forma parte integral de aquel núcleo de jóvenes, espiritualmente unidos entre sí, que tanto contribuyeron a los comienzos del modernismo. En estas páginas hemos querido ofrecer algunos testimonios de las relaciones literarias y amistosas que Casal mantenía con los más egregios representantes de las letras mexicanas de aquel entonces. Estimaba a los poetas de México y fue estimado por ellos. En diálogo cordial en que la distancia no amengua estimas y comprensiones recíprocas, fue adquiriendo conciencia de sí misma la primera generación modernista y con ello asegura la realización de su programa de reforma estética.

EN TORNO AL TEXTO Y LA FUENTE DE "POLLICE VERSO"

IVAN A. SCHULMAN
University of Florida

I

Creación arquetípica y síntesis de la estética, la ética y la ideología social del arte martiano, este poema de los *Versos libres* ha mistificado a los críticos debido a sus aspectos "oscuros" o enigmáticos: título, tema, estructuración y secuencia de los versos —elementos que intentaremos aclarar en este estudio por medio de una reconstrucción textual y unas brevísimas consideraciones contextuales.

En las ediciones existentes de los *Versos libres*, inclusive en la príncipe de 1913,[1] el poema suele ser reproducido en la forma siguiente, la cual, a efectos de nuestra discusión llamaremos TP (texto publicado):

---

[1] *Ismaelillo, Versos sencillos, Versos libres* (Habana: Imprenta y Papelería de Rambla, Bouza y Cía., 1913), Vol. XI, de las *Obras* de Martí, publicadas por Gonzalo de Quesada y Aróstegui. En la preparación de este trabajo hemos usado otras ediciones: *Obras completas* (Habana: Trópico, 1936-1953); *Obras completas* (Habana: Editorial Nacional de Cuba, 1963-1965). Indicaremos cuál de las ediciones utilizamos con siglas (T = Trópico; N = Nacional) y una referencia breve dentro del texto.

"POLLICE VERSO" [2]

(Memoria de Presidio)

Sí! yo también, desnuda la cabeza
De tocado y cabellos, y al tobillo
Una cadena lurda, heme arrastrado
Entre un montón de sierpes, que revueltas
5 Sobre sus vicios negros, parecían
Esos gusanos de pesado vientre
Y ojos viscosos, que en hedionda cuba
De pardo lodo lentos se revuelcan!
Y yo pasé, sereno entre los viles,
10 cual si en mis manos, como en ruego juntas,
Las anchas alas púdicas, abriese
Una paloma blanca. Y aun me aterro
De ver con el recuerdo lo que he visto
Una vez con mis ojos. Y espantado,
15 Póngome en pie, cual a emprender la fuga!
¡Recuerdos hay que queman la memoria!
¡Zarzal es la memoria; mas la mía
Es un cesto de llamas! A su lumbre
El porvenir de mi nación preveo.
20 Y lloro. Hay leyes en la mente, leyes
Cual las del río, el mar, la piedra, el astro,
Ásperas y fatales: ese almendro
Que con su rama oscura en flor sombrea
Mi alta ventana, viene de semilla
25 De almendro; y ese rico globo de oro
De dulce y perfumoso jugo lleno
Que en blanca fuente una niñuela cara,
Flor del destierro, cándida me brinda,
Naranja es, y vino de naranjo.
30 Y el suelo triste en que se siembran lágrimas,
Dará árbol de lágrimas. La culpa
Es madre del castigo. No es la vida
Copa de mago que el capricho torna
En hiel para los míseros, y en férvido
35 Tokay para el feliz. La vida es grave,
Y hasta el pomo ruín la daga hundida,
Al flojo gladiador clava en la arena.

---

[2] Utilizamos como ilustración, a pesar de unas diferencias de poca monta en otras ediciones, el texto de *T*, vol. XLI. El texto de la edición príncipe revela las siguientes variantes: v. 45: "y con las *frente*"; v. 58: "Porción *del*"; v. 64: "incansable *eternidad*".

¡Alza, oh pueblo, el escudo, porque es grave
Cosa esta vida, y cada acción es culpa
40 Que como aro servil se lleva luego
Cerrado al cuello, o premio generoso
Que del futuro mal próvido libra.

¿Véis los esclavos? Como cuerpos muertos
Atados en racimo, a vuestra espalda
45 Irán vida tras vida, y con las fuentes
Pálidas y angustiosas, la sombría
Carga en vano halaréis, hasta que el viento
De vuestra pena bárbara apiadado,
Los átomos postreros evapore!
50 ¡Oh, qué visión tremenda! ¡Oh qué terrible
Procesión de culpables! Como en llano
Negro los miro, torvos, anhelosos,
Sin fruta el arbolar, secos los píos
Bejucos, por comarca funeraria
55 Donde ni el Sol da luz, ni el árbol sombra!
Y bogan en silencio, como en magno
Océano sin agua, y a la frente
Porción de Universo frase unida
A frase colosal, sierva ligada
60 A un carro de oro, que a los ojos mismos
De los que arrastra en rápida carrera
Ocúltase en el áureo polvo, sierva
Con escondidas riendas ponderosas
A la incansable Eternidad atada!

65   Circo la tierra es, como el romano;
Y junto a cada cuna una invisible
Panoplia al hombre aguarda, donde lucen,
Cual daga cruel que hiere al que la blande,
Los vicios, y cual límpidos escudos
70 Las virtudes: la vida es la ancha arena,
Y los hombres esclavos gladiadores.
Mas el pueblo y el rey, callados miran
De grada excelsa, en la desierta sombra.
Pero miran! Y a aquel que en la contienda
75 Bajó el escudo, o lo dejó de lado,
O suplicó cobarde, o abrió el pecho
Laxo y servil a la enconosa daga
Del enemigo, las vestales rudas,
Desde el sitial de la implacable piedra,
80 Condenan a morir, *pollice verso;*
Llevan, cual yugo el buey, la cuerda uncida,

Y a la zaga, listado el cuerpo flaco
De hondos azotes, el montón de siervos!

85   ¿Véis las carrozas, las ropillas blancas
Risueñas y ligeras, el luciente
Corcel de crin trenzada y riendas ricas,
Y la albarda de plata suntuosa
Prendida, y el menudo zapatillo
Cárcel a un tiempo de los pies y el alma?
90   ¡Pues ved que los extraños os desdeñan
Como a raza ruin, menguada y floja!

Presentado en esta forma el poema apoya la idea errónea, sostenida casi universalmente, según la cual se cree que los *Versos libres* fueron escritos con una apresuración tal que el poeta nunca corrigió ni pulió los textos. Este mito ha prevalecido hasta hoy, principalmente porque ha faltado una preocupación crítica por las anomalías textuales de éste y otros poemas del tomo.[3] Esta timidez o indiferencia de los críticos frente a los textos de los *Versos libres* es, desde luego, sólo una de muchas manifestaciones de la carencia de una tradición textual entre los exégetas martianos,[4] carencia que se debe en gran parte al hecho de que los editores de la poesía del Maestro no han podido cotejar los manuscritos originales de este volumen con el texto de la primera edición, o sea, con el falso *texto-base* de todas las posteriores de los *Versos libres*.

---

[3] Caso excepcional es el de Eugenio Florit quien en su antología martiana dedica una sección de notas a las dudas y a los problemas textuales de los versos. En relación a "Pollice verso", señala que el verso 58 (de la versión TP) es defectuoso: "Punto oscuro. Col. [es decir, Juan Marinello en *Poesías de José Martí* (Habana, 1929) de la 'Colección de Libros Cubanos', núm. XI], pág. 47, enmienda *del*, en vez *de* Universo. Optamos por conservar esa redacción aunque de todos modos la idea no nos resulta clara". [*Versos* (Nueva York: Las Américas, 1962), pág. 283, n. 8.]

[4] No sería aventurado afirmar que, en general, falta esta tradición crítica en torno a la literatura hispanoamericana. Es curioso notar que en 1926, en una ponencia leída ante la Modern Language Association, Federico de Onís, ya vislumbraba la conclusión de la época del "...desenterramiento de obras y documentos, y el estudio filológico de los textos". En la literatura hispanoamericana apenas hemos iniciado la labor. [V. la reproducción del discurso de Onís: "El concepto del Renacimiento aplicado a la literatura española", en *España en América* (Ediciones de la Universidad de Puerto Rico, 1955), págs. 285-295.]

Si los martianos hubieran examinado y comparado los manuscritos habrían comprobado que *Versos libres* es un volumen "integral", es decir, preparado por Martí para la imprenta, con prólogo e índice de su puño y letra. Se conservan los manuscritos originales de casi todos los poemas del volumen; algunos están escritos a máquina, pero aún éstos llevan correcciones o notas en letra de Martí.[5] Hay un aspecto "inacabado" en estos manuscritos, pero sólo en el sentido de la intuición fina de Unamuno tocante a la metodología martiana: "Y a su improvisación no empece el que alguna vez repasara alguno de ellos, pues no sería para corregirlo o limarlo, sino para quitar algo o para añadir alguna nueva improvisación".[6] La improvisación adivinada y descrita por Unamuno no debe equipararse, sin embargo, con lo inacabado en un sentido tradicional. Volvemos a insistir sobre la entereza de los *Versos libres*, y, en particular de la de "Pollice verso". Pues si hay algo que el estudio de los manuscritos de *Versos libres* enseña es la naturaleza apasionada de la imaginación del poeta agónico, incapaz de aceptar la dimensión estática y finita de la creación, la cual, al contrario, para él viene a ser un intento de concretizar el fiujo metafísico en términos de una percepción subjetiva y evolucionante. Este concepto filosófico, más las tergiversaciones textuales, se apreciarán mejor comparando las dos versiones del manuscrito original, ambas en puño y letra de Martí, y las que denominamos Versiones A y B.

    Versión A   "Pollice verso"
                                        /Memoria de presidio/:

1   Sí! yo también, desnuda la cabeza
    De tocado y cabellos, y al tobillo
    Una cadena lurda, heme arrastrado
    Entre un montón de sierpes, que revueltas

---

[5] Estos detalles los averiguamos en La Habana en enero y febrero de 1969, estudiando los manuscritos originales, de caprichoso y limitado acceso, y guardados en el domicilio de Gonzalo de Quesada y Miranda. Hasta la fecha, sin consultar estos manuscritos, algunos comentaristas de la obra martiana se han tomado la libertad de cambiar versos según su criterio estético individual.

[6] "Cartas de Poeta", *Obras completas* (Madrid: Aguado, 1958), VIII, 575-576.

5   Sobre sus vicios negros, parecían
    Esos gusanos de pesado vientre
    Y ojos viscosos, que en hedionda cuba
    De pardo lodo lentos se revuelcan!
    Y yo pasé, sereno entre los viles,
10 Cual si en mis manos, como en ruego juntas,
    Sus anchas alas púdicas abriese
    Una paloma blanca. Y aun me aterro

    De ver con el recuerdo lo que he visto
    Una vez con mis ojos. Y espantado,
15 Póngome en pie, cual a emprender la fuga! —
    ¡Recuerdos hay que queman la memoria!
    ¡Zarzal es la memoria: mas la mía
    Es un cesto de llamas! A su lumbre
    El porvenir de mi nación preveo:
20 Y lloro: Hay leyes en la mente, leyes
    Cual las del río, el mar, la piedra, el astro,
    Ásperas y fatales: ese almendro
    Que con su rama oscura en flor sombrea
    Mi alta ventana, viene de semilla
25 De almendro; y ese rico globo de oro
    De dulce y perfumoso jugo lleno
    Que en blanca fuente una niñuela cara,
    Flor del destierro, cándida me brinda,
    Naranja es, y vino de naranjo: —
30 Y el suelo triste en que se siembran lágrimas
    Dará árbol de lágrimas. La culpa
    Es madre del castigo.
                    No es la vida
    Copa de mago que el capricho torna
35 En hiel para los míseros, y en férvido
    Tokay para el feliz. La vida es grave, —

    Y hasta el pomo ruín la daga hundida,
    Al flojo gladiador clava en la arena.
40 ¡Alza, oh pueblo, el escudo, porque es grave
    Cosa esta vida, y cada acción es culpa
    Que como aro servil se lleva luego
    Cerrado al cuello, o premio generoso
    Que del futuro mal próvido libra.

    ¿Veis los esclavos? Como cuerpos muertos
45 Atados en racimo, a vuestra espalda
    Irán vida tras vida, y con las frentes
    Pálidas y angustiosas, la sombría
    Carga en vano halaréis, hasta que el viento

De vuestra pena bárbara apiadado,
50 Los átomos postreros evapore!
¡Oh qué visión tremenda! ¡oh qué terrible
Procesión de culpables! Como en llano
Negro los miro, torvos, anhelosos,
Sin fruta el arbolar, secos los píos
55 Bejucos, por comarca funeraria
Donde ni el sol da luz, ni el árbol sombra!
Y bogan en silencio, como en magno
Océano sin agua, y a la frente

Porción del Universo, frase unida
60 A frase colosal, sierva ligada
A un carro de oro, que a los ojos mismos
De los que arrastra en rápida carrera
Ocúltase en el áureo polvo, — sierva
Con escondidas riendas ponderosas
65 A la incansable Eternidad atada!

 Circo la tierra es, como el Romano
Y junto a cada cuna una invisible
Panoplia al hombre aguarda, donde lucen,
Cual daga cruel que hiere al q. la blande,
70 Los vicios, y cual límpidos escudos
Las virtudes: la vida es la ancha arena,
Y los hombres esclavos gladiadores, —
Mas el pueblo y el rey, callados miran
De grada excelsa, en la desierta sombra.
75 Pero miran! Y a aquel que en la contienda
Bajó el escudo, o lo dejó de lado,
O suplicó cobarde, o abrió el pecho
Laxo y servil a la enconosa daga
Del enemigo, las vestales rudas
80 Desde el sitial de la implacable piedra
Condenan a morir, *pollice verso*,

Llevan, cual yugo el buey, la cuerda uncida,
Y a la zaga, listado el cuerpo flaco
De hondos azotes, el montón de siervos!

85 ¿Véis las carrozas, las ropillas blancas
Risueñas y ligeras, el luciente
Corcel de crin trenzada y riendas ricas,
Y la albarda de plata suntuosa
Prendida, y el menudo zapatillo
90 Cárcel a un tiempo de los pies y el alma?

¡Pues ved que los extraños os desdeñan
92 Como a raza ruin, menguada y floja!

Versión B   Pollice verso

Sí, yo también, desnuda la cabeza
De tocado y cabellos, y al tobillo
Una cadena lurda, héme arrastrado
Entre un montón de sierpes, que revueltas
5 Sobre sus vicios negros, parecían
Esos gusanos de pesado vientre
Y ojos viscosos, que en hedionda cuba
De pardo lodo lentos se revuelcan!
Y yo pasé, sereno entre los viles —
10 Cual si en mis manos, como en ruego juntas,
Sus anchas alas púdicas abriese
Una paloma blanca. Y aun me aterro
De ver con el recuerdo lo que he visto
Una vez con mis ojos. Y espantado
15 Póngome en pie, cual a emprender la fuga!
¡Recuerdos hay que queman la memoria!
¡Zarzal es la memoria: mas la mía
Es un cesto de llamas! A su lumbre
El porvenir de mi nación preveo
20 Y lloro. Hay leyes en la mente, leyes
Cual las del río, el mar, la piedra, el astro,
Ásperas y fatales: ese almendro

Que con su rama oscura en flor sombrea
Mi balconzuelo, viene de semilla
25 De almendro: y ese rico globo de oro,
De dulce y perfumoso jugo lleno
Que en blanca fuente una niñuela cara,
Flor del destierro, cándida me brinda,
Naranja es, y vino de un naranjo: —
30 Y el suelo triste en q. se siembran lágrimas
Dará árbol de lágrimas. La culpa
Es madre del castigo. Y se derrama
La sangre que se vierte. No es la vida
Una copa de ajenjo que se torna
35 En hiel para los míseros, y en férvido
Tokay para el feliz: la vida es grave,
Porción del Universo, frase unida
A frase colosal, sierva ligada
A un carro de oro, que a los ojos mismos

40 De los que arrastra en rápida carrera
    Ocúltase en el áureo polvo, —sierva
    Con escondidas riendas ponderosas
    A la incansable Eternidad atada!

        Circo la tierra es, como el Romano,
45 Y junto a cada cuna una invisible
    Panoplia al hombre aguarda, donde lucen,
    Cual daga cruel que hiere al que la blande,

    Los vicios, y cual límpidos escudos
    Las virtudes: la vida es la ancha arena,
50 Y los hombres esclavos gladiadores;
    Pero el pueblo y el rey callados miran
    De grada excelsa en la desierta sombra
    Pero miran! Y a aquel q. en la contienda
    Bajó el escudo, o lo dejó de lado,
55 O suplicó cobarde, o abrió el pecho
    Laxo y servil a la enconosa daga
    Del enemigo, las vestales rudas
    Desde el sitial de la implacable piedra
    Condenan a morir, *pollice verso*,
60 Y hasta el pomo ruin la daga hundida
    Al flojo gladiador clava en la arena.

        ¡Alza, o pueblo el escudo, que esta vida
    Es cosa grave, y cada acción es culpa
    Que como aro servil se lleva al cuello
65 Cerrado al cuello, o premio generoso
    Que del futuro mal próvido libra.

        ¿Véis los esclavos? Como cuerpos muertos
    Atados en racima, a vuestra espalda
    Irán vida tras vida, y con las frentes
70 Pálidas y angustiosas, la sombría

    Carga en vano halareis, hasta que el viento
    De vuestra pena bárbara apiadado
    Los átomos postreros evapore!
    ¡Oh, qué visión tremenda! oh qué terrible
75 Procesión de culpables! Como en llano
    Negro los miro, torvos, anhelosos,
    Sin fruta el arbolar, secos los píos
    Bejucos, por comarca funeraria
    Donde ni el sol da luz ni el árbol sombra.
80 Y bogan en silencio, como en magno
    Oceano sin agua, y a la frente

>   Llevan, cual yugo el buey la cuerda uncida,
>   Y a la zaga, listado el cuerpo flaco
>   De hondos azotes, el montón de siervos!
> 85   ¿Véis las carrozas, las ropillas blancas
>   Risueñas y ligeras, el luciente
>   Corcel de crin trenzada y riendas ricas,
>   Y la albarda de plata suntuosa
>   Prendida, y el menudo zapatillo
> 90   Cárcel a un tiempo de los pies y el alma?
>   ¡Pues ved que los extraños os desdeñan
> 92   Como a raza ruin, menguada y floja!

El cotejo de A y B, en la copia de las cuales hemos indicado con una raya horizontal la división de las hojas originales, revela inmediatamente que debemos a la Versión A la torcida versión del poema que hasta hoy hemos leído —sobre todo la ordenación problemática de los versos 36 y 37. Si comparamos A con B, es obvio que el verso 58 de TP debiera ser el 37, como en nuestra restauración denominada Versión R. Debido a un traspapeleo en la Versión A, fueron omitidos de su debido lugar en la Versión TP los versos 37 a 59 del texto del poema, saltando el editor al verso 60 de R. Los versos problemáticos de TP:

>   35 La vida es grave,
>   36 Y hasta el pomo ruin la daga hundida
>   37 Al flojo gladiador clava en la arena.

vienen a ser, en la versión R, después de cotejar A con B:

>   La vida es grave, —
>   Porción del Universo, frase unida
>   A frase colosal, sierva ligada
>   A un carro de oro, ...

Y, por el mismo procedimiento analítico, es decir, comparando A con B, los versos de secuencia ilógica de TP:

>   56 Y bogan en silencio como en magno
>   57 Océano sin agua, y a la frente
>   58 Porción de Universo frase unida
>   59 A frase colosal, sierva ligada
>   60 A un carro de oro, ...

se convierten, en el texto R, en:

80 Y bogan en silencio, como en magno
81 Océano sin agua, y a la frente
82 Llevan, cual yugo el buey, la cuerda uncida,

Corregidas estas tergiversaciones, y enmendados los versos según los textos A y B, queda establecido el texto R. (texto reconstruido) [7]:

---

[7] Esta es la versión de nuestra reconstrucción en *Versos libres* (Barcelona: Labor, 1970). Una posible modificación de R ha sido sugerida por Hilario González en sus restauraciones poéticas intituladas "Un orden para el caos" (*Anuario Martiano*, 2, 1970, 193-375). En la nota 98 de su estudio hace alusión a un tercer manuscrito del poema en poder del Dr. Armando Córdoba en el que la estrofa que empieza "Circo la tierra es..." aparece a continuación de "A la incansable Eternidad atada!", ordenación, a nuestro modo de ver, sin novedad alguna, pues es la de A, B, TP, y R. Pero, también observa, en defensa de su redistribución de los versos del poema, que "Martí movía las estrofas como piezas de un *mecano* o rompecabezas", y, por lo tanto, a base de lo que tilda un análisis "estructuralista" ordena los versos del siguiente modo: después del 43 de R pasa al 74, transcribiendo las líneas consecutivamente hasta el 92; luego vuelve al 67 y reproduce los versos hasta el 73; luego salta al 62 hasta el 72; y, por fin, reproduce desde el 44 hasta el 61.

¿Son justificables estos desplazamientos? Ciertamente la noción fundamental de González de que Martí movía las estrofas como piezas de ajedrez no parece autorizada a base de nuestro análisis de los manuscritos originales de los *Versos libres*, pues en ellos sólo pudimos descubrir versos y estrofas tachados, vocablos suprimidos, o, variantes múltiples. Pero no hay en las hojas originales versos redistribuidos ni estrofas trasladadas de una sección a otra del poema. Además, conviene recordar al respecto el pronunciamiento teórico de Martí: "Pulir es bueno, mas dentro de la mente y antes de sacar el verso al labio. El verso hierve en la mente, como en la cuba el mosto... *Ha de ser hecho de una pieza y de una sola inspiración,* porque no es obra de artesano que trabaja a cordel, sino de hombre en cuyo seno anidan cóndores, que ha de aprovechar el aleteo del cóndor" (T, 20:66-67; itálicas nuestras). Al aludir al concepto de una composición "de una pieza", Martí sin duda, se refería al bosquejo del poema, o a la ordenación de sus partes, y no necesariamente a los detalles nimios, los cuales el poeta sí retocaba y pulía después de "sacados al labio". La comparación de A y B de "Pollice verso", tomando en cuenta el error del trastueque de las páginas de A, confirma nuestra interpretación, o sea, la de la versión R. Hay otros detalles inverosímiles de la disposición de las líneas de "Pollice verso" hecha por Hilario González, los cuales estudiamos en otro ensayo en relación con el análisis de los contextos y los valores plásticos y musicales de "Pollice verso".

Versión de Hilario González
Pollice Verso

Sí! ¡Yo también, desnuda la cabeza
De tocado y cabellos, y al tobillo

Pollice Verso

(Memoria de presidio)

Sí! yo también, desnuda la cabeza
De tocado y cabellos, y al tobillo
Una cadena lurda, heme arrastrado

    Una cadena lurda, heme arrastrado
    Entre un montón de sierpes, que revueltas
5 Sobre sus vicios negros, parecían
    Esos gusanos de pesado vientre
    Y ojos viscosos, que en hedionda cuba
    De pardo lodo lentos se revuelcan!
    Y yo pasé, sereno entre los viles,
10 Cual si en mis manos, como en ruego juntas,
    Las anchas alas púdicas abriese
    Una paloma blanca. Y aún me aterro
    De ver con el recuerdo lo que he visto
    Una vez con mis ojos. Y espantado
15 Póngome en pie, cual a emprender la fuga!
    ¡Zarzal es la memoria, mas la mía
    Es un cesto de llamas! A su lumbre
    El porvenir de mi nación preveo.
    Y lloro. Hay leyes en la mente, leyes
20 Ásperas y fatales: ese almendro
    Que con su rama oscura en flor sombrea
    Mi alta ventana, viene de semilla
    De almendro; y ese rico globo de oro
    De dulce y perfumoso jugo lleno
25 Que en blanca fuente una niñuela cara,
    Flor del destierro, cándida me brinda,
    Naranja es, y vino de naranjo.
    Y el suelo triste en que se siembran lágrimas
    Dará árbol de lágrimas. La culpa
30 Es madre del castigo. No es la vida
    Copa de mago que el capricho torna
    En hiel para los míseros, y en férvido
    Tokay para el feliz. La vida es grave, —
    Porción del Universo, frase unida
35 A frase colosal, sierva ligada
    A un carro de oro, que a los ojos mismos
    De los que arrastra en rápida carrera
    Ocúltase en el áureo polvo, sierva
    Con escondidas riendas ponderosas
40 A la incansable Eternidad atada!

    ¡Oh, qué visión tremenda! ¡Oh, qué terrible
    Procesión de culpables! Como en llano
    Negro los miro, torvos, anhelosos,
    Sin fruta el arbolar, secos los píos
45 Bejucos, por comarca funeraria
    Donde ni el sol da luz, ni el árbol sombra!

Entre un montón de sierpes, que revueltas
Sobre sus vicios negros, parecían
Esos gusanos de pesado vientre
Y ojos viscosos, que en hedionda cuba
De pardo lodo lentos se revuelcan!
Y yo pasé, sereno entre los viles,
Cual si en mis manos, como en ruego juntas,
Las anchas alas púdicas, abriese   I
Una paloma blanca. Y aun me aterro

¡Y bogan en silencio, como en magno
Océano sin agua, y a la frente
Llevan, cual yugo el buey, la cuerda uncida,
50 Y a la zaga, listado el cuerpo flaco
De hondos azotes, el montón de siervos!
¿Véis las carrozas, las ropillas blancas,
Risueñas y ligeras, el luciente
Corcel de crin trenzada y riendas ricas,
55 Y la albarda de plata suntuosa
Prendida, y el menudo zapatillo
Cárcel a un tiempo de los pies y el alma?
¡Pues ved que los extraños os desdeñan
Como a raza ruín, menguada y floja!
60 ¿Veis los escalvos? ¡Como cuerpos muertos
Atados en racimo, a vuestra espalda
Irán vida tras vida, y con las frentes
Pálidas y angustiosas, la sombría
Carga en vano halaréis, hasta que el viento
65 De vuestra pena bárbara apiadado,
Los átomos postreros evapore!

¡Alza, oh pueblo, el escudo, porque es grave
Cosa esta vida, y cada acción es culpa
Que como aro servil se lleva luego
70 Cerrado al cuello, o premio generoso
Que del futuro mal próvido libra!
Circo la tierra es, como el Romano:
Y junto a cada cuna una invisible
Panoplia al hombre aguarda, donde lucen
75 Cual daga cruel que hiere al que la blande,
Los vicios, y cual límpidos escudos
Las virtudes: —la vida es la ancha arena,
Y los hombres esclavos gladiadores, —
Mas el pueblo y el rey, callados miran
80 De grada excelsa en la desierta sombra—,
¡Pero miran!—, y aquel que en la contienda
Bajó el escudo, o lo dejó de lado,
O suplicó cobarde, o abrió el pecho
Laxo y servil a la enconosa daga
85 Del enemigo, las vestales rudas,
Desde el sitial de la implacable piedra,
Condenan a morir *pollice verso:*
Y hasta el pomo ruín la daga hundida
Al flojo gladiador clava en la arena!

De ver con el recuerdo lo que he visto
Una vez con mis ojos. Y espantado,
Póngome en pie, cual a emprender la fuga! —
¡Recuerdos hay que queman la memoria!
¡Zarzal es la memoria; mas la mía
Es un cesto de llamas! A su lumbre
El porvenir de mi nación preveo.
Y lloro. Hay leyes en la mente, leyes
Cual las de río, el mar, la piedra, el astro,
Ásperas y fatales: ese almendro
Que con su rama oscura en flor sombrea
Mi alta ventana, viene de semilla
De almendro; y ese rico globo de oro
De dulce y perfumoso jugo lleno
Que en blanca fuente una niñuela cara,
Flor del destierro, cándida me brinda,
Naranja es, y vino de naranjo: —
Y el suelo triste en que se siembran lágrimas,
Dará árbol de lágrimas. La culpa
Es madre del castigo.   No es la vida
Copa de mago que el capricho torna
En hiel para los míseros, y en férvido
Tokay para el feliz. La vida es grave, —
Porción del Universo, frase unida
A frase colosal, sierva ligada
A un carro de oro, que a los ojos mismos
De los que arrastra en rápida carrera
Ocúltase en el áureo polvo, —sierva
Con escondidas riendas ponderosas
A la incansable Eternidad atada!

Circo la tierra es, como el Romano,
Y junto a cada cuna una invisible
Panoplia al hombre aguarda, donde lucen,   II
Cual daga cruel que hiere al que la blande,
Los vicios, y cual límpidos escudos
Las virtudes: la vida es la ancha arena,
Y los hombres esclavos gladiadores, —
Mas el pueblo y el rey, callados miran
De grada excelsa, en la desierta sombra.
Pero miran! Y a aquel que en la contienda
Bajó el escudo, o lo dejó de lado,
O suplicó cobarde, o abrió el pecho
Laxo y servil a la enconosa daga
Del enemigo, las vestales rudas

Desde el sitial de la implacable piedra,
Condenan a morir, *pollice verso,*
Y hasta el pomo ruin la daga hundida,
Al flojo gladiador clava en la arena.

¡Alza, o pueblo, el escudo, porque es grave
Cosa esta vida, y cada acción es culpa
Que como aro servil se lleva luego
Cerrado al cuello, o premio generoso
Que del futuro mal próvido libra.

¿Véis los esclavos? Como cuerpos muertos   III
Atados en racimo, a vuestra espalda
Irán vida tras vida, y con las frentes
Pálidas y angustiosas, la sombría
Carga en vano halaréis, hasta que el viento
De vuestra pena bárbara apiadado,
Los átomos postreros evapore!
¡Oh, qué visión tremenda! ¡oh qué terrible
Procesión de culpables! Como en llano
Negro los miro, torvos, anhelosos,
Sin fruta el arbolar, secos los píos
Bejucos, por comarca funeraria
Donde ni el sol da luz, ni el árbol sombra!
Y bogan en silencio, como en magno
Océano sin agua, y a la frente
Llevan, cual yugo el buey, la cuerda uncida,
Y a la zaga, listado el cuerpo flaco
De hondos azotes, el montón de siervos!

¿Véis las carrozas, las ropillas blancas
Risueñas y ligeras, el luciente
Corcel de crin trenzada y riendas ricas,
Y la albarda de plata suntuosa
Prendida, y el menudo zapatillo
Cárcel a un tiempo de los pies y el alma?
¡Pues ved que los extraños os desdeñan
Como a raza ruin, menguada y floja!

II

Depurado el texto, pasemos a la consideración de las ambigüedades del título y del tema de "Pollice verso". ¿Cuál fue la fuente de esta exhortación moral de filiación plástica y de estructura musical? Veamos los contextos internos. Si leemos con cuidado la crítica sobre arte, publicada por Martí durante su larga estancia en Nueva York, nos enteramos de que vio un cuadro con el título "Pollice verso" en la Galería Stewart, y, sobre este cuadro y su pintor, Jean-León Gérôme (1824-1904), dedicó parte de una crónica que envió a la *Nación* de Buenos Aires en 1887. El cuadro, lo menciona dos veces. Pero es patente que no figuró entre sus creaciones dilectas, pues sus comentarios no son las loas que escribe sobre pintores como Fortuny o Zamacois: "...la 'Carrera' y el 'Pollice verso' de Gérôme, más célebres —observa— que dignos de serlo, puesto que en ellos no iguala al interés del tema la decisión y sabiduría de la pintura..." (*N*, 19:316). Estos comentarios no sólo aclaran el origen del título, sino que nos permiten fechar el poema con relativa exactitud, pues es casi seguro que el poema data del mismo período que la crónica: 1887.

¿Por qué dedica un poema a "Pollice verso" si no le apasiona el cuadro? Evidentemente fue atraído por el tema como él mismo confiesa, y, es más que probable que en la creación "barnizada" [8] de Gérôme vio una comprobación de su concepto de "símbolos profundos". [9]

No sólo es significativo sino sumamente revelador de la sensibilidad y la perspicacia de Martí como crítico de arte, el hecho de que captó en el cuadro de Gérôme el sentido de la inspiración del académico francés. Su comentario sobre el "interés del tema" no está reñido con el juicio de un comentarista moderno quien afirma que Gérôme se esforzó por descubrir en la "re-creación" de las escenas de la antigüedad "the graceful or violent gestures of such and such personages of bygone days, some general ap-

---

[8] En una ocasión, Martí, amante de la luz y del color, observa que Gérôme barniza: "He has... the softness of Gérôme, without his varnish..." (*T*, 52:89).

[9] Este concepto trascendente lo expresó Martí en relación a un cuadro de Fortuny:

> ..."El encantador"... revela... ese extraño poder del genio para crear involuntariamente *símbolos profundos* de la naturaleza que lo inspira... La silla es como él [el árabe] elegante y fina: ella es la libertad; la vida era, en una nube de haschisch; la carrera que inflama el corazón; el turbión de arena en que resplandece la espingarda; la amiga en el peligro y la almohada en la muerte. [*N*, 19: 318; itálicas nuestras.]

plication. He was certainly most anxious to suggest interesting or amusing parallels to modern life..."¹⁰ De igual modo, nuestro pintor en verso percibió paralelos en su "Pollice verso" entre la vida romana y la cubana. Sus conceptos sobre el ciclismo histórico unidos a una afición personal por lo romano identificaron su alma con el conmovedor tema de Gérôme. La historia, traducida en experiencia personal —infantil—, seguramente representó un papel decisivo en encariñarlo con la materia del lienzo: "¿Quién me dijo a mí, cuando niño aún, y por serlo, osado, intenté *pintar en verso* la energía imponente de Régulo? Y recuerdo que en mis atrevimientos infantiles, volaba hasta él mi espíritu, y llegaba en el vuelo a imaginarme que *tenía de vez en cuando alma romana—*" (N, 19:416; itálicas nuestras). Estamos tentados a afirmar que estos recuerdos de la niñez constituyen un pasado actualizado, el cual quizás toma forma consciente o subconsciente en el momento en que Martí contempla la tela de la Galería Stewart. Este proceso genésico resulta más que una suposición visto a la luz de la siguiente observación síquica y social: "Tenemos en el alma dormidas las imágenes.—Pintar la vida—no conformarse con ella—" (N, 19:418). La vida, en el concepto de Martí, no está limitada a las circunstancias materiales o visibles, ni a la reproducción fiel de una realidad dada" ¹¹; "no conformarse con ella" sentenció, axioma que aplicó con maestría en su interpretación del tema del "Pollice verso". En otra ocasión observó que la historia del individuo "es un resumen breve de la vida histórica" (N, 19:441); razón de más para que le inspire el cuadro de Gérôme, pues en el episodio de la historia romana pintado por el francés descubrió una significación tripartita: el recuerdo de su pasado en el presidio, un comentario sobre el presente, y un vaticinio para su pueblo oprimido.

Los temas de sufrimiento, lucha, culpa (la del hombre o la del poeta que no cumple con su destino) batalla, vergüenza (la del inactivo y aprisionado) son los motivos de este poema. El cuadro de Gérôme sugiere el título, y en la segunda sección (II de la

---

¹⁰ Albert Keim, *Gérôme*, trad. de F. T. Cooper (Nueva York: Stokes, 1912), págs. 45-46.
¹¹ Sobre estas ideas, v. los apuntes de los debates sobre "El idealismo y el realismo en el arte" (N, 19:407-431).

versión R) ofrece un momento de remanso —una trasposición pictórica selecta y sintética del cuadro— de un pasado con paralelos actuales.

La primera sección (I) y la tercera (III) son de motivo parecido: la tercera retoma el tema de la primera —el sufrimiento y la opresión relatados en un plano personal (vv. 1-20), y luego, en forma abstracta (vv. 20-43). La segunda sección comienza con una nota general ya anunciada hacia el final de la primera. Al retomar el hilo de la composición en el v. 62, tercera parte, la nota vital, preludiando el dinamismo y la fuerza exhortadora finales, adquiere una calidad casi estridente: "Alza, oh pueblo el escudo..." Sobreviene una transición visionaria (vv. 66-89), y por fin, la conclusión tajante que plantea de nuevo el tema de la culpa:

¡Pues ved que los extraños os desdeñan
Como a raza ruin, menguada y floja!

"Pollice verso" es una representación del *via crucis* de un artista, símbolo de su pueblo, enfrentado con su destino y convencido de poder conquistar para América, para Cuba y para la humanidad un nuevo mundo. Para triunfar urgía despertar la conciencia humana. De ahí la trascendencia de este poema dentro del ideario y de la vida de Martí. En estos versos el angustiado artista afirmó un pensamiento fundamental de su existencia: "cada acción es... premio que del futuro mal próvido libra!" Este axioma social, expresado con formas plásticas y musicales, deja recuerdos que "queman la memoria". [12]

---

[12] En estas observaciones, forzosamente breves por las limitaciones de espacio de este volumen, sólo hemos trazado las líneas generales de un estudio más amplio que publicaremos en breve. En él deslindamos el texto en detalle y analizamos éste en relación con los contextos exteriores e interiores, los motivos plásticos y la estructuración musical del poema.

LA SANGRE DEL ESPÍRITU

Philip Metzidakis
Swarthmore College

La sangre de mi espíritu es mi lengua
y mi patria es allí donde resuene
soberano su verbo, que no amengua
su voz por mucho que ambos mundos llene.
 Ya Séneca la preludió aun no nacida,
y en su austero latín ella se encierra;
Alfonso a Europa dio con ella vida,
Colón con ella redobló la tierra.
 Y esta mi lengua flota como el arca
de cien pueblos contrarios y distantes,
que las flores en ella hallaron brote
 de Juárez y Rizal, pues ella abarca
legión de razas, lengua en que a Cervantes
Dios le dio el Evangelio del Quijote.

Tal vez sea el soneto aquí transcrito la expresión más sentida que nos haya dejado Unamuno de su visión de la hispanidad y de su fe en ella. En otro lugar, y usando siempre a don Miguel como guía, me he limitado a indicar que, efectivamente, existe un mundo que debería llamarse, como se ha llamado, hispánico, pero fijándome sólo —y sigamos por un momento con el lenguaje metafórico establecido en el poema citado— en su cuerpo, es decir, en su aspecto físico y real, visible.[1] Penetremos ahora dentro de ese cuerpo, y veámosle las entrañas.

---

[1] Véase mi estudio "La hispanidad según don Miguel de Unamuno", *Comunidad*, Universidad Iberoamericana, México, III, núm. 12 (abril de 1968), págs. 193-201.

"La lengua es la sangre del espíritu", dice. La metáfora, repetida una y otra vez a lo largo de la obra unamuniana,[2] es, creo, la clave de su pensamiento acerca de la hispanidad. La lengua, para él, es nada menos que la fuerza vivificadora del espíritu, sea de una persona, de un pueblo, o de toda una comunidad de pueblos. Donde no haya comunidad de lengua, no habrá comunidad de espíritu. En aquélla se sostiene y se nutre éste, que viene a ser una especie de conciencia común.

Digámoslo de otra forma: la lengua es la fuente de donde mana el espíritu. La lengua, es decir, su verbo vivo y fecundo —*in principio erat verbum*, enseña el evangelista—[3] vivifica el espíritu y la conciencia; les da existencia y sentido. Unamuno no concibe de ninguna existencia espiritual —la comunidad llamada "hispánica", por ejemplo— sino a base de la lengua. Si no se ahonda en la lengua misma española, si no se profundiza en sus raíces, no se podrá llegar a un entendimiento del espíritu "español", es decir, el que caracteriza y unifica a los hombres y a los pueblos que hablan español.

Arca es la lengua "de cien pueblos contrarios y distantes" —dice Unamuno, echando mano a otra metáfora, más adelante en el soneto que encabeza estas líneas—, arca en que se atesora y se mantiene viva la tradición española, es decir, hispánica.[4] La

---

[2] No hace falta que lo repita yo, ya que dice lo mismo, como en el trozo que se cita a continuación, el propio Unamuno: "Una vez más, y va la de ciento lo menos, sin que sea la última, una vez más ha de repetir lo de que la lengua es la sangre del espíritu y que en un idioma va implícita una cierta filosofía, un cierto modo de concebir, de sentir la vida. Sean cuales fueren los cruces de razas, sea cual fuere la sangre material que a la primitiva se mezcle, mientras un pueblo habla en español, pensará y sentirá en español también". ("La gloria de don Ramiro", *Obras completas*, Madrid, 1950, tomo IV, pág. 1044.)

[3] Recuérdese, en este respecto, las muchas veces que se valió don Miguel de estas palabras de San Juan. Véase como ejemplo lo expuesto por él en la conferencia —esencial para mi estudio— que pronunció en 1935 y que fue radiada a América, "Comunidad de la lengua hispánica" (*OC*, IV, 1034-1041).

[4] Y esta metáfora, como la otra, la de lengua-sangre, también parece ser, a juzgar por el uso extensísimo que hizo de ella, de las predilectas suyas. Sirvan de ejemplo estas palabras exclamativas: "¡Arca de la tradición nacional! Aquí está la base. La lengua encierra toda la tradición de un pueblo, incluso las contradicciones de esa tradición, toda su religión y toda su mitología". ("Dostoyeusqui sobre la lengua", *De esto y de aquello*, Buenos Aires, 1954, tomo III, pág. 446.)

lengua lleva dentro de sí toda una tradición y toda una manera de ser. Es la herencia del pasado y es, a la vez, un legado al porvenir. Si, por consiguiente, un hombre nace y es criado con la lengua española, o, precisando más aún, dentro de ella, hereda, sépalo o no y quiéralo o no lo quiera, toda la tradición y manera de pensar que van encerradas en ella. No hace falta que este hombre sea español, es decir, nacido en España de padres españoles, para entrar y participar en esta tradición y manera de ser españolas. El único requisito, y éste imprescindible, es ser criado y formado ahí donde se ha formado y se sigue formando hoy la lengua española: hablar, pensar y sentir, desde la niñez, en español, en el idioma común de los países —de cualquiera de ellos— que integran la comunidad hispánica. Si se cumple el requisito, el resultado será que nuestro hombre —castellano o chileno, andaluz o argentino— pensará y vivirá a la española, es decir, según le enseña a vivir la lengua que habla y que le ha formado. De esto, según escribe don Miguel, no debe caber lugar a dudas, ya que

> ...más que con la sangre les va a los sudamericanos el españolismo con la lengua, en la que reciben en potencia todo un modo de pensar y concebir, y con las costumbres y hábitos y tradiciones populares. Quien hable en español pensará en español. [5]

Así, enérgica y afirmativamente, nos da en forma bastante clara Unamuno su opinión, pero para entender bien todo lo que va implícito en ella, hay que insistir en el hecho de que don Miguel, al decir esto, está pensando en la gran patria espiritual hispánica, y no en países individuales considerados solamente en su dimensión política o geográfica. Esta patria, desde luego, es un concepto ideal, y Unamuno se da perfecta cuenta de que, por ser ideal, no podrá ser perfecta, y que la política, la geografía, la gente misma, impone límites al imperio absoluto de la lengua. Así lo dice él:

> Como la lengua es la sangre del espíritu del pueblo, y base de toda disposición orgánica es la sangre, hay entre

---

[5] "*Nuestra América,* por C. O. Bunge", *OC,* VIII, 214.

> nuestra literatura y la de las naciones americanas de lengua castellana una hondísima comunidad, mucho más honda de lo que por allá se sospecha y cree. Pero hay no poco también de diferencial, debido a lo que el cambio de clima y de íntimas condiciones de vida y la mezcla de diversas sangres materiales modifica, o la composición misma de aquella sangre espiritual que decía, o el ritmo, por lo menos, de su circulación. [6]

En una extensión tan vasta como la de la comunidad hispánica, es inevitable que así sea. En efecto, si nos fijamos bien en ello, vemos que estas diferencias no pertenecen exclusivamente a la comunidad, sino que se encuentran también, como en miniatura, en cada uno de sus países integrantes. En cuanto a la lengua, por ejemplo, se observan en España —¿y quién sabe si no en grado mayor que en toda Hispanoamerica?— enormes diferencias. Ahí subsisten el vascuence, el catalán y el gallego, debido, como es sabido, a razones político-geográfico-sociales. En Hispanoamérica, en cambio,

> ...todas naciones hablan en castellano, y en castellano, pese a argucias, muy uniforme ...Claro está que la influencia de la sangre negra dará un tono especial a ciertas naciones en que abundan los esclavos africanos, y que las diferencias entre los diversos elementos indígenas influirán algo; pero estos factores creo que sean de menos peso del que se les supone. [7]

No sólo existen y subsisten tales diferencias, sino que son ellas, precisamente, las que han creado la personalidad, la peculiaridad y los rasgos nacionales de cada uno de estos países. Lo que quiere decir aquí Unamuno es que dentro de éstos, físicamente diferentes entre sí, existe un idioma común, básico y esencial —es decir, un espíritu y una manera de pensar y de sentir también comunes— que trasciende de todas las diferencias regionales y nacionales, y que les liga en una unión espiritual y cultural estrechísima.

> Sin duda —explica, recurriendo una vez más a su metáfora predilecta—, el suelo crea la raza fisiológica, somática; pero la psíquica, la espiritual, la crea la lengua,

---

[6] "De literatura hispanoamericana. Preámbulo", *OC*, VIII, 96.
[7] "La ciudad y la patria", *OC*, III, 1226.

que es la sangre del espíritu. La lengua es una sugestión permanente, tomando lo de sugestión en el sentido de los fenómenos hipnóticos. [8]

La lengua, entonces, le lleva al que la habla, cual un hipnótico, a ver y a entender el mundo a su modo; le lleva a esa tradición y espíritu que guarda —"arca de la tradición nacional"— encerrada en sí. Su tesis de que es la lengua la que lleva al que la habla, y no éste a aquélla, es importantísima, y Unamuno repetidamente hace hincapié en ella. La lengua es activa siempre; crea espíritus:

> Un idioma de habla es una raíz, más que depósito, de tradiciones, y lleva en sí una visión y una audición del universo mundo, una concepción de la vida y del destino humano, un arte, una filosofía y hasta una religión ...La visión, el ideal del universo surge para cada pueblo de su idioma verbal. En metáforas, establecidas a peso de siglos, hechas ya expresiones inmediatas y espontáneas, está la raigambre de la filosofía de cada pueblo. [9]

Así, dentro de lo que hemos llamado la hispanidad, la fuerza que ata en un lazo indisoluble a los países que la integran, por muy diferentes que éstos sean entre sí, es la lengua que les es común, el castellano, y todo por encima de regímenes políticos y divisiones geográficas. La hispanidad se ha creado a base de la lengua castellana; su ser mismo depende de ella:

> Cuando se habla de esa que han dado en llamar Fiesta de la Raza —escribe Unamuno dirigiéndose a españoles y a hispanoamericanos—, pienso que debería llamarse Fiesta del Habla o de la lengua común. Porque ...el habla, que es la sangre del espíritu, nos dice de algo espiritual, psicológico, incruento. [10]

---

[8] "*El castillo de Elsinore*, por P. E. Coll", *OC*, VIII, 171.

[9] "Comunidad de la lengua hispánica", *OC*, IV, 1036. En otro lugar Unamuno dice, y con igual convicción, esto: "Porque nuestra lengua no es un *caput mortuum*, no es algo que hemos recibido pasivamente, no es una rutina, sino que es algo vivo y palpitante, algo en que se ve nuestro forcejeo. Nuestras palabras son palabras vivas; resucitamos las muertas y animamos de nueva vida a las que la tenían lánguida. Heñimos nuestra lengua, nuestra por derecho de conquista, con nuestro corazón y nuestro cerebro". ("Epílogo" a W. E. Retama, *Vida y escritos del doctor José Rizal*, Madrid, 1907, pág. 478.)

[10] "Comunidad de la lengua hispánica", *OC*, IV, 1038.

Formulada la tesis de que el mundo hispánico es de veras uno, y que este mundo se ha formado a base de la lengua castellana, Unamuno emprende una extensa campaña, a la cual se iba a dedicar por toda su vida, por palabra "hablada" y por escrito, como por ejemplo en el famoso discurso de los Juegos Florales de Bilbao de 1901, [11] por la creación de lo que él denominaba el "sobrecastellano", es decir, el verdadero idioma universal hispánico. Don Miguel sabía muy bien —recuérdese que era profesor, además que de griego, de filología española— que la lengua tiene su propia vitalidad, que nace, crece y se modifica según el tiempo y el espacio en que le toca vivir. Veía perfectamente bien que el castellano de 1900 ya no era propiedad exclusiva de Castilla —efectivamente, hacía siglos que no lo era—, sino que pertenecía a todos los pueblos que la tenían por suya. La lengua era argentina y mejicana, española y chilena, cubana y filipina.

> Derrámase hoy —escribe— la lengua castellana por muy diversas tierras, bajo muy diferentes zonas, entre gentes de muy diversas procedencias y que viven en distintos grados y condiciones de vida social; natural es que en tales circunstancias se diversifique el habla. ¿Y por qué ha de pretender una de esas tierras ser la que dé norma y tono al lenguaje de todas ellas? ¿Con qué derecho se ha de arrogar Castilla o España el cacicato lingüístico? [12]

La lengua castellana, que fue, básicamente y de origen, un dialecto español y que Unamuno ahora quiere ver convertida y modificada en "sobrecastellana", pertenece hoy, además que a una provincia española, a todo un continente americano. Ambos tienen el derecho y hasta el deber de ir cambiándola según creen conveniente, de moldearla a sus propias necesidades interiores. Como se ve, Unamuno aplica a la lengua, lo mismo que a la comunidad hispánica, su norma igualitaria, democrática: la lengua pertenece tanto a América como a España, y, por lo tanto, las expresiones

---

[11] En este discurso pedía que los vascos usasen como lengua de cultura el castellano, pero a su manera, con su acento propio. Hay que insistir en esto del acento propio, porque es precisamente esto, como veremos, lo que busca y alaba en la expresión lingüística americana. El discurso se lee en *OC*, VI, 326-343.

[12] "Sobre la lengua española", *OC*, III, 285.

y los giros populares típicos americanos son tan vigentes y tan importantes dentro del común idioma hispánico como la expresión netamente castellana. No es que el español de América sea tan distinto del de España; al contrario, los dos forman una lengua cuya alma y cuyas raíces son idénticas. Son las modificaciones, las diferenciaciones que la lengua por fuerza tuvo que sufrir al ser trasladada de un continente a otro, las que aparentan crear, para muchos, tantas diferencias. La aceptación e integración a la lengua oficial de estas modificaciones y diferenciaciones es la única manera de ensanchar, flexibilizar, universalizar de veras, la lengua castellana.

A este ideal aspiraba Unamuno. ¡A luchar, pues, por él! Se supondrá, y con razón, que eran muchos sus contemporáneos, tanto americanos como españoles —y ambos miopes por no poder más allá de las fronteras de sus respectivos países— que no se dejaron convencer de estas tesis unamunianas.[13] A cada paso le salían nuevos adversarios; con cada artículo suyo sobre el tema aparecía otro debatiéndoselo. ¡A luchar con ellos, pues! ¡Al ataque! En España su blanco favorito era nada menos que la Real Academia Española de la Lengua Castellana.[14] Se arremetía contra ella con asombrosa regularidad y sospecho que hasta con gusto, tachándole, más que cualquier otra cosa, su exceso de erudición, la cual le impedía acercarse a la lengua hablada, viva, de su pueblo, a estudiarla, saborearla y así darle el valor y el puesto de honor que le corresponden:

> Es de esperar —escribe en una arremetida típica— que la Academia, en vez de pagar voces que vayan entresacando de escritores, más o menos clásicos, pero ya difuntos, éste o el otro erudito, promueva el que se escarbe el habla popular de las diferentes regiones españolas y americanas y se aflore a la lengua escrita lo que vive y florece en una lengua hablada.[15]

---

[13] Conste que no estaba completamente solo Unamuno en esta empresa. En América contaba, entre otros, con Miguel Cané y con Ricardo Palma; en España, con Ramón de Valle-Inclán y Ramón de Basterra.

[14] Y, como observa más adelante Unamuno, "nótese que la Academia es española pero la lengua no es más que castellana". ("El juego del hombre", *OC*, V, 951.)

[15] "*2.700 voces que hacen falta en el Diccionario*, por R. Palma", *La Lectura*, Madrid, diciembre de 1904, pág. 539. N. B. Si no lo hacía la

Esto va a la esencia de sus diatribas contra la Academia: la consideraba él incapaz de aceptar, y así sancionar, voces creadas por el pueblo y no respaldadas por algún escritor "más o menos clásico". Su queja no era que la Academia no hubiera aceptado voces americanas; al contrario, "más oído ha prestado a voces venidas de más allá de las fronteras peninsulares que no a voces regionales y locales de España misma; más vocablos de uso americano acogió en su última edición, que no provincialismos españoles". [16] Era que la Academia parecía ignorar que la mayoría de las voces que registraba como americanas eran también castellanas, y castellanas de mucho abolengo. Siempre que se le ofrecía la ocasión, y, típicamente, también cuando no se le presentaba, Unamuno se dedicaba a explicar su tesis de que el español hablado de América es, esencialmente, el mismo que se oye en España, y que muchos giros y palabras que se creen típicos de América, se usan y se oyen corrientemente en España también.

Lo mismo decía a sus lectores americanos, especialmente a los que a principios del siglo, insistían en el punto de vista contrario y que declaraban con toda solemnidad que ya estaba en vías de formación, si no era que existía ya, toda una nueva lengua nacional americana.

> Equivócanse —escribe, refiriéndose a éstos—, en efecto, muy comúnmente, al creer que son propios y privativos de ellos fonismos, giros, tendencias lingüísticas y hasta voces que corran aquí de boca en boca, y no sospechan siquiera que la lengua hablada de ciertas regiones españolas se parece a la que ellos hablan mucho más de lo que pudieron creer. [17]

El español americano era, precisamente, eso: español; no era un idioma nuevo. Al que no aceptara esta verdad —y no importaba quién era—, Unamuno le solía escarmentar. Así:

Academia, lo hacía Unamuno. Tanto es así que encontramos ejemplos de escarbeos lingüísticos hasta en el español "literario" que empleaba. Palabras como soterraño e inconocible, en vez de subterráneo e incognoscible, pongamos como ejemplos, abundan en sus escritos.

[16] "De cepa criolla", *OC*, III, 1167.
[17] "*Prosa ligera,* por M. Cané", *OC*, VIII, 233.

Cuando el argentino Carlos Pellegrini, de estirpe en parte italiana y en parte inglesa, profetizaba, con evidente ligereza y desconocimiento de los procesos lingüísticos, que al correr de no mucho tiempo brotarían distintos idiomas dialectales de nuestra común habla en América, olvidaba —si es que lo sabía— que el proceso de integración va de par con el de diferenciación, y que en pueblos que se comunican unos con otros en el mismo idioma, este comercio mutuo los asimila entre sí. [18]

Muchos eran, sin embargo, los profetas a lo Pellegrini. Se encontraba Unamuno con tanta oposición y con tanta obstinación por parte de estos peritos en lingüística que no le quedaba otro remedio que seguir escarmentándoles en unos ataques acérrimos. A veces logra expresarse serena y objetivamente; [19] otras, hace alarde de su erudición filológica; [20] todavía otras, su arma es la ironía. [21] No quería ni callar ni enfrenar su ira y enojo. Por mucho que sus adversarios criticaran o se burlaran de sus puntos de vista, [22] él seguía pegando fuertes palizas verbales —caigan donde cayeran, a derecha y a siniestra— a los exponentes de los que él llamaba "los tan cacareados idiomas nacionales hispanoamericanos". En

---

[18] "Comunidad...", *OC*, IV, 1039-1040.
[19] "En toda Andalucía y en mucha parte del resto de España y de la América de lengua española, no se distingue ya entre la *ll* y la *y*, entre *pollo* y *poyo*..." ("Versos a ojo", *OC*, V, 371.)
[20] "'Si la palabra latina *vinculu* (lazo, atadero), y su plural neutro *vincula* hubieran pasado al castellano, habrían tomado la forma *vincho*, *vincha*, como *cingulu* dio *cincho*, *trunculu* troncho; *mancula* y no *macula*, *mancha*, *conchula*, *concha*, etc. Y agregué: Y no podemos decir que la tal palabra, con algún sentido derivado del sentido *vinculu* latino no subsista en alguna parte'. Y poco después la leía en el hermosísimo libro de Ricardo Rojas, *En el país de la selva*." ("De cepa criolla", *OC*, III, 1165.)
[21] "'¿Charamuscas? ...palabra insurgente, barbarismo criollo, exclamará con desdén el lector español' nos dice Martiniano Leguizamón. No, amigo mío, el lector español no exclamará semejante cosa, y menos con desdén. Y, además, el lector español lo que no dirá es lo de *insurgente*, porque esta palabra, que por lo demás está muy bien y es muy correcta, no la usa el pueblo español, ni creo que la use el pueblo argentino, y sí sólo los escritores." ("De cepa criolla", *OC*, III, 1166.)
[22] Considérense estas palabras, bastante representativas, del chileno Julio Saavedra: "Ciega es la pasión, i en la de no, fuerza sería suponer al señor Unamuno con esa mala fe que tanto gusta de colgarle al prójimo, en presencia de su interpretación tan falsa de mi conferencia, que ganas me dan de decirle: 'léala de nuevo' o 'aprenda a leer'". (*Repeliendo la invasión*, Santiago de Chile, 1908, pág. 130.)

esto nadie, según él, pecaba más que el doctor Luciano Abeille, el cual "se metió a escribir del idioma nacional de los argentinos sin conocer apenas más castellano, de España, que el escrito, y aun éste no bien". [23] En la figura de este doctor, "un francés extremamente ligero y superficial en extremo ignorante en achaques de lengua castellana", [24] cuyo libro pregonando la lengua nacional argentina estaba muy en boga a principios de este siglo, vino a su enfoque más ardiente la ira implacable de Unamuno.

Otro grupo de "eruditos", de poca importancia pero que se deben incluir en este trabajo, y que, en la opinión de Unamuno, padecían de un error de perspectiva y de espejismo en asuntos lingüísticos, lo constituían los neografistas, los que se proponían reformar radicalmente la ortografía castellana. Sabido es que Unamuno, en sus escritos, proponía y hacía lo mismo, pero sus métodos y hasta sus fines eran diferentes. Don Miguel, por ejemplo, no cambiaba la escritura o el deletreo de una palabra por el solo gusto de cambiarla. Tampoco aceptaba la reforma ortográfica cuando creía que ella servía sólo para dar a alguna palabra "un aspecto exótico y extraño, como para que no se olvide, sin duda, que el tal vocablo no es de origen genuinamente castellano" [25] —el caso de escribir México en vez de Méjico, o Bizkaia en vez de Vizcaya [26]—, o cuando esa reforma era consecuencia de la creación de los nuevos idiomas americanos. Tal era la actividad de los neografistas aludidos. No nos sorprende la reacción unamuniana cuando leyó sus proyectos y vio sus prácticas.

Como hemos visto, Unamuno se empeña en enseñar a sus contemporáneos los muchos paralelos que existen entre el español de América y el peninsular, que son y forman una sola lengua. Ello no le impide, sin embargo, notar bien las diferencias que también existen entre ellos. Sería rarísimo que no hubiera diferencias, nos dice, pero hay que saber, inmediatamente, que esas diferencias, en su mayoría, no vienen de la lengua hablada sino

---

[23] *Prosa ligera,* por M. Cané", *OC,* VIII, 233.
[24] "*Crónicas del bulevar,* por M. Ugarte", *OC,* VIII, 191.
[25] "Algunas consideraciones...", *OC,* III, 773.
[26] Esto de México, escrito con equis, le irritaba más de lo común. Hasta llegó a dedicar todo un artículo —Valle-Inclán hizo un viaje— a estudiar el caso. Véase el artículo "Méjico y no México" en *OC,* VI, 785-787.

de la escrita, la de la literatura y también "la de la política, de la banca, del deporte, la lengua de las clases acomodadas", [27] y los nombres de "animales o plantas propios de aquella región y aquí desconocidos". [28] En cuanto a los giros y vocablos genuinamente populares americanos, Unamuno, además de aceptarlos como legítimos, hasta sabe usarlos cuando se le presenta la ocasión. [29] Y esto es precisamente lo que quería él que hiciera todo ciudadano de la gran patria hispánica: aceptar como suyos los diferentes acentos de la hispanidad, porque sólo de este modo llegaría a desarrollarse el castellano en un idioma digno de los vastos territorios que domina. El deseo ferviente de Unamuno es el siguiente: que lleguen a comprenderse los hombres de habla española de ambas orillas del mar; que se den cuenta de que es sólo con la inteligencia, y no con falsos casticismos, que llegarán a unirse los que hablan y piensan en una misma lengua; que sepan que es sólo a través de esta unión fraternal, fomentada y sostenida por la lengua, que llegará la hispanidad a su plenitud. La mejor expresión que encontrara para esta fe implícita y ardiente en *su* lengua, en la lengua sobrecastellana, es —y me parece que no podía ser de otro modo— otro poema. Con él pongo fin a estas líneas.

> Ábreme tus entrañas, mi romance;
> muéstrame el cuajo de nuestras Españas,
> y en él de nuestro espíritu el balance;
> ábreme, mi romance, tus entrañas.
> Hase fraguado en siglos nuestra lengua,
> en su jugo de sangre toda vida;
> el repuesto de ensueños no se amengua,
> es lo que fuera y que jamás se olvida.
> Rezaba en ti, mi lengua, Don Quijote;
> hemos luchado hablando a Dios contigo;
> que Él, en pago nos libre de este azote,
> jerga cosmopolita de castigo. [30]

---

[27] "De cepa criolla", *OC*, III, 1166.
[28] "*Nostalgia*, por F. Soto y Calvo", *OC*, VIII, 164. Algún que otro término americano —el ombú, por ejemplo— le tenía fascinado.
[29] En cierta ocasión llegó a escribir, para su público argentino, unas "macanas de Miguel". Véase *OC*, X, 158-165.
[30] Es el poema número 1393 del *Cancionero, diario poético*.

EL PROTAGONISTA EN LA EVOLUCIÓN
TEXTUAL DE *LOS DE ABAJO*

Enrique Pupo-Walker
Vanderbilt University

En el prólogo de las obras completas de Mariano Azuela, Francisco Monterde afirma que "rara vez el doctor Azuela volvía sobre lo escrito"[1] y aunque en general así fue, en el caso de *Los de Abajo* esa aseveración no puede tomarse al pie de la letra. Al comparar el texto original con las ediciones posteriores a 1920 se verá que la novela sufrió alteraciones de considerable importancia. De esas modificaciones se ocupa este trabajo, y muy particularmente de un trozo que Azuela reconstruyó con singular esmero. Se trata, como veremos a continuación, de una porción muy reducida de la novela.[2]

> A ese punto fueron interrumpidos por Demetrio Macías que se retiraba ya.
> Alberto Solís felicitó calurosamente al coronel y con fácil palabra narró algunas de las aventuras que le conocía.
> Y *Demetrio escuchó* (sic) *sorprendido, la relación de hazañas por él mismo realizadas. Cierto que las*

---

[1] (México, 1959), I pp. XIX. Otras referencias a esta edición se indicarán como o. c.

[2] He cotejado el texto original con las siguientes ediciones: (México, 1920), (Madrid, 1927, 1930), (México, 1938), y con la edición más difundida que publica ahora el Fondo de Cultura Económica (México, 1966). Cito por esta última edición. La paginación se indica en el texto. En breve espero dar a conocer un estudio en que se describen con mayor amplitud otros aspectos de la evolución textual de la novela.

componendas y los adornos las desfiguraban; pero se oían tan bien así referidas que tanto Demetrio como Luis Cervantes las contaron en lo sucesivo de esa forma.

—¡Qué hombre tan simpático es el general Natera!— dijo Cervantes a Demetrio Macías, cuando estuvieron de regreso en el mezón (sic). En cambio el capitancillo es muy pesado.

Y Demetrio sin escucharlo, con mucho contento, le oprimió un brazo a la vez que le decía: —"Ya soy coronel, de veras, Curro, y usted mi secretario". [3]

En las ediciones posteriores que todos conocemos, esos párrafos muestran una composición muy diferente.

Interrumpió a Solís la presencia de Demetrio Macías que se acercó:
—Nos vamos, Curro...

Alberto Solís, con fácil palabra y acento de sinceridad profunda, lo felicitó efusivamente por sus hechos de armas, por sus aventuras, que lo habían hecho famoso, siendo conocidas hasta por los mismos hombres de la poderosa División del Norte.

Y Demetrio encantado, oía el relato de sus hazañas, compuestas y aderezadas de tal suerte, que él mismo no las conociera. Por lo demás, aquello tan bien sonaba a sus oídos, que acabó por contarlas más tarde en el mismo tono y aun por creer que así habíanse realizado.

—¡Qué hombre tan simpático es el general Natera! —observó Luis Cervantes cuando regresaba al mesón. En cambio, el capitancillo Solís... ¡qué lata!...

Demetrio Macías, sin escucharlo, muy contento, le oprimió un brazo y le dijo en voz baja:

—Ya soy coronel de veras, Curro... Y usted, mi secretario. [4]

---

[3] La edición original fue generosamente facilitada por la biblioteca de la Universidad de North Carolina (Chapel Hill). De ese texto proviene esta cita. La cubierta de esa primera edición reza: *Los D'abajo: cuadros y escenas de la revolución actual* (sic) por Mariano Azuela. (Imprenta El Paso del Norte, El Paso, Texas, 1916), p. 63. En la cubierta de esa edición se da como fecha 1915. Pero la página titular está fechada en 1916 y bajo el título de la novela se incluye un versículo que dice: "Copiosa será la cosecha de la tierra que fue fango y que el hierro roturó". Como es sabido, hay una edición de 1915 pero se publicó por entregas en folletines y se debe a la misma imprenta: El Paso del Norte, El Paso, Texas, oct. a dic.

[4] Op. cit., p. 71.

Los cambios que saltan a la vista al comparar los dos párrafos pueden tomarse como ejemplos de las correcciones y refinamientos estilísticos que Azuela introdujo en la versión definitiva de *Los de abajo*.[5] Específicamente me parecen de especial importancia, en el contexto total de la obra, los renglones que he subrayado y, en vista de ello, creo que sería útil un breve contraste estilístico de ambas redacciones.

A primera vista, lo que ocurre es que Azuela ha escogido para su redacción definitiva giros de mayor prestigio literario, que resaltan al contrastarlos con la sencillez y el desenfado que caracteriza al primer texto. En lo que se refiere a las funciones verbales —tan importantes en la prosa de Azuela— percibimos de inmediato un afán por conseguir un ámbito narrativo más dilatado e impreciso. Véase, por ejemplo, que "escuchó" en la primera redacción es tiempo histórico y concreto, mientras que en el último texto el imperfecto "oía" no sólo sustituye el sentido perfectivo sino que expande el radio de acción verbal por ser ésta una forma de mayor latitud temporal y de hecho más imprecisa.

En la última versión, "conociera" no es gramaticalmente lo usual; "conocía" sería lo más frecuente. La razón que motiva la presencia del imperfecto de subjuntivo es, naturalmente, de orden estilístico, producto además de una voluntad narrativa que

---

[5] Varios investigadores han sospechado que las modificaciones que Azuela introdujo en *Los de abajo*, datan de 1925, fecha en que la novela fue redescubierta y publicada por entregas en el suplemento semanal del *Universal Ilustrado* en la ciudad de México, 29 de enero a 24 de febrero. Pero en realidad no fue así. Las alteraciones fundamentales aparecen en la edición de 1920. Es, por tanto, evidente que los cambios principales se hicieron antes de 1920. Refiriéndose a esa edición, Azuela ha dicho lo siguiente en una carta dirigida al profesor norteamericano Lawrence Kiddle y fechada el 22 de abril de 1951: "La fe que tuve siempre en esta novelita me hizo hacer una segunda edición (no llamo edición a la que no conozco) —Azuela se refiere aquí a la edición de 1917 que apareció en Tampico sin su consentimiento— en la imprenta de un amigo Rozaster —y fue para ésta para la que escribí con mucha anticipación las modificaciones que se encuentran tanto en ésta como en las ediciones posteriores"— *Epistolario y Archivo*, editado por Beatrice Berler (México, 1969), p. 152. No es cierto, como se ha creído, que la edición de Tampico represente un estadío en la evolución de la novela. Se trata simplemente de una copia del texto original.

intenta vincularse a normas de la elocuencia que encontramos en la escritura literaria de corte clásico. [6]

Así, también en el primer texto, "contaron" es tiempo perfectivo y también lo es "acabó" en la segunda redacción. Sólo que "acabó por contarlas" es, además, una perífrasis verbal —una contorsión estilística— que delata aún con mayor claridad el desplazamiento del lenguaje hacia un discurso narrativo más amplio, y que aprovecha moldes retóricos convencionales. Y no estaría de más señalar que ese perfil más ambiguo del lenguaje se apoya oblicuamente en la presencia del enclítico reflexivo. En general, ese proceso de reelaboración que hemos observado en este párrafo, demuestra —al producirse una ampliación sintáctica y concretamente del registro verbal— la significación que adquiere este incidente que, en la primera redacción, pudo parecernos un momento pasajero o inconsecuente.

En un plano aún más concreto, la preferencia por un lenguaje de indiscutible factura literaria se ve con sorprendente exactitud en el carácter de algunas sustituciones que Azuela introdujo en el último texto.

> Sorprendido > encantado.
> *La relación* de hazañas por él mismo realizadas. >
> *El relato* de sus hazañas compuestas y aderezadas. [7]
> Pero se oían tan bien... > Por lo demás, aquello tan bien sonaba a sus oídos.

Verificar la evolución textual es, en sí, pesquisa de indudable interés, pero esa habrá de ser tarea para otra ocasión. Lo que me parece más urgente es aclarar la significación de estos cambios que, como el lector podrá apreciar, van mucho más allá del mero hecho estilístico. Propongo, que a partir, precisamente, de este trozo que hemos examinado, empieza a revelarse una transformación vital del protagonista Demetrio Macías. La reelaboración

---

[6] Sobre las implicaciones de este hecho, véase el estudio de Roland Barthes, *El grado cero de la escritura* (Buenos Aires, 1967, pp. 56-59. Interesa destacar que en contraste con la pintura, por ejemplo, la literatura de la Revolución mexicana se mantuvo relativamente fiel al registro verbal de la narrativa burguesa.

[7] El subrayado es mío. La sustitución, en este caso, corrobora el interés de Azuela por darle a su escritura los signos formales de la literatura.

del texto, como era de esperar, afecta también nuestra visión de otros personajes, pero en ninguno de ellos se producen cambios tan profundos como los que sufre Macías. [8]

Si regresamos brevemente a los párrafos que he comentado, se verá que en la segunda redacción, Demetrio —a nivel de su interioridad— ha desarrollado una actitud pasiva, un estado de contemplación. Lo que "escuchó sorprendido" en el primer texto, luego se transforma en el éxtasis de algo que ahora "oía encantado". Y las hazañas que él y Luis Cervantes "contaron", en la última versión, "aquello" —que ahora otros relatan— "tan bien sonaba a sus oídos, que acabó por contarlas más tarde en el mismo tono y aún por creer que así habíanse realizado". Pero nótese que ya no identifica —como lo hace en el primer texto—, "los adornos" que "desfiguraban" sus propias acciones. En la segunda redacción se ha producido un cambio fundamental en el personaje. Y es que lo relatado, la ficción en sí, se impone como elemento primordial que informa el pensamiento de Macías y que le induce a desarrollar otra visión de su persona.

A partir de esa vivencia, tan significativa en la evolución del personaje, Demetrio comienza a ubicar gran parte de su vida en

---

[8] Al reelaborar su texto, Azuela intentó, no sólo suprimir asperezas estilísticas, sino también darnos una visión más completa de sus personajes. En relación a esto el propio Azuela confesó que: "Los retoques y adiciones que le hice fueron sólo para vigorizar personajes o pasajes, pero no por razones de estilo". *Epistolario,* op. cit., p. 142. Algunos personajes, como Valderrama, aparecen por primera vez en la versión final de la novela. Sobre la concepción de los personajes puede verse el estudio del profesor Luis Leal, *Mariano Azuela: vida y obra* (México 1961) y mi artículo, "Algo más sobre la creación de personajes en *Los de abajo*". *Romance Notes* XII (1970), pp. 1-5.

La insistencia de la crítica en ver a Demetrio como un personaje sin mayor relieve se debe, en parte, a que el mismo Azuela describe a Macías como "silueta", "hormiga", "perro", y luego al hablar de la génesis del personaje el novelista añadió: "En Guadalajara bauticé al protagonista de mi proyectada novela con el nombre de Demetrio Macías. Me desentendí de Julián Medina —general que mandaba la tropa en que servía Azuela— para forjar o manejar con libertad el tipo que se me ocurrió.

Manuel Coloca el más joven de una familia de revolucionarios de Teúl, del estado de Zacatecas, muchacho de menos de veinte años, alto, flaco, olvidado, tipo un tanto mongoloide, alegre e intrépido, de valor temerario en la pelea, sucedió a Julián Medina en la construcción de mi personaje" (o. c., III, 1080).

torno a esa imagen verbal de su persona que súbitamente ha creado la leyenda. En el momento en que reconocemos ese viraje sutil de perspectiva interior, el protagonista adquiere un espacio vital que, según mis noticias, la crítica aún no ha reconocido en el personaje de Azuela. De hecho, la reelaboración del texto ha otorgado a Demetrio un registro de vivencias, un nivel de vida interior, que en la versión original sólo está discretamente sugerido. Macías se siente íntimamente gratificado al descubrir una nueva visión de su personalidad. O sea, al autocontemplarse, en parte, como relato de sí mismo. A partir de esa revelación íntima, su existencia estará sujeta tanto a la ficción como a sus experiencias cotidianas. E inevitablemente esa nueva composición de la realidad interior ocasionará cambios notables en la conducta del personaje.

La transformación fundamental en lo que al comportamiento de Macías se refiere, consiste en que éste se entrega, por su cuenta, a la exaltación de esa nueva dimensión legendaria que se construye en torno a su persona. El lector recordará que Macías es al comenzar la novela un labriego anónimo de las sierras, que algún tiempo después, casi sin saber cómo, llega a ser coronel. Sus hechos de armas le permiten sentirse ahora "envanecido por felicitaciones que comenzaron a lloverle" (p. 86). Y a medida que nos adentramos en la segunda parte de la novela se advierte, cada vez con mayor claridad, que Demetrio contribuye generosamente a la glorificación de su gesta personal. "La sala se iba llenando de nuevos amigos y compañeros de campaña. Demetrio animándose, comenzaba a referir menudamente algunos de sus más notables hechos de armas" (p. 92). Macías no sólo se ve "colmado de elogios" (p. 91) sino que también ha escuchado voces que le preguntan: "¿Con que usted es el famoso Demetrio Macías que tanto se lució en Zacatecas?" (p. 85).

Estimulado por su fama inesperada, Macías comienza a proyectarse más allá del nivel primario de "silueta" o de simple guerrillero anónimo que Azuela le confiere en las primeras páginas de la novela. Ahora, cada vez más consciente de su nueva identidad, Demetrio se desentiende casi por completo de lo que podría representar la Revolución o su propio esfuerzo dentro de ella. Desde la toma de Zacatecas en adelante, su creciente relieve de hombre legendario se convertirá en la fuerza que motiva casi toda su trayectoria. Su heroísmo obsesivo y brutal se transforma inevitablemente en el patrón a seguir. Heroísmo que Azuela describe con la expresividad y el grafismo tradicional de su prosa: "El caballo de Macías, cual si en vez de pezuñas (sic) hubiese tenido garras de águila, trepó sobre los peñascos" (p. 80). Y unos renglones más allá añade: "Demetrio lanzaba las ametralladoras, tirando de ellas cual si fuesen toros bravos" (p. 80).

El afán, toscamente manifestado, de Macías por mantener su existencia a nivel de esa fama recién adquirida y de lo que en su mundo se entiende por heroico, se percibe también en su desinterés ante todo lo que no sea la lucha armada como tal. Es, en parte, por ello que en una ocasión responde a Luis Cervantes: "la verdad, yo no entiendo estas políticas" (p. 127). Cierto es que las maniobras políticas que llevan a cabo los líderes de la Revolución no están al alcance de un hombre de procedencia tan humilde. Pero de cara al proceso histórico de la Revolución, esa actitud de Macías, que le hace desentenderse de ambiciones políticas y de todo lo que no sea el conflicto a nivel del rifle, no puede explicarse sencillamente como resultado de su primitivismo o como simple indiferencia ante el lucro personal. Su actitud es más comprensible si no perdemos de vista que ésta responde casi exclusivamente a la necesidad que Demetrio siente de recrearse continuamente a nivel de la contienda que es, en todo caso, su única fuente de prestigio y gratificación. Ese impulso de autocreación, por simple o anómalo que pueda parecernos, se transparenta penosamente en la conversación que Macías sostiene con el general Natera. Como se recordará en aquellos momentos caóticos que corresponden a las etapas finales de la Revolución, los ejércitos luchan indiscriminadamente y es entonces cuando Natera se interesa por conocer la ubicación política de Macías.

> Es decir —insistió Natera—, que la Convención desconoce a Carranza como Primer Jefe y va a elegir un Presidente provisional de la República... ¿Entiende, compañero?, interrogó Natera. Demetrio se alzó de hombros. Se trata a lo que parece, de seguir peleando. Bueno pos a darle; ya sabe mi general, que por mi lado no hay portillo (p. 135).

Al reconocer la forma en que Macías comienza a vivir su nueva realidad, comprenderemos que el fin de la lucha armada frustraría de hecho ese nuevo proceso de autocreación. Y él así parece intuirlo. En la tercera parte de la novela, los hombres de Demetrio, hambrientos y en harapos, escuchan desconcertados que Villa ha sido derrotado en Celaya. En ese instante de alta tensión el narrador enfoca al protagonista y nos dice que "a Demetrio se le contrajo la frente como si algo negro hubiera pasado por sus ojos" (p. 140). Además, esa oportuna observación del narrador es de interés, porque no aparece en el texto original. Para Demetrio Macías la lucha es su más genuino —si no el único— vehículo de expresión, y es también la actividad que le permite mantener un nuevo estado de vitalidad interior que llega a ser para él como una oscura revelación que le complace a nivel de los instintos. Por ello cuando Anastasio insiste en que seguir combatiendo ya no tiene sentido, esas objeciones rebotan en los oídos de Macías que a su vez añade:

> Compadre, es cierto lo que usted dice. Malamente andamos: los soldados hablan mal de las clases, las clases de los oficiales de nosotros... y nosotros estamos ya para despachar a Villa y a Carranza a la..., a que se diviertan solos... Pero se me figura que nos está sucediendo lo que a aquel peón de Tepatitlán. No paraba de rezongar de su patrón, pero no paraba de trabajar tampoco. Y así estamos nosotros: a reniega y reniega y a mátenos y mátenos... Pero eso no hay que decirlo, compadre... ¿Por qué, compadre Demetrio?... Por yo no sé... Por que no... ¿Ya me entiendes? Lo que ha de hacer es dármele ánimo a la gente (p. 147).

Ante esa actitud de empecinamiento es igualmente significativo el último diálogo que Macías sostiene con su esposa: "¿Por qué pelean ya, Demetrio?" Demetrio, las cejas muy juntas, toma distraído una piedrecita y la arroja al fondo del cañón. Se mantiene pensativo viendo el desfiladero y dice: "Mira esa piedra como ya no se para..." (p. 152). Una vez reconocido el hecho de que Macías integra su imagen legendaria como un valor objetivo de su realidad, comprenderemos que esa vivencia remite a conflictos experimentados por personajes clásicos de la literatura universal. En lo que se refiere específicamente al proceso de autocreación y al ideal de una vida que se levanta sobre la fama y las lidias heroicas, encontraremos que se plantea de inmediato una afinidad parcial pero visible, entre las experiencias de Macías y las de don Quijote. Pero ese enlace vivencial debe examinarse con cuidado porque permite una visión más completa de Demetrio.

Hechas las inevitables salvedades que imponen las obras en sí y el espacio cultural a que pertenecen ambos personajes, hemos visto que Demetrio, a semejanza del Quijote de la segunda parte, también llega a contemplarse como personaje de ficción. En uno y otro la identidad se repliega sobre sí misma por cuanto ambos llegan a reconocerse a la vez como creaciones imaginarias y como hombres de carne y hueso. Es obvio que Macías, analfabeto al fin, no puede situarse, de la manera en que lo hace don Quijote, en el ámbito de los libros y de una existencia literaria como tal. Pero como todo esa diferencia no es tan importante como pudiera parecernos. En fin de cuentas, en el mundo primitivo de Macías, la leyenda oral es el equivalente más cercano a la ficción literaria. Entendida así, la zona de afinidad entre ambos personajes se reafirma en otro plano porque don Quijote también llega a reconocer que la existencia legendaria se afirma por igual en la tradición oral "una de las cosas —dijo a esta sazón don Quijote— que más debe de dar contento a un hombre virtuoso y eminente es verse, *viviendo*, andar con buen nombre por las lenguas de las gentes" (II, III). [9]

A raíz de estas observaciones interesa recordar que don Quijote edifica su reputación y renueva su vitalidad sobre el terreno de sus propias derrotas. Algo similar se observa en el caso de Macías, que, a su vez, experimenta una renovación instintiva de su ser a medida que la Revolución que le rodea se destroza a sí misma. Demetrio lucha por ser a la vez testigo y semejante al ideal del heroísmo que otros asocian con su persona. Y sin que pretenda extenderme a un juego de paralelos caprichosos, interesa recordar que ese proceso, sin duda con otros matices, se cumple también en don Quijote. [10] A su manera, Macías, como

---

[9] La cita procede de la edición preparada por Martín de Riquer (Barcelona, 1958).

[10] Sin insistir en relaciones directas, la comparación que me he permitido está, de cierta forma, sugerida por la serie de datos que aparecen en

don Quijote, se esfuerza en proyectar su existencia hacia ese mundo frágil de la fama y la gloria que se afirma en los reflejos de sus hazañas. Y al contemplarlo así, es necesario recordar que Demetrio no se forma de manera espontánea un concepto personal del heroísmo. Mediante un enfoque general de la novela, veremos que los hechos fabulosos que se atribuyen a grandes figuras de la Revolución, forman para Demetrio y los suyos un trasfondo de vida heroica comparable, en aquellas circunstancias, al que creó la novela de caballería en la mente de don Quijote. Veámoslo:

> Y los gorrudos de bufandas al cuello, de gruesos zapatones de vaqueta y encallecidas manos de vaquero, comiendo y bebiendo sin cesar, sólo hablaban de Villa y sus tropas.
> Los soldados de Natera hacían abrir tamaña boca de admiración a los de Macías.
> ¡Oh, Villa!... ¡Los combates de Ciudad Juárez, Tierra Blanca, Chihuahua, Torreón!
> *Pero los hechos vistos y vividos no valían nada. Había que oir la narración de sus proezas portentosas, donde a renglón seguido de un acto de sorprendente magnanimidad, venía la hazaña más bestial* (p. 76). [11]

A la postre, para Demetrio luchar equivale a poseer, aunque sea a nivel de sus vísceras, una noción más amplia de su valía.

---

el párrafo que he analizado. Veamos algunos ejemplos del *Quijote* que parecen evocados por las nuevas modificaciones estilísticas que Azuela llevó a cabo: "tan bien aderezada y compuesta como su calidad y hermosura merecían" (I, XVII). En otra parte Sancho comenta: "y no pareció sino que la voz de la Trifaldi me sonaba en los oídos", y "creía que de aquella suerte" (I, XLIII). Cabe añadir que el párrafo de *Los de abajo* que he destacado también evoca este otro pasaje cervantino, sobre todo en lo que se refiere a la forma en que Macías acepta versiones ficticias de su persona: "Todo cuanto pensaba, veía o imaginaba le parecía ser hecho y pasar al modo de lo que había leído" (I, II). En el contexto de esta comparación interesa por igual la mención de libros que se queman al aire libre (p. 90). Así como que Demetrio vuelve para morir al lugar de su origen, hecho que, como es sabido, también ocurre al personaje cervantino. Para una indagación minuciosa sobre el proceso de autocreación en don Quijote, véase el admirable estudio de don Américo Castro "La palabra escrita y el Quijote" en *Hacia Cervantes* (Madrid, Taurus, 1967), pp. 359-408.

[11] El subrayado es mío.

Hecho que está poderosamente reafirmado en la muerte simbólica del personaje:

> Y al pie de una resquebrajadura enorme y suntuosa como pórtico de vieja catedral, Demetrio Macías, con los ojos fijos para siempre, sigue apuntando con el cañón de su fusil... (p. 154).

Con fino tacto de narrador, Azuela nunca permite que el nuevo proyecto interior de Macías rebase un nivel intuitivo, o que llegue a convertirse en un acto de inconcebible idealismo o cinismo calculador. Al revelarnos estratos básicos en la personalidad de su protagonista, Azuela ha logrado contraponer, con extraordinaria efectividad, la tragedia individual con el espectáculo brutal de masas que, casi a ciegas, transformaban una sociedad. Y aunque es indudable que Macías se renueva en la lucha, el hallazgo principal se realiza en lo más íntimo de su individualidad y no en su identificación con el hecho colectivo. Como héroe de estirpe clásica, Macías nunca llega a encontrar una relación significativa entre su desarrollo interior y el mundo que forjaba la Revolución. Desde esa divergencia, a mi entender, Azuela subraya, con amargura, uno de los aspectos más desconcertantes e irónicos de aquella y otras tantas revoluciones.

En suma, esa conciencia de existencia legendaria —concebida de maneras diferentes— se ofrece como un sutil, pero importante, punto de contacto entre el personaje cervantino y Macías. Importante, digo, porque desde esa analogía se percibe con mayor claridad el grado de desarrollo que alcanza el protagonista en el texto definitivo de *Los de abajo*. A la postre, don Quijote —nunca estará de más repetirlo— y su mundo, constituyen un hecho institucionalizado de la literatura, un arquetipo latente de la memoria literaria, que puede resplandecer sobre aspectos múltiples de la creación narrativa y que se comporta frecuentemente como referente sugestivo en el ámbito universal de la ficción.

En su texto definitivo, *Los de abajo* desechó para siempre la indumentaria hermética de crónica que encontramos en la primera redacción. Sin apartarse de su concepción austera del lenguaje, Azuela dio en el texto final mayor libertad a su fantasía creadora. Cambió así el punto de vista del narrador ante su relato y, a causa de esa importante mutación, el texto adquirió mayor resonancia novelesca. Hecho que he querido destacar, sobre todo en lo que se refiere a la reconstrucción imaginativa del protagonista.

ARCINIEGAS TRAVIESO, ERUDITO, SOÑADOR

Roberto Esquenazi-Mayo
University of Nebraska

"La función del ensayista —cuando lo es como Carlyle, Emerson, Santayana, Unamuno— parece conciliar la Poesía y la Filosofía, tiende un extraño puente entre el mundo de las imágenes y el de los conceptos, previene un poco al hombre entre las oscuras vueltas del laberinto y quiere ayudarle a buscar el agujero de salida", escribió en una ocasión Mariano Picón Salas.[1] Y añadió: "La fórmula del ensayo... sería la de toda la Literatura: tener algo que decir; decirlo de modo que agite la conciencia y despierte la emoción de los otros hombres, y en lengua tan personal y propia, que ella se bautice a sí misma".[2]

Estas líneas del insigne maestro contemporáneo nos sirven para fijar el derrotero de la obra de Germán Arciniegas. Por sus páginas discurren prudentes observaciones de la historia hispanoamericana, mesnadas de atrevidos leguleyos, finos y valientes escritores, angustiados patriotas, infames dictadores, robustos paladines de la libertad y de la independencia. Desde su primer libro, *El Estudiante de la mesa redonda* (1932), hasta el más reciente, *Roma secretissima* (1972) Arciniegas ha optado felizmente por el estilo sin afeites, y se ha propuesto elaborar una visión de América apoyada en sus experiencias personales de político, estadista, diplomático. Desprovisto del andamiaje que exige la investigación

---

[1] Mariano Picón Salas, en "Y va de ensayo". *Obras completas* (Madrid, Caracas: Ediciones Edime, 1962), p. 992.
[2] Picón Salas, p. 996.

sistemática, sin extraviarse en una metodología incapaz de reconocer lo estético, Arciniegas ha encarado los temas como si ellos fueran deleite y dulzor, no mera erudición y somnolencia. Por eso ha provocado polémicas e incluso escozor. Ya sea ante una encrucijada de candente política, o ante el sucio juego de intereses abyectos, o al descubrir el entrañable panorama de la naturaleza, su estilo es siempre sosegado, expresivo. A veces, su franqueza es casi de una inocencia candorosa. La verbosidad no lo caracteriza, ni el torrente enigmático de un barroco anacrónico.

De ascendencia cubana, desde muy niño escuchó historias gallardas sobre la lucha por la independencia de Cuba. Su bisabuelo, Perucho Figueredo, compuso *La Bayamesa* que habría de ser el Himno con que los mambises alentarían su guerra contra el imperio español.[3]

Mariano Picón Salas, Jorge Mañach y Germán Arciniegas reúnen las características esenciales del ensayista hispanoamericano del siglo XX: genuinamente interesados por el destino de América, agudos observadores de la historia, la sociología y las artes, y escritores de genuina estirpe. Valientes cuando las circunstancias lo han exigido, caballerosos y galantes cuando la situación lo permitía, hallan los tres en su expresión literaria su óptima y a veces severa manifestación. Pero Arciniegas posee una más... Posee Arciniegas mucho de novelista, cualidad que aplica, no a la materia misma de la obra, que no es nunca una ficción literaria, sino rigurosamente documentada, mas sí a la forma. Autor de sólo una novela, *En medio del camino de la vida* (1949) constituye sin embargo un grande esfuerzo para recoger el testimonio real de los desdichados que sufrieron las persecuciones nazis y que lograron escaparse a la muerte.

Arciniegas ha tenido siempre dos preocupaciones supremas: América y la libertad. Es necesario destacar que en toda su obra sobresale su pasión por la libertad. Libertad sin muchas definiciones. Ya sea en sus eruditos libros, ya en su actuación política o diplomática, emerge altivo su infinito e incorruptible amor por la democracia. Por ejemplo, ya terminando su *Biografía del Caribe*, "por donde se han paseado todos los huracanes", en un pró-

---

[3] En artículos publicados en el diario *El Mundo,* de La Habana, el 21 y el 26 de marzo de 1948, Arciniegas evoca su niñez.

logo "porque al final de la historia está el prólogo de la vida", escribió: "Sólo habrá democracia cumplida cuando haya justicia para los humildes. Cuando haya, no tolerancia: respeto para el prójimo. Capacidad para trabajar y convivir en una comunidad de hombres diversos". [4] *Entre la libertad y el miedo* es el libro fundamental de Arciniegas para combatir las dictaduras que han asolado a América, residuos infastos del siglo XIX y vaticinio cruento de buena parte del siglo XX.

Allí hace un estudio cronológico y preciso de cómo ascendieron al poder Perón, Batista, Odría. Pero para Arciniegas, el pueblo de América Latina tiene una fe inconmovible en la libertad. La ha gozado, la ha perdido, la ha soñado. Ha luchado por ella cuatro siglos. Con la sangre india que le viene de antaño, construyó civilizaciones cuando Europa era casi semi salvaje. El indio, a pesar de su sufrimiento y de haber sido sojuzgado por el blanco, no se ha resignado a la servidumbre. No se ha acomodado a la indolencia. Enardecidos por una herencia ilustre, los pueblos de América se lanzan a buscar mejores horizontes políticos y económicos.

Ningún régimen dictatorial ha logrado acallar la pluma de Arciniegas ni sobornar su conciencia. Por eso ha sido objeto de envidias y ataques furibundos. Ha propugnado la transformación política y económica de la América Latina, la reforma de su vida rural, libertad de expresión y la reforma universitaria. [5] Él mismo ha afirmado repetidas veces que el desenvolvimiento cultural de la América Latina ha sido parte de un tipo de vida que ha permitido que sus figuras más ínclitas y representativas hayan empujado más a sus pueblos con la pluma que con la espada. Eso explica en nuestra historia por qué las dictaduras no pierden tiempo en atropellar las universidades y en clausurar e incendiar los periódicos. Por eso cuando Arciniegas vivía exilado en los Estados Unidos las cartas que escribía al *Times* de New York denunciando al nefasto régimen de Laureano Gómez producían

---

[4] *Biografía del Caribe*, 8.ª ed. (Buenos Aires: Editorial Sudamericana, 1963), p. 438.

[5] Con respecto a este particular véase *La universidad colombiana* (Bogotá: Imprenta Nacional, 1933). Aún tienen vigencia muchas de las ideas y proyectos enunciados en este libro.

un impacto tan severo. Pocas veces las epístolas a un director de periódico han servido tan eficazmente para exponer los desmanes de un régimen.

Se ha dicho que Arciniegas no es historiador, que tal vez es sociólogo; y en ocasiones se le ha tratado de vituperar llamándole "periodista". Algunas gentes se sienten indignadas porque Arciniegas se desentiende de la documentación. No es que falte —la emplea con minuciosidad y cuidado como en *Biografía del Caribe* o en *Amerigo y el Nuevo Mundo*— pero francamente se niega a recargar las páginas con anotaciones y referencias. Sin duda molesta al investigador, pero atrae al lector. Y creo que Arciniegas está más interesado en llegar al lector, al pueblo, que persuadir al investigador de que ha consultado documentos idóneos y genuinos.

Poseedor de una personalidad equilibrada, Arciniegas ha respondido siempre risueñamente a sus detractores. Sólo se ha indignado frente a las tiranías. Comparte plenamente la aserción de Alfonso Reyes: "...la verdadera historia literaria de nuestros pueblos queda un poco más vinculada con su historia política y social de lo que ha podido acontecer en pueblos más viejos". [6] Y es que al reflexionar Arciniegas sobre América, la ve como un ejemplar esfuerzo para rescatar la libertad siempre amenazada. Y para él la libertad y la democracia en la América Latina se han enfrentado casi siempre a dos crisis: la política y la Universitaria. Ambas, íntimamente atadas. La crisis política no puede resolverse sin la Universidad y ésta sin la participación de la juventud sin prejuicios.

Si en *Biografía del Caribe* lució las trenzas de su bien urdida erudición, en *Nueva Imagen del Caribe* (1970) Arciniegas realiza otros descubrimientos. En *Biografía...* se ven la piratería y el mar surcado por aventureros y santos, los abusos y los martirologios. Se palpa una era de sutiles intrigas internacionales, que convierten al Caribe en protagonista y víctima de la voracidad europea. Pero "los montes son de una manera hoy: mañana serán distin-

---

[6] Alfonso Reyes, "Fragmento sobre la interpretación social de las letras iberoamericanas", en *Ensayos sobre la Historia del Nuevo Mundo* (México: Instituto Panamericano de Geografía e Historia. Comisión de Historia, 1951), p. 486.

tos... El mar de ayer no es el de hoy, ni el de hoy ha de ser el de mañana", escribe Arciniegas. [7] Ahora ya no es la biografía lo que interesa, sino la geografía, llegar a las entrañas del momento actual. Es una región llena de complejidades geológicas e históricas. Animadas por hambre de libertad, Haití inicia el gran desfile. Las otras Islas tienen que esperar casi cien años. Las colonizadas por Inglaterra vivieron desasosegadamente hasta bien entrado el siglo XX para izar su propia bandera. Cinco naciones de Centro América se independizan de México, y Panamá de Colombia. Y a pesar de sus problemas comunes y de sus ansias similares el mutuo desconocimiento todavía impera. Sin embargo, Arciniegas nota las perspectivas de progreso de pueblos alucinantes. Esta nueva imagen del Caribe no está dominada por el artero aventurero, sino por una ciudadanía pujante, deseosa de alcanzar las ventajas que ha producido el siglo XX.

La pollera y el tamborito de Panamá, el ensueño de Atitlán, las maravillas de Tikal, el paraíso de Trinidad y Tobago, la rispidez de la Guayana, el embrujo de Cartagena, el Macondo misterioso, las venerables majaderías de Juan Ramón Jiménez, llenan de cadencias este libro que sin ser historia, recurre a la historia, a la geología, a la geografía, a la economía, a la perspicaz observación que suplementa a la *Biografía*.

Tanto se ha escrito sobre el paisaje de América, que casi sería incurrir en veleidoso ejercicio el reincidir en ello. Sin embargo al tratar de Arciniegas, el paisaje es un elemento que impera. Es el trasfondo palpitante que incita al hombre a la rebelión, al estudiante a la protesta, al ciudadano a la búsqueda de soluciones. *Entre la libertad y el miedo* fue un libro vivaz, retador, que despertó conciencias y denunció abusos y tiranías poco comunes en los gobiernos modernos. Fue consecuencia natural de las preocupaciones anteriores. Parcelado en tal forma que aun el más desentendido pudiera sumergirse en la comprensión de la caótica situación que imperaba en América en la década que comenzó en 1950, dicho libro auguró un nuevo modo de ser, una forma inteligente de resolver los problemas de un mundo complejísimo, en

---

[7] *Nueva imagen del Caribe* (Buenos Aires: Editorial Sudamericana, 1970), p. 13.

que se improvisaban soluciones o se lanzaban acusaciones sin ofrecer eficaces alternativas. Ante las dificultades de un mundo tecnificado, Arciniegas propugnó la necesidad de olvidar las rencillas de tono nacionalista, por muy justificadas que fueran, en aras de una aspiración más altruista. La de crear el ambiente propicio para reformas que facilitaran el mejoramiento del pueblo y la incorporación del indio a la vida de su patria. Pudo prever que el escaso crecimiento económico unido al gran incremento demográfico, llegarían a estancar, a envejecer a la América Hispana. Que no habría otra salida, posiblemente, que el estallido violento, la rebeldía irresponsable.

Arciniegas ha sido implacable con el papel que desempeñaron los europeos en la conquista y colonización del Nuevo Mundo. No sólo destruyeron civilizaciones milenarias, sino también esparcieron enfermedades.

Una de las tesis principales de Arciniegas, un tanto amansada por el transcurso de los años es que "con la lengua de Castilla llegó también el sarampión" [8] pero no sólo el sarampión fisiológico, sino también el que encubrió toda la empresa de la España conquistadora y la que consideró a los indios no cristianos, sino bestias. Y para él, incluso las ingentes tareas del Padre Las Casas resultaron modestas, de poca monta, ante la arrogancia y bestialidad del soldado. Sin embargo, no es deformar la historia el afirmar que Las Casas desplegó tal esfuerzo en la defensa de los desvalidos y abusados indios, que el todopoderoso Emperador Carlos V, convocó la famosa reunión de Valladolid no sólo para dirimir la situación legal de los indios, sino también para crear un cuerpo de leyes, que si bien no fueron acatadas en su totalidad, sirvieron para humanizar aquella colosal y brutal empresa. [9] El europeo se sintió, por así decirlo, amilanado ante el crimen que podría cometer. Y naciones, que aún se las dan de muy civilizadas, han continuado en el siglo XX normas de conquista concebidas en los más bajos y deshumanizados sentimientos.

---

[8] *América, tierra firme*, 2.ª ed. (Buenos Aires: Editorial Sudamericana, 1959), p. 66.

[9] Lewis Hanke ha sido uno de los más entusiastas defensores de esta tesis. Véase entre otros, *Aristotle and the American Indians* (Chicago: H. Regnery Co., 1959), y *The Spanish Struggle for Justice in the Conquest of America* (Philadelphia: University of Pennsylvania Press, 1949).

Es por eso que Arciniegas fustiga implacablemente todas esas leyendas que sobreviven sobre la superioridad y probidad de los europeos. Casi se regodea haciéndolo, para reafirmar el esfuerzo, la valentía y las aspiraciones de América. "Si hoy el inglés —dice— es honrado lo es porque su espíritu se halla aprisionado con el recuerdo de los abuelos suyos que murieron meciéndose en la horca, o de sus padres que sufrieron azotes en la plaza pública por un mínimo robo." Y traviesamente añade: "Los europeos fueron sucios, mentirosos y ladrones y hoy se consideran flor y nata de la humanidad". [10]

Sin duda buen conocedor de Europa, Arciniegas insiste a lo largo de su obra en que no se puede estudiar lo americano con la misma metodología y los mismos preceptos sociológicos que se han empleado y se siguen empleando para ahondar en lo europeo. Hay quienes realizan una "sociología de superficie" sin percatarse de que "ahora" es resultado de lo que sucedió "antes" en América y que este "ahora" no será igual a lo que ha de venir. Tan errados están los que han afirmado supinamente —por ejemplo— que no era posible llegar a tener una vida civilizada entre el Ecuador y los 15º de latitud norte, como los que en el siglo v, al observar lo que son hoy Holanda y Dinamarca, hubieran afirmado que sólo en el Mediterráneo era factible el desarrollo de civilizaciones avanzadas.

Precisa descubrir el alma de América. El siglo XVI fue, para Arciniegas, el siglo del "cubrimiento". Cierto, dice él, que llegaron gentes curiosas, observadores, estudiantes y cronistas, pero "fueron dominados por negociantes, soldados y oficiales de la corona, en quienes dominó el ser conquistador". [11]

Para Arciniegas, América no sólo constituye un momento culminante de la Historia, sino que cambia el panorama del pensamiento europeo [12] y presagia un nuevo modo de acercarse al estudio de los acaeceres humanos. Época cargada de incertidumbres y de felices y aciagos acontecimientos, sin embargo "América liberó el pensamiento europeo". Según él, hizo posible

---

[10] *América, tierra firme,* p. 65.
[11] Ibíd., p. 56.
[12] Véase, "América en el pensamiento europeo", *Cuadernos Americanos,* año XXX, no. 6 (1971), p. 111-126.

a Copérnico, Galileo, Newton, Descartes. Por vez primera tiene el europeo la totalidad del planeta, se amplía la experimentación. Los enciclopedistas que en 1751 habían dedicado sólo 50 líneas a *América*, en el *Suplemento* la hacen merecedora de 19 páginas. Asia, que había sido "descubierta" siglos antes por otro europeo, otro italiano por cierto, no produjo la explosión que inició el descubrimiento del desconsolado Colón. "El inmenso territorio que se llamó América no sólo fue influido por los europeos, sino influyó sobre ellos dando a su economía y a todo su sistema mental, inesperada dimensión y perspectiva", ha dicho también Picón Salas. [13] No es ésta, fugitiva imagen de los enamorados de América. Enamorados de entonces y de ahora. En cuarenta años se recorre casi vorazmente todo un continente y los españoles abren el surco a portugueses, alemanes, ingleses, franceses, holandeses, daneses. Y todos ellos contribuyen a que el hombre europeo salga de sus dudas sobre la forma y la dimensión de la Tierra. Más aún. Los ensueños de una vida holgada, libre, independiente, tal vez llena de fantasías, se concretaban en el Nuevo Mundo. "Porque América fantástica se levantaba ante los occidentales cansados de las injusticias de Europa, agobiada de miserias, como el continente de la esperanza." [14]

Sin embargo, en *Italia, guía para vagabundos* (1957) manifiesta Arciniegas el cariño hacia el país que le dio la posibilidad de escribir sobre los Vespucci, sobre el Papa y sobre Bolívar. Sería erróneo, a mi parecer, decir que recoge artículos previamente publicados en periódicos y los "ata" en un libro. La atadura es "a priori" no "a posteriori". Estructura en diarios lo que ya planeó para un libro. Se destacan aquí las descripciones de Venecia y Milán, Sicilia y Roma, de Giorgio la Pira, que fue singular alcalde de Florencia, y quien partiendo de Sicilia, se vinculó a escritores, artistas. Hermano terciario en la orden de San Francisco, pobre e incorruptible. La Pira resistió al fascismo y se opuso al comunismo. Aquí relata Arciniegas las reformas que instituyó la Pira cuando se puso al frente del gobierno florentino. Y recuerda también la visita imperecedera al Monte Aven-

---

[13] Picón Salas, op. cit., p. 983.
[14] Germán Arciniegas, "Imago Mundi". *Revista de Occidente*, núm. 109

tino de los dos Simones —Simón Rodríguez y Simón Bolívar— y revive la emoción de quienes columbraban desde Roma los Andes y soñaban en la libertad de América.

A Roma fue de Embajador Arciniegas. Divulgó todos sus secretos en *Roma Secretissima* que complementa la *Guía*, con idéntica perspicacia e igual agudeza. "Meo Petacca", el restaurante de abolengo, las catacumbas hebreas, Shelly, Byron, Keats, Juan XXIII, Sarmiento, Tennessee Williams, Elizabeth Taylor... adquieren nuevas tonalidades, en narraciones entre picarescas y sentimentales. Espeluzna su descripción del crimen cometido por los nazis cuando ya se retiraban de Roma. En una cueva de la Via Ardeantina, ametrallaron a 335 cristianos y judíos. Allí vimos Arciniegas y yo 335 tumbas de 335 humanos asesinados próximos a la gloria de la eterna Roma.

Estamos ante uno de los más portentosos e ingeniosos ensayistas hispanoamericanos. Nacido en los albores del siglo xx resume, en su propia vida y obra, todo lo que en gran parte constituye el quehacer de todo hispanoamericano intranquilo, buscador de nuevos surcos. Combina la política y el profesorado, la diplomacia y la erudición. Es viajero incansable, periodista acucioso, inventor de viñetas, amén de director de empresas y animador de programas y de jóvenes incipientes.

Tal parece que cuando Arciniegas escribe, lo hace guiñando el ojo, con picardía. No para mofarse del lector y mucho menos para hacerle burlas a la historia o a los sacrificados héroes de Hispanoamérica, sino para buscar el humor, el buen humor, el aspecto casi mágico entre los legajos polvorientos, y el calor humano, palpitante, de los soñadores. De ahí surgió *América Mágica*. "La magia es el complemento poético, el ingrediente de esperanza que supera la racionalidad del hombre". [15] Es que Arciniegas ve en la historia no sólo inflexibles leyes económicas, cruentas luchas de partidos y facciones, sino también y sobre todo la aportación desinteresada, "mágica", del individuo. "La levadura de la historia, lo que impulsa al héroe a hazañas que se salen de la estrechez de todo cálculo, es quijotismo, han abierto

---

[15] *América mágica*, 2.ª ed. (Buenos Aires: Editorial Sudamericana, 1959), p. 9.

a los pueblos horizontes que la razón no pudo sospechar." [16] El ideal es más fuerte y tenaz que las pequeñeces y la rémora de la vida cotidiana. Lo irracional, lo mágico, los recursos imprevistos, sirven para vencer y preparar el mañana. De ahí surge el heroísmo. Francamente, lo cotidiano es el cadalso de los grandes ensueños.

Este modo de interpretar la historia le viene a Arciniegas desde su *El estudiante de la mesa redonda*. Aquí, casi con un sentido deportivo, alegre, reune en una taberna a los estudiantes de todos los tiempos, henchidos de ilusiones. Sin medir el dolor ni el sacrificio, a la luz desvaída de algún bodegón, discurren los muchachos de todos los períodos, anhelosos de cambios y de libertad. Los estudiantes de América, de origen humilde, se sientan ante mesas llenas de cicatrices, a hablar, a discutir, a gritar. "Que pasen de largo quienes no han sentido el frío, que nos desdeñen quienes no han sentido hambre..." [17] Vienen de las cárceles y convierten en un haz su vida y sus ideas. Y aquella tertulia trasfunde sinceridad. En dieciséis capítulos se escucha al conquistador, al soldado, al juglar, al seminarista, al revolucionario, al romántico. Y en todos ellos admira Arciniegas el espíritu de rebeldía, sus locuras, su inefable espíritu reformador y emprendedor.

En realidad Arciniegas escapa a la clasificación. Tal parece que lo hace intencionalmente. Emplea el dato con maestría, es un investigador acucioso y realiza el análisis con aterciopelados encajes fraseológicos. "Ojo de azabache, poso de botín, nido de pizarra, la noche se hace más honda entre los surcos del mar." [18] Emplea la técnica del novelista para la descripción, la del historiador para el dato, la del sociólogo para la interpretación, la del filósofo para buscar nuevas leyes, y frondosamente la del poeta para darles a todos esos aspectos, verdadera unidad. "El puerto está de fiesta. Hay ruido de pólvora, redobles de cajas, movimientos de frailes y tropa, repique de campanas, ajetreo de alguaciles, veloces carreras de los esclavos." [19]

---

[16] Ibíd., p. 10.

[17] *El estudiante de la mesa redonda* (Buenos Aires: Editorial Sudamericana. Colección Piragua, 1971), p. 11.

[18] *América, tierra firme*, p. 104.

[19] *Los comuneros* (Santiago de Chile: Zig-Zag. Nueva edición, 1960), p. 27.

Sobre este particular escribió Zum Felde: "Arciniegas no es precisamente un historiador, sino un ensayista de la historiografía, un sociólogo, en el más amplio sentido, que inquere en los elementos de la realidad histórica, las determinantes fundamentales de los caracteres y los destinos de estos pueblos...". [20] Pero ocurre que incluso las viñetas de aparente transitoriedad periodística, recogidas y ordenadas en libro, con el paso del tiempo, adquieren un sabroso sabor de crónica y de anecdotario. Y sin ser lo más académico de la obra de Arciniegas, sin embargo demuestran su rica y prolija erudición, y su infinita capacidad de observación. Véase si no, *Medio mundo en un zapato*, [21] donde relata sus andanzas y conversaciones, visitas, estudios por África, Asia, Europa y América, que es un libro "de Lumumba en el Congo a las brujas en Suecia".

O también aquel enjambre de opiniones y de teorías sobre "las cuatro Américas" en uno de sus más preciados libros. [22]

Lo importante en la obra de Arciniegas no es que haya dado lugar a conjeturas, sino que ha ofrecido una visión de nuestro mundo americano, libre de prejuicios y de vanidad. Y se ha de ver que en su aparente travesura hay grandes dosis de sufrimiento y de genuina pasión por los menesterosos...

---

[20] Alberto Zum Felde, *Índice crítico de la literatura hispanoamericana, El ensayo y la crítica* (México: Editorial Guaranía, 1954), p. 527.

[21] *Medio mundo en un zapato* (Buenos Aires: Editorial Sudamericana, 1969).

[22] *El continente de siete colores* (Buenos Aires: Editorial Sudamericana, 1965).

LA REALIDAD CONCRETA EN ALGUNOS POEMAS DE PABLO NERUDA

Andrew P. Debicki
University of Kansas

La riqueza y la variedad de la obra nerudiana dificultan una rápida caracterización de sus valores, pues corremos el peligro de limitarnos a afirmaciones vagas, o de tener que extendernos demasiado. Sin embargo, un comentario del tratamiento y de la transformación de la realidad física en algunos poemas de Neruda puede ayudarnos a entender su obra, y apreciar la originalidad de su aportación a la lírica del siglo xx.

A lo largo de su poesía, Neruda enfoca una y otra vez objetos y detalles concretos, buscando siempre en la realidad material de nuestro mundo indicios del significado y de la belleza de la vida humana.[1] Su búsqueda toma varias formas. En el poema "Entrada a la madera" de la segunda *Residencia en la tierra*, por ejemplo, un hablante angustiado ante la muerte y ante su propia temporalidad encuentra alivio en la naturaleza. La contemplación de la materia que decae le ayuda a trascender sus preocupaciones personales, y le permite considerarse parte de un esquema cíclico:

> Caigo en la sombra, en medio
> de destruidas cosas,
> y miro arañas, y apaciento bosques

---

[1] El tema de la realidad material en la poesía de Neruda ha sido comentado perspicazmente por Emir Rodríguez Monegal en *El viajero inmóvil; introducción a la poesía de Pablo Neruda* (Buenos Aires, 1966); véanse en particular los capítulos X y XII.

> de secretas maderas inconclusas,
> y ando entre húmedas fibras arrancadas
> al vivo ser de substancia y silencio.
>
> Dulce materia, oh rosa de alas secas,
> en mi hundimiento tus pétalos subo
> con pies pesados de roja fatiga,
> y en tu catedral dura me arrodillo
> golpeándome los labios con un ángel.
> ... ...
> (*Obras completas*, pág. 217) [2]

La búsqueda de valores en la realidad circundante toma otra forma en las *Odas elementales*. Ahora el poeta enfoca objetos materiales que ordinariamente nos parecen intrascendentes: un tomate, la sal, una cebolla, una alcachofa. Nos sorprende haciéndonos sentir cómo tales objetos pueden suscitar nuevas experiencias y nuevos descubrimientos. Así nos comunica la presencia de una belleza sorprendente que se esconde en las circunstancias ordinarias de la vida moderna. Neruda describe la cebolla, por ejemplo, como un ente simétrico y perfecto, un ser casi vivo que refleja la armonía y el orden de la naturaleza:

> Cebolla
> luminosa redoma,
> pétalo a pétalo
> se formó tu hermosura,
> escamas de cristal te acrecentaron
> y en el secreto de la tierra oscura
> se redondeó tu vientre de rocío.
> ... ...
> la tierra acumuló su poderío
> mostrando tu desnuda transparencia,
> ... ...
> (págs. 964-65)

Una versión algo diferente de la misma perspectiva se presenta en *Estravagario*. En este libro el hablante evoca una serie de acontecimientos cotidianos, hallando en ellos valores más am-

---

[2] Las citas de los poemas de Neruda proceden de sus *Obras completas*, 2.ª ed. (Buenos Aires: Losada, 1961); las páginas de las que proviene cada cita se indican en paréntesis al pie de la cita.

plios e indicios de los esquemas básicos de la vida. En "Caballos", por ejemplo, la vitalidad de unos caballos en una calle de Berlín sugiere la belleza del vivir. Después de contemplar la escena, el hablante adquiere una actitud mucho más positiva ante su propia existencia: "He olvidado el invierno de aquel Berlín oscuro. No olvidaré la luz de los caballos" (pág. 1472).

De diversos modos, Neruda sigue subrayando el mismo tema: la vitalidad del mundo material, y cómo este mundo puede ampliar nuestra perspectiva si lo contemplamos imaginativamente, trascendiendo una actitud egoísta y rutinaria. Este tema resulta muy aplicable hoy en día. La mayor parte de nosotros llevamos una existencia minuciosamente organizada, sujeta a rutinas, muy separada de la naturaleza. El mundo en que habitamos es un mero ambiente impersonal, y no una realidad viva con la que pudiéramos compenetrarnos. Al hacernos sentir que una cebolla puede representar más que un número dado de calorías, que un árbol es más que el material para una mesa, que un caballo es más que una fábrica de estiércol, Neruda nos comunica una visión que trasciende y corrige nuestra perspectiva pragmática.

Pero la mera presencia de este tema no puede explicar el impacto de los poemas de Neruda. El mismo asunto ha sido tratado por otros escritores, y el valor de la realidad concreta ha sido estudiado de maneras más complejas por muchos filósofos. No puede decirse que Neruda haya ofrecido una interpretación radicalmente nueva, ni que haya profundizado mucho nuestro conocimiento intelectual del tema.

Lo que sí logra Neruda —y aquí reside su maestría poética— es encarnar su tema por medio del lenguaje y de las técnicas poéticas. Nos da un ejemplo de la tarea esencial del poeta: la de comunicar su asunto con todas las sugerencias emotivas y sensoriales de una experiencia humana, haciéndonos no sólo entender sino también participar en la visión que nos ofrece.

Esto se ve claro al estudiar detenidamente algunos poemas de las *Odas elementales* y de *Estravagario*, donde el tema de la realidad física juega un papel importante, y donde la creación de experiencias vitales se puede demostrar muy eficazmente. El hecho de que Neruda enfoca en estos libros realidades muy cotidianas nos permite ver más claramente su maestría en crear experiencias irreductibles por medio del lenguaje.

La "Oda a la alcachofa" empieza con los versos siguientes:

> La alcachofa
> de tierno corazón
> se vistió de guerrero,
> erecta, construyó
> una pequeña cúpula,
> se mantuvo
> impermeable
> bajo
> sus escamas,
> a su lado
> los vegetales locos
> se encresparon
> se hicieron
> zarcillos, espadañas,
> bulbos conmovedores,
> ... ...
>
> (pág. 944)

Los primeros dos versos pueden interpretarse como la simple descripción de una alcachofa, cuyo suave centro suele llamarse el "corazón". Pero al leer el tercer verso, nos damos cuenta de que la alcachofa se ha personificado, y que la alusión al "corazón" marca el principio de un proceso de personificación y poetización del vegetal. Esto tiene que sorprendernos: después de empezar a leer lo que parecía ser mera descripción, nos hemos visto obligados a cambiar de perspectiva y a fijarnos en la transformación imaginativa de la realidad. La sorpresa se relaciona íntimamente con el tema del poema, el de los valores que se esconden por debajo de la apariencia de los objetos comunes. Aunque Neruda no ha explicado este tema al principio del poema, nos ha hecho sentirlo mediante el cambio de perspectiva.

A medida que se desarrolla el poema, se nos ofrecen viñetas que se basan, por una parte, en las apariencias externas de los vegetales; pero que sirven, por otra, para personificar estos vegetales y para ofrecernos una nueva perspectiva. La imagen de la alcachofa como guerrero se basa, por ejemplo, en la apariencia del vegetal, pero tiene también el efecto de transformarlo y elevarlo. Algo parecido ocurre con la descripción de otros vegetales:

> en el subsuelo
> durmió la zanahoria
> de bigotes rojos,
> la viña
> resecó los sarmientos
> por donde sube el vino,
> la col
> se dedicó
> a probarse faldas,
> el orégano
> a perfumar el mundo,
> ... ...
>
> (pág. 944)

En cada caso, el hablante se basa en una característica evidente del vegetal (las raíces de la zanahoria, las hojas de la col, el olor del orégano), y a base de ésta crea toda una personificación, ligando el objeto descrito a un tipo humano (un hombre bigotudo, una señora en una tienda de ropa). Sacando los vegetales de sus ambientes ordinarios, y destruyendo la línea divisoria que generalmente establecemos entre el mundo de las cosas y el de los hombres, Neruda hace que estos objetos nos resulten novedosos. De pronto nos damos cuenta que las cosas más comunes pueden adquirir nuevas perspectivas, pueden relacionarse con nuestras propias vidas, pueden resultar valiosas y atrayentes.

Un poco más tarde ocurre un marcado cambio de tono y de perspectiva en el poema:

> los hombres
> entre las legumbres
> con sus camisas blancas
> eran
> mariscales
> de las alcachofas,
> las filas apretadas,
> las voces de comando,
> y la detonación
> de una caja que cae,
> pero
> entonces
> viene
> María
> con su cesto,

> escoge
> una alcachofa,
> no le teme,
> la examina, la observa
> contra la luz como si fuera un huevo,
> la compra,
> la confunde
> en su bolsa
> con un par de zapatos,
> con un repollo y una
> botella
> de vinagre
> hasta
> que entrando a la cocina
> la sumerge en la olla.
> ... ...
>
> (pág. 945)

El poema ya nos tiene acostumbrados a las imágenes militares, que se amontonan para ofrecernos todo un cuadro marcial. De pronto éste se rompe, dando paso a la descripción sencilla de un episodio cotidiano del mercado. Neruda se vale de versos cortos para cambiar el ritmo y hacer más lenta la lectura. La descripción detallada de la manera en que la muchacha escoge la alcachofa y la actitud algo humorística del hablante crean un marcado contraste con el tono épico anterior. El poema nos hace darnos cuenta de que todas las imágenes militares constituían sólo una perspectiva parcial del episodio, de que nos habíamos equivocado al darles demasiada importancia. Se nos sugiere que toda esta escena —igual que muchas otras— no tiene un sólo significado exacto y literal; más bien ofrece una amplia gama de posibles interpretaciones, las cuales manipula el hablante para producir diversos tonos y múltiples significados. De repente este hablante se nos presenta como un poeta que logra hallar, en un episodio insignificante y en un objeto ordinario, varias visiones significativas. (Aquí vale recordar el título. Una alcachofa no merece, normalmente, que se le dedique una oda; pero en este poema ha sido motivo de varias perspectivas valiosas, y ha ascendido al nivel de lo poético.)

El valor de la alcachofa como base de visiones poéticas y el papel del hablante como creador de perspectivas resaltan al final de la obra:

> Así termina
> en paz
> esta carrera
> del vegetal armado
> que se llama alcachofa,
> luego
> escama por escama
> desvestimos
> la delicia
> y comemos
> la pacífica pasta
> de su corazón verde.
>
> (págs. 945-46)

Habiendo pasado de una descripción visual a una serie de personificaciones e imágenes militares, y de allí a la visión cotidiana y traviesa que acabamos de comentar, el hablante termina con una actitud juguetona, que combina elementos de todas sus perspectivas anteriores. La alcachofa se humaniza al mismo tiempo que se describe objetivamente: reaparecen las imágenes militares; vuelve a mencionarse el "corazón". No debemos tomar demasiado en serio esta extravagante combinación de actitudes (¿hemos de seducir esta alcachofa, o hemos de comerla?). Pero la fantasía que surge aquí nos obliga a pensar no tanto en la alcachofa misma como en el asunto de la multiplicidad de perspectivas que se pueden engendrar a base de un objeto. Nos damos cuenta de que tal objeto, visto por los ojos de un poeta, puede producir una cantidad de visiones, fantasías y significados, obligando nuestra imaginación a remontarse más allá de sus límites normales.

Lo que más nos impresiona es cómo este poema ha convertido en experiencia nuestra su tema. Por medio del choque inicial, del desarrollo de las perspectivas, de los cambios repentinos de enfoque, nos ha hecho descubrir por nuestra propia cuenta las posibilidades que laten en una realidad común, los modos en que tal realidad trasciende una clasificación fácil y contribuye a nuestra apreciación de la belleza del mundo. Junto con el hablante-poeta, llegamos a descubrir los valores que la realidad física ofrece a una visión imaginativa.

También en la "Oda al tomate" hallamos personificaciones basadas en detalles físicos, que acaban produciendo una visión completamente nueva:

Se hunde
el cuchillo
en su pulpa viviente,
es una roja
víscera,
un sol
fresco,
profundo,
inagotable,
llena las ensaladas
de Chile,
se casa alegremente
con la clara cebolla,
y para celebrarlo
se deja
caer
aceite,
hijo
esencial del olivo,
sobre sus hemisferios entreabiertos,
agrega
la pimienta
su fragancia,
la sal su magnetismo:
son las bodas
del día,
el perejil
levanta
banderines,
las papas
hierven vigorosamente,
el asado
golpea
con su aroma
en la puerta,
es hora!
vamos!
... ...

(pág. 1104)

Un episodio de lo más ordinario —el proceso de cortar un tomate, mezclarlo con una cebolla para hacer una ensalada, y preparar el resto de la comida— se transforma completamente. Igual que Góngora en las *Soledades*, Neruda ha tomado una realidad insignificante y la ha convertido en una escena original y bella. Acciones y características cotidianas se hacen valiosas: la mezcla de dos vegetales se torna un casamiento, el derramar del aceite es un rito, los olores más ordinarios se vuelven perfumes.

Desde luego nos damos cuenta de que se necesita la imaginación poética del hablante para evocar esta visión. Y nuestra actitud ante la transformación tiene que ser algo ambigua; si por una parte admiramos el don creador del hablante, por otra sonreímos un poco ante los cambios extremos que éste ha realizado. Esta doble actitud nuestra nos permite sentir la importancia de descubrir aspectos bellos y significados notables dentro de un ambiente ordinario; pero también nos deja ver lo difícil que es trascender completamente nuestra perspectiva pragmática. Quisiéramos olvidar que el proceso de cortar y comer un tomate es un acto insignificante; tratamos de aceptarlo como un episodio bello y excitante; no podemos hacerlo sin sonreir irónicamente, y sentimos mucho tener que sonreír.

Este poema tiene un aspecto que no vimos en "Oda a la alcachofa". Desde el principio, el tomate se liga con el mediodía y con la luz del sol; más tarde queda comparado con el sol, ya que tiene "luz propia" (pág. 1103); luego se describe explícitamente como "un sol". De esta manera Neruda nos lleva paso a paso desde una comparación metafórica entre tomate y sol a una unión simbólica de los dos elementos. Este proceso desemboca en los versos finales:

> el tomate,
> astro de tierra,
> estrella
> repetida
> y fecunda,
> nos muestra
> sus circunvoluciones,
> sus canales,
> la insigne plenitud
> y la abundancia
> sin hueso,
> sin coraza,
> sin escamas ni espinas,
> nos entrega
> el regalo

>   de su color fogoso
>   y la totalidad de su frescura.
>   (págs. 1104-1105)

El tomate, ahora caracterizado explícitamente como esfera celeste, ha venido a representar el valor y la abundancia de la naturaleza. El simbolismo subraya el tema del valor que se encuentra en un objeto común: el pequeño tomate, igual que el gran astro, señala la plenitud de lo natural. Pero es muy importante notar que este tema, y el significado simbólico del tomate, se desarrollan muy despacio y muy gradualmente, y se ven claramente sólo al final. Neruda nos ha llevado progresivamente desde una percepción de las correspondencias físicas entre un astro y un tomate, a un entendimiento de su tema más amplio. Así la visión final del poema no es para nosotros un mensaje conceptual y arbitrario, sino la culminación evidente de un sistema de imágenes concretas —la cumbre de una experiencia personal desarrollada paso a paso.

Un efecto parecido se logra en la "Oda a la cebolla". En este poema la cebolla sugiere desde el principio la perfección del mundo natural. Este significado se basa en su apariencia externa: lo redondo y lo simétrico de la cebolla motiva una serie de metáforas que la ligan con un astro, un globo, una flor, un ser vivo. Así el tema de la belleza trascendente que radica en lo cotidiano se nos presenta como la conclusión de una escena vívida y concreta. (El poema hasta logra encarnar logradamente un subtema social, el valor de la cebolla para satisfacer el hambre del pobre.)

La manera en que Neruda logra relacionar realidades concretas con temas absolutos se hace aún más evidente en *Estravagario*. En "Al pie desde su niño" el poeta se fija en un miembro insignificante del cuerpo humano para dramatizar varios aspectos de la vida del hombre:

>   El pie del niño aún no sabe que es pie,
>   y quiere ser mariposa o manzana.
>
>   Pero luego los vidrios y las piedras,
>   las calles, las escaleras,
>   y los caminos de la piedra dura
>   van enseñando al pie que no puede volar,

que no puede ser fruto redondo en una rama.
El pie del niño entonces
fue derrotado, cayó
en la batalla,
fue prisionero,
condenado a vivir en un zapato.
Poco a poco sin luz
fue conociendo el mundo a su manera,
sin conocer el otro pie, encerrado
explorando la vida como un ciego.

Aquellas suaves uñas
de cuarzo, de racimo,
se endurecieron, se mudaron
en opaca substancia, en cuerno duro,
y los pequeños pétalos del niño
se aplastaron, se desequilibraron,
tomaron formas de reptil sin ojos,
cabezas triangulares de gusano.
Y luego encallecieron,
se cubrieron
con mínimos volcanes de la muerte,
inaceptables endurecimientos.
... ...

(pág. 1477)

En contraste con la "Oda al tomate", este poema indica desde el principio que la realidad descrita apuntará a temas más amplios. La personificación del pie no sólo crea una perspectiva inusitada, sino también introduce el tema de la búsqueda de una existencia más valiosa por parte del hombre. Todos los detalles de la "biografía" del pie sirven para desarrollar este tema: varios aspectos de su "vida" representan la lucha del hombre contra un ambiente hostil. (El tener que llevar un zapato se convierte en el encierro en una prisión, el endurecimiento de las uñas y el crecimiento de los callos sugieren la vejez y la muerte.)

A diferencia de los poemas comentados antes, éste no yuxtapone visiones opuestas de un objeto (no contrasta una visión real del pie con otra personificada y poética). Más bien relaciona una sola descripción externa con un problema filosófico. (En esto recuerda a "Caballos" y no "Oda a la alcachofa".) Como resultado, no crea tanto el efecto de una experiencia sensorial, construida a base de un juego de perspectivas. Su valor reside en captar un tema que pudiera haber sido abstracto por medio de una imagen concreta y cercana al lector.

Importa comentar el tono de la obra. Al desarrollar la comparación inusitada entre una realidad cotidiana y un problema cósmico, el hablante alterna frases solemnes ("fue derrotado, cayó / en la batalla"; "condenado a vivir") con detalles descriptivos (la dureza de las calles, la oscuridad dentro del zapato). En vista de estos detalles, las declaraciones solemnes suenan irónicas, casi como parodias de un estilo épico. Esta ironía del hablante no elimina el tema serio de la obra; meramente proteje el poema de la exageración. Sentimos que nos está hablando un hombre perspicaz, que siente profundamente las limitaciones de la vida, pero que se cuida de hacer declaraciones melodramáticas. Siendo parte del mundo ordinario, expresa su angustia con imágenes tomadas de este mundo, y logra ver que su tragedia no debe convertirse en una declaración exagerada. Por eso el lector acaba asintiendo a la experiencia presentada, y no reaccionando contra un pronunciamiento sentimental.

"Al pie desde su niño" contiene un esquema bien trabado de imágenes. Al principio, el pie desea ser una mariposa en el cielo o una manzana en una rama; pero tiene que resignarse a permanecer en la tierra, caminando en la oscuridad y tomando la forma de una serpiente. Una y otra vez se destaca el contraste entre el anhelo de una existencia libre, alta y abierta por una parte, y la realidad de una vida encerrada y baja por otra. Este contraste funciona como un arquetipo: todos nosotros ligamos la elevación, el cielo y lo abierto con valores positivos, y juzgamos la oscuridad, el gateo y el encerramiento como algo negativo, ligado tal vez con la muerte y con el infierno. (Piénsese en la idea de "los cielos", en contraste con la serpiente en que se encarna Satanás.) El esquema que Neruda construye en este poema evoca una reacción instintiva de nuestra parte, la cual ayuda a convertir en experiencia emotiva el tema del deseo de la elevación.

Varios vocablos empleados a lo largo del poema subrayan este esquema arquetípico. Nótese cómo el pie se ve "condenado" a una existencia inferior, cómo evoca la muerte, cómo se convierte de una flor a un gusano. Ninguno de estos detalles en sí define el tema; pero todos juntos, como los "signos de sugestión" de los que ha hablado Carlos Bousoño, subrayan el conflicto entre un ideal elevado y una existencia condenada. [3]

El poema termina con las mismas imágenes con las que empezó, creando un esquema casi circular:

> Y entonces a la tierra
> bajó y no supo nada,
> porque allí todo y todo estaba oscuro,
> no supo que había dejado de ser pie,
> si lo enterraban para que volara
> o para que pudiera
> ser manzana.
>
> (pág. 1478)

En el momento en que la búsqueda del pie parece haber terminado con la derrota, reaparece la posibilidad de una solución más positiva. Interpretando conceptualmente los últimos versos, diríamos que aluden a una transformación del pie en parte del mundo vegetal, a una especie de solución panteísta. En sí, la presencia de tal solución no representa una respuesta particularmente original o profunda a los problemas del hombre. A pesar de esto, los versos finales resultan muy impresionantes; creo que su efecto se debe a que encajan perfectamente dentro del esquema de imágenes que se ha estado desarrollando desde el principio de la obra. En los primeros versos, el deseo de convertirse en manzana o en mariposa ya quedó identificado con la búsqueda de una existencia superior. Luego, a medida que se desarrolló el poema, surgieron varias otras transformaciones que encarnaban el deseo de trascender los límites de la vida. Luego se nos hizo sentir cómo la búsqueda de la elevación por parte del pie (y del hombre) había fallado, y cómo éste se vio transformado en algo más bajo. De esta manera Neruda ha estado subrayando los cambios a los que se expone el pie, llevándonos a desear una transformación positiva y enaltecedora, y a temer una transmutación negativa. Por lo tanto, cuando nos enfrentamos a la transformación enaltecedora de los últimos versos, la aceptamos como una conclusión apta al poema, como una experiencia deseada y valiosa.

---

[3] Ver Bousoño, *Teoría de la expresión poética*, 4.ª ed. (Madrid, 1966), págs. 145-48.

No examinamos las implicaciones filosóficas, ni tratamos de decidir si la solución es conceptualmente satisfactoria; el poema no nos hace pensar en tales términos. No importa cuál sea nuestra propia filosofía, este poema nos ha hecho seguir paso a paso la experiencia de su hablante, y ha terminado con una imagen que concuerda perfectamente con esta experiencia. "Al pie desde su niño" ilustra cómo una obra puede valerse de recursos poéticos para hacernos sentir y aceptar su experiencia.

Todos los poemas comentados demuestran cómo Neruda da vitalidad a su tema del valor de la realidad externa. En la "Oda a la alcachofa" encarna las posibilidades poéticas de un objeto común por medio de las imágenes, del tono y de los cambios de perspectiva. Logra el mismo efecto en la "Oda al tomate", pero allí también trata el tema general de la perfección de la naturaleza y emplea correspondencias simbólicas para destacarlo. El uso del símbolo y la presencia de temas muy amplios también caracterizan los poemas de *Estravagario*. Aunque Neruda sigue valiéndose del tono y de los detalles concretos en "Al pie desde su niño", relaciona más estrechamente el plano descriptivo con el asunto de la obra, crea esquemas arquetípicos, y nos lleva más explícitamente a su tema. Empleando el lenguaje de manera sumamente creadora y modificando sus recursos en vista de los requisitos de cada poema, siempre convierte su visión del valor de la realidad circundante en intensas experiencias que no podemos dejar de compartir.

NERUDA Y *LA ARAUCANA*

FERNANDO ALEGRÍA
Stanford University

Raros son los poetas del Modernismo chileno que no incidieron en algunos de los temas ya clásicos de *La Araucana:* el canto a las glorias de Arauco, la exaltación épica o lírica del valor de Caupolicán, la sabiduría de Colo-Colo o el sacrificio de Lautaro, la reflexión sobre las virtudes de la raza dentro del marco mitológico de la frontera del Bío-Bío. Los méritos literarios de esos sonetos, leyendas rimadas o poemas dramáticos, varían. Sirven un propósito histórico y un ideal patriótico. El soneto de Darío a Caupolicán es su modelo. [1] Ninguno lo sobrepasa.

En la poesía chilena contemporánea hay, en cambio, un descendiente de Ercilla en cuya obra poética los temas de *La Araucana* alcanzan una proyección que va más allá de los límites literarios, ahondando en una concepción de la vida que atañe directamente a la realidad social de los pueblos americanos: me refiero a Pablo Neruda.

En el *Canto general* [2] Neruda glosa el tema de la conquista de América en dos capítulos, el tercero y el cuarto, titulados "Los conquistadores" y "Los libertadores", reflejando en ellos dos puntos de vista opuestos y dramatizando el contraste de esta concepción histórica por medio de personajes claves.

En "Los conquistadores" el tema es gótico. Neruda usa la alusión personal, el calificativo y la descripción para crear la

---

[1] En *Azul...* (Guatemala, 2.ª ed., 1890).
[2] Mis citas son de *Canto general* (México: Ediciones Océano, 1950).

ilusión de un horror romántico. La conquista de América, según Neruda, significa rapiña, codicia, traición, cruz, horca y muerte:

> La Rapiña de hocico verde,
> la Lujuria aceitada en sangre,
> la Codicia con uñas de oro,
> la Traición, aviesa dentadura,
> la Cruz como un reptil rapaz,
> la Horca en un fondo de nieve,
> y la Muerte fina como el aire
> inmóvil en su armadura. (85)

Los ejecutantes de tal empresa son máscaras ocupadas en una violenta intriga medioeval: Arias, Reyes, Rojas, Maldonados:

> conocedores del hambre en invierno
> y de los piojos en los mesones. (65)
> Cortés recibe una paloma,
> recibe un faisán, una cítara
> de los músicos del monarca,
> pero quiere la cámara del oro. (67)

Alarcón fue sencillamente "el halcón clandestino de la muerte". El Obispo, así con mayúsculas, ser de ropas, gesto y ceño metafísicos:

> levantó el brazo
> quemó en la plaza los libros
> en nombre de su Dios pequeño. (70)

Otros llegan a intervalos y el poeta los describe en blanco y negro:

> Almagro, antiguo y tuerto
> Pizarro, el mayoral porcino
> y el fraile Luque, canónigo entendido
> en tinieblas. Cada uno
> escondía el puñal para la espalda del asociado. (77)

Don Pedro de Valdivia no fue sino "el capitán intruso" que "cortó mi tierra con la espada —entre ladrones". Juntos, los conquistadores representan un cuadro de maldad ilustre y maldita:

> Almagros y Pizarros y Valverdes
> Castillos y Urías y Beltranes
> se apuñalean repartiéndose
> las traiciones adquiridas. (84)

A medida que la Conquista se extiende hacia el sur, sin embargo, el epíteto insultante va desapareciendo; hay una súbita mirada de asombro y, luego, un pensar lento, lírico, melancólico. Es la visión de América en una imagen, de la Araucanía en su núcleo y el presentimiento de un país que se llamará Chile. La Leyenda Negra afloja sus tintas, se distiende, y de la pintura ocre de las máscaras —sangre vieja—, surgen arrugas, cicatrices verdaderas, miradas y gestos. Se escuchan voces familiares, aprendemos el destino de ciertos hombres que escriben su vida como un tatuaje en su propio pellejo.

Balboa pasa por América precedido de sangrientos perros cazadores de indios. Neruda lo escarnece hasta en la escena de su martirio. Pero, frente a la sombra del Descubridor, mirando por encima de sus trágicas circunstancias, advierte que Balboa se ha integrado al océano descubierto y está hecho de inmensas y nobles aguas, de luces, vientos y cielos, dominante como un muerto iluminado en la gran noche de América. Entonces dice:

> Balboa, capitán, qué diminuta
> tu mano en la visera, misterioso
> muñeco de la sal descubridora,
> novio de la oceánica dulzura,
> hijo del nuevo útero del mundo. (73)

Este resquicio en la Leyenda Negra se abre aún más ante la presencia de Ercilla. He aquí al Adelantado que deja su armadura y su espada y, en la soledad de la selva araucana, asiste a un nacimiento que lo envuelve como una súbita placenta. Dice Neruda:

> Hombre, Ercilla sonoro, oigo el pulso del agua
> de tu primer amanecer, un frenesí de pájaros
> y un trueno en el follaje.
> Deja, deja tu huella
> de águila rubia, destroza
> tu mejilla contra el maíz salvaje,
> todo será en la tierra devorado.

> Sonoro, sólo tú no beberás la copa
> de sangre, sonoro, sólo al rápido
> fulgor de ti nacido
> llegará la secreta boca del tiempo en vano
> para decirte: en vano.
> En vano, en vano
> sangre por los ramajes de cristal salpicado,
> en vano por las noches del puma
> el desafiante paso del soldado,
> las órdenes
> los pasos
> del herido.
> Todo vuelve al silencio coronado de plumas
> en donde un rey remoto devora enredaderas. (91-92)

El poema está construido como una casa en un árbol de la selva: se afirma en líquenes, helechos, yedras y agua; le dan su resonancia los pájaros, el río, el trueno; su color, las rosas; su silencio, las plumas del lejano rey. Pero se afirma, asimismo, sobre dos ejes que son el *leit motiv* del poema: lo *sonoro* contrapuesto a *en vano*.

Sonoro es Ercilla por encima de toda otra cosa, sonoro en sus octavas reales, en su caballo encabritado, en su puñal que corta versos y nombres y fechas de los árboles de Arauco y de los troncos del Archipiélago; *sonoro*, no del todo marcial, ni dorado, ni tierno, ni enteramente trágico. Es una sola voz en Arauco instrumentada por la guerra, el mar, la tempestad y la muerte. *Sonoro* es y será Ercilla *en vano* porque su voz la devolverá el tiempo, y el paso del soldado, las órdenes, la sangre, acabarán en el silencio coronado de plumas de una Conquista que, a la postre, se transformará en una entrega.

Si al comienzo del Canto el lector reconoce la Leyenda Negra, ahora duda porque el poeta asume una perspectiva inusitada. Ya ha desaparecido Ximénez de Quesada y de sus argonautas no quedan sino polvo y furia olvidada. Pero en la exaltación de Balboa hay ya un anuncio y en la de Ercilla, una constatación. Neruda formula una verdad poética que es también una verdad histórica: del odio, la crueldad y la guerra, nace la voluntad de supervivencia. Desde Europa no sólo vino el soldado, a sus espaldas venía:

> el hambre antigua de Europa, hambre con la cola
> de un planeta mortal (66)

El adelantado del hambre convertiríase en un adelantado de la vida. Es una transformación que Neruda describe con palabras revolucionarias del siglo XX:

> Y los ojos de Núñez y Bernales
> clavaban en la ilimitada
> luz el reposo
> una vida, otra vida
> la innumerable y castigada
> familia de los pobres del mundo. (66)

De igual modo vio también las sombras de la hecatombe del Cuzco y sobre la muerta fortaleza de roca superimpuso la historia de un Imperio, una explotación y una ruina.

No puede afirmarse concluyentemente, entonces, que el Canto III provea las tinieblas y el Canto IV la claridad de una historia en blanco y negro de la Conquista de América.

Neruda va buscando la propia identidad en los héroes de *La Araucana*, así como la buscará más tarde en los padres de la Independencia americana. El proceso de mutación y encarnación, como en toda poesía donde alienta un sentido cósmico, condiciona el significado de la historia y fija conceptos y valores *a priori*. De la concepción renacentista de Ercilla, Neruda extrae valores que, a su vez, proyecta en una saga contemporánea y condiciones que sugieren conflictos fundamentales de la sociedad actual. Lo que para Ercilla es "estoicismo" en el carácter araucano, es decir valor clásico dentro de una abstracción, Neruda lo convierte en fervor patriótico y espíritu "revolucionario", voluntad de rebeldía contra una dominación extranjera y despótica. La aventura renacentista es en el *Canto general* parte de un proceso histórico, consecuencia de un sistema económico, signo de la búsqueda de un nuevo mundo y de una organización basada en la justicia social. En consecuencia, el poeta se encarna en figuras legendarias que reconoce íntimamente y que le dejan una carga no sólo ideológica sino también pasional, héroes cuyo ambiente le es idóneo y cuya crisis re-crea en su condición propia de perseguido político y militante revolucionario. A estos héroes Neruda los reúne por encima de fronteras y unidades de tiempo: juntos prueban su valor y su permanente poder mitológico. Neruda cuenta sus hazañas en un tono de sostenido entusiasmo lírico y épico —como Ercilla—, a raíz de los hechos, en una crónica que corona el fin de cada jornada y se reanuda al siguiente día en medio de nuevos combates.

No olvidemos que el Canto IV, "Los libertadores", tiene como símbolo poético *el árbol*.

> Éste es el árbol, el árbol
> del pueblo, de todos los pueblos
> de la libertad, de la lucha. (105)

Es árbol de la vida alimentado de guerreros y floreciendo en una eterna gesta de liberación.

No debe extrañarnos tampoco que la serie de Libertadores se inicie con el Padre Bartolomé de las Casas —"luz antigua, suave y dura como un metal, como un astro enterrado"—, porque su sombra piadosa es la bendición del indio.

> Pocas vidas da el hombre, como la tuya pocas
> sombras hay en el árbol, como tu sombra... (110)

Sin embargo, no es la piedad que conmueve al poeta: es la voluntad de lucha, "la activa resistencia", del Padre Las Casas, y en los motes que le aplican sus enemigos Neruda ve escondida la imagen del revolucionario. Le dicen:

> Ahí va el agitador
> Le pagaron los extranjeros
> No tiene patria...

Estos fueron los denuestos que el mismo Neruda sufrió en la persecución política de los años 40 y 50.

Desde la tercera sección hasta la decimotercera de este Canto, Neruda narra la guerra de Arauco. Empieza, como Ercilla, describiendo el lugar del suceso: una geografía de altivos perfiles, de engañosa opulencia. El Bío-Bío detiene a los invasores y los árboles son otros tantos guerreros que salen a desafiarlo: los maitenes, el alerce, el avellano. Junto al Bío-Bío, otra fortaleza de agua: el río Imperial que va "desde las islas al mar furioso". Arauco, dice

Neruda, fue "un útero frío" y desde Arauco surge el toqui de la guerra y reparte sus armas. Caupolicán no es aquí el hombre que camina con el árbol a cuestas, ése que cantó Ercilla (y que después exaltaron los modernistas con Darío a la cabeza, fascinados por el exotismo de la prueba y por el juego teatral de lunas y soles), Caupolicán en este poema *es* el árbol:

> anduvo el árbol
> anduvo el árbol duro de la patria   (115)

El héroe se ha encarnado en el mito inicial del árbol de la vida y del combate, va despertando a otros árboles y avanzando por las selvas y los bosques con su corte mitológica y trágica:

> es un rostro del bosque,
> un mascarón de acacias arrasadas,
> una figura rota por la lluvia,
> una cabeza con enredaderas.   (115)

Si Arauco fue un útero, Caupolicán es el movimiento viril que cambia la condición del hombre y de la naturaleza, es el círculo humanizado de una realidad de fuego, supraconsciente en sus actos de creación. Caupolicán tendrá la muerte de los árboles; por sus entrañas entran las raíces de la tierra, y tendrá, entonces, su resurrección. En el tormento se reintegra al cuerpo de la patria:

> En las entrañas de mi patria
> entraba la punta asesina
> hiriendo las tierras sagradas.   (118)

La historia de Lautaro se cuenta desde la sección octava hasta la undécima. El endecasílabo se convierte ahora en letanía, la enumeración vuelve a ser gongorina, como en la descripción de los orígenes del continente. Treinta y dos formas pretéritas se encadenan para marcar el ritmo dinámico de la campaña de Lautaro. Cada verso pinta una acción completa, la idealiza y la fija en la monótona entonación de la liturgia.

> Acostumbró los pies en las cascadas.
> Educó la cabeza en las espinas.
> Ejecutó las pruebas del guanaco.

> Vivió en las madrigueras de la nieve...
> Tomó las lentitudes del Otoño.
> Trabajó en las guaridas invisibles.
> Durmió en las sábanas del ventisquero.
> Igualó la conducta de las flechas.
> Bebió la sangre agreste en los caminos.
> Arrebató el tesoro de las olas.
> Se hizo amenaza como un dios sombrío.
> Comió en cada cocina de su pueblo... (119)

El poema se encierra en sí mismo, viviendo de una cadencia interior, como pesada campana tañendo interminablemente dentro de su corazón de fierro: voces armadas en un ritmo creciente de oración, de marea.

La letanía se interrumpe para describir a Lautaro y a sus huestes en su avance por el Valle Central. Pero se reinicia, ahora con un ritmo más breve, el de los eneasílabos, y un tono fiero, agresivo, condenatorio, hasta el sacrificio final de Valdivia.

Lo que resta, la sección última de esta *Araucana* de Neruda, es un comentario histórico, una síntesis de la "dilatada guerra", recuento de sacrificios y actos heroicos en los tres siglos que duró la resistencia de los araucanos. Caerán los invasores, morirán los héroes, pero el Bío-Bío cumplirá la misión definidora:

> Hasta que el reinado fluvial
> del Bío-Bío se detuvo
> sobre los siglos de la sangre
> y estableció la libertad
> en las arenas desangradas. (126)

Esta glorificación de la guerra de Arauco, en suma, concebida como un árbol que simboliza la lucha por la libertad, se ramifica a su vez en la historia de Caupolicán, el empalado, en la letanía del joven toqui Lautaro y en el sacrificio del Conquistador Valdivia, en el apostolado del Padre Las Casas y la sublimación sonora del poeta-guerrero don Alonso de Ercilla y Zúñiga.

NOTAS PARA UNA CRONOLOGÍA DE LA OBRA NARRATIVA DE ALEJO CARPENTIER, 1944-1954

Roberto González Echevarría
Cornell University

A medida que el lector se adentra en la obra de Alejo Carpentier va percibiendo una serie de constantes: personajes que ha encontrado antes en otro relato aparecen con diferente indumentaria; situaciones que en otra lectura le han llamado la atención surgen de nuevo; frases que se le han quedado en la memoria vuelven a resonar. Las prostitutas ambulantes de "El camino de Santiago" las encuentra otra vez en *Los pasos perdidos*, en "Semejante a la noche", en *El siglo de las luces*. Las escenas portuarias se repiten en "Semejante a la noche", en "El camino de Santiago", en *El reino de este mundo*. Los trajes apolillados que en *Viaje a la semilla* exhuman el joven Marcial y sus amigos durante una noche de fiesta los encontrarán Esteban, Sofía y Carlos en las primeras páginas de *El siglo de las luces*. Todas estas repeticiones son la manifestación visible y superficial de un substrato inmutable que informa toda la producción carpenteriana. No obstante, puede observarse también en la obra de Carpentier una evolución que impide catalogar *Los pasos perdidos* bajo el elusivo rótulo de "realismo mágico", ni poner en el mismo apartado esa novela y los relatos recogidos en *Guerra del tiempo*. Las notas que ofrezco a continuación son un intento de reconstruir esa evolución. Me limito a la década comprendida entre 1944 y 1954 (aunque, como se verá, la evolución rebasa esos límites) porque son esos los años en que Carpentier publica la mayor parte de su obra conocida, y sobre todo porque es durante esa década que su obra sufre el cambio de rumbo más significativo de su trayectoria.

He dividido el trabajo en dos partes. En la primera doy, en orden de primera publicación, las obras impresas entre 1944 y 1954, junto con datos de diversa índole relativos a las circunstancias y fuentes que influyen en la escritura de cada una. En la segunda intento poner en claro (de forma esquemática) la evolución de la obra carpenteriana durante esos años.

I

1) "Oficio de tinieblas", *Orígenes* (La Habana), 1, No. 4 (1944), 32-38. Como ha dicho Klaus Müller-Bergh en el único trabajo dedicado a este cuento, la acción transcurre en Santiago de Cuba durante 1851.[1] Es, por otra parte, evidente que el cuento se desprende de las investigaciones de Carpentier en la catedral de dicha ciudad cuando escribía *La música en Cuba*. Dice Carpentier en ese libro: "En 1851, con motivo de las exequias del general Enna, se reunió [en Santiago de Cuba] una masa de ciento dos ejecutantes para interpretar el *Réquiem* de Mozart".[2] Esto es precisamente lo que se narra al principio del cuento: "Así andaban las cosas en Santiago cuando se celebraron, con pompas de cruces, pecheras y entorchados, los funerales del general Enna" (p. 34).

2) *Viaje a la semilla*. La Habana: Ucar García, 1944. Esta primera edición de sólo cien ejemplares contiene unas viñetas "tomadas de *Muestras de los caracteres de letras de la Imprenta de Don Severino de Boloña* (La Habana, 1836)".[3] Este célebre relato también evoca el período colonial, específicamente la sociedad aristocrática cubana de las primeras décadas del siglo XIX. Muchos son los puntos de convergencia entre *La música en Cuba*

---

[1] "'Oficio de tinieblas', de Alejo Carpentier", *El ensayo y la crítica literaria en Iberoamérica* (Toronto: Instituto Internacional de Literatura Iberoamericana, 1970), p. 250.

[2] *La música en Cuba* (México: Fondo de Cultura Económica, 1946), p. 197.

[3] Salvador Bueno, "La guerra de Carpentier con el tiempo", *Papel Literario de El Nacional* (Caracas), 28 de agosto de 1959, p. 3.

y *Viaje a la semilla*, pero basten las citas siguientes a manera de ejemplo. Dice el relato: "Tocado con tricornio de regidor, Marcial pegó tres bastonazos en el piso, y se dio comienzo a la danza de la valse, que las madres hallaban terriblemente impropio de señoritas, con eso de dejarse enlazar por la cintura... Y cuando las muchachas se alejaron en las luces del crepúsculo, hacia las atalayas y torreones que se pintaban en grisnegro sobre el mar, los mozos fueron a la Casa de Baile, donde tan sabrosamente se contoneaban las mulatas de grandes ajorcas..." [4] En *La música en Cuba* se lee: "Privado de la posibilidad de hallar amante en el estrecho círculo de la sociedad burguesa de la época, el hijo de familia buscaba la satisfacción de sus deseos en el mundo de las hijas y nietas de los esclavos que habían cimentado su fortuna, olvidando, por unas horas, la 'inferioridad' de la gente de color quebrado... El detalle es muy interesante, pues explica una fase del mestizaje de ciertas danzas salonescas por hábitos traídos de abajo arriba —de la casa de bailes a la residencia señorial". [5]

3) "Los fugitivos", *El Nacional* (Caracas), 4 de agosto de 1946, p. 8. Carpentier llega a Caracas, donde iba a permanecer hasta 1959, el 21 de agosto de 1945. [6] A pocos días de su llegada el poeta y ensayista venezolano Juan Liscano le hace una reveladora entrevista para *El Nacional*, que es la primera de incontables ocasiones en que el cubano se valdrá de las páginas de dicho diario, y que es además su presentación al público venezolano. [7] Un año más tarde, *El Nacional* convoca a un concurso para cuentos y Carpentier presenta "Los fugitivos". El cuento no ganó el premio (como a veces se ha dicho), que fue otorgado al escritor venezolano Ramón Díaz Sánchez por "La virgen no tiene cara", pero "Los fugitivos" fue "mencionado en forma honorífica" en el veredicto. [8] La mención honorífica al cuento de Carpentier desató

---

[4] *Guerra del tiempo*, 2.ª ed. (México: Cía. General de Ediciones, 1966), p. 91.

[5] *La música en Cuba*, p. 111.

[6] Alexis Márquez Rodríguez, *La obra narrativa de Alejo Carpentier* (Caracas: Ediciones de la Biblioteca, Universidad Central, 1970), p. 62, n. 3.

[7] Lorenzo Tiempo [seudónimo de Juan Liscano], "Alejo Carpentier, un americano que regresa a América", *El Nacional* (Caracas), 16 de septiembre de 1945, p. 2.

[8] *El Nacional*, 4 de agosto de 1946, p. 8.

una animada polémica entre Rafael Angarita Arévalo, desde las páginas de *El Universal,* [9] y Juan Liscano, desde *El Nacional.* [10] La polémica en sí tiene más valor anecdótico que crítico; no obstante, tanto Angarita Arévalo como Liscano hacen algunas observaciones interesantes. El primero objeta que el cuento "Produce la impresión de ser glosa —página o capítulo— de más dilatada narración... El tamaño, las digresiones teoréticas, el motivo, no las figuras de 'Los fugitivos', impiden relacionarlo con *la visión de síntesis propicia a lo poético* [definición que en esos años había dado Arturo Uslar Pietri del género cuentístico y que servía de base al concurso]". [11] Liscano arguye, en defensa, que " 'Los fugitivos' es un cuento de esos que, por bien logrados, alcanza siempre proyecciones superiores a las que inicialmente movieron a su autor. En esas páginas vive un poco, como al desgaire, algo de la tragedia de la especie, algo del signo del instinto". [12] Ambos polemicistas coinciden, al margen de sus valoraciones, en que el cuento parece desbordarse de los límites del género. Carpentier, desde luego, no terció en la discusión; pero en 1951, tal vez recordándola, escribió lo siguiente en una de sus primeras columnas en *El Nacional,* intitulada significativamente "¿Qué es un cuento?":

> "Esto es (o no es) teatro" —dice la gente. ¿Y qué es teatro? *El Diablo y Dios* de Sartre, donde se asesina a un obispo, se asiste a sublevaciones, a movimientos de masa, o *El Misántropo* de Molière, donde casi nada ocurre durante cinco actos?... "Esto es o no es novela." ¿Y qué es novela? *Amadís de Gaula, Los Miserables,* todo Marcel Proust? "Esto es (o no es) cuento." ¿Y qué es cuento? ... Para mí, "La sirenita" de Andersen, las "Vidas imaginarias" de Marcel Schwob, el "Manuscrito hallado en una botella" de Edgar Poe, todo el ciclo siciliano de Pirandello, los relatos delirantes de Achim Von Arnim, y también ciertos cuentos brevísimos de Pío Baroja (superiores a muchas de sus novelas) en que se nos hace respirar el aire de un pueblo, se nos muestra un pastor, una sol-

---

[9] "Juan Liscano, su defensa de 'Los fugitivos', y la posición de la crítica actual", *El Universal* (Caracas), 3 de septiembre de 1946, p. 4.

[10] "El cuento de Alejo Carpentier", *El Nacional,* 29 de agosto de 1946, p. 4.

[11] *Op. cit.*

[12] *Op. cit.*

terona, un cura que cree en trasgos, sin que una situación llegue tan siquiera a plantearse. Cosas que muy poco se asemejan entre sí, y que pese a lo admirablemente logradas, están muy lejos de darnos la clave de un género. Por otra parte: ¿qué autores influyeron más sobre la cuentística universal en estos últimos años? Franz Kafka y Catherine Mansfield sin duda alguna. Ahora bien. ¿Son cuentos los de Kafka? ¿Responden a patrones conocidos? ¿Es cuento "Un artista del hambre?" ¿Es cuento "La Metamorfosis"? [13]

La época que Carpentier evoca en este relato es la misma en que se desarrolla *Viaje a la semilla* (en efecto, se menciona a Marcial), por lo que puede suponerse que "Los fugitivos" también se desprende de las investigaciones para *La música en Cuba*.

4) "Lo real maravilloso de América", *El Nacional* (Caracas), 8 de abril de 1948, p. 8. Incluyo este ensayo por lo influyente que ha sido desde su publicación, un año más tarde, como prólogo de *El reino de este mundo*. [14] Las ideas expresadas en este ensayo ya las había esbozado Carpentier en la entrevista con Juan Liscano de 1945:

>   —¿Y usted tomó parte en los experimentos llevados a cabo por los surrealistas?
>   —Estuve tentado de hacerlo varias veces durante los años en que frecuentaba los círculos de poetas y pintores surrealistas... Pero siempre me detuvo a tiempo la sensación de que el clima surrealista —tan trabajosamente hallado en las ciudades ultracivilizadas— existía en América al estado puro. ¿Qué pintor de "naturalezas imaginarias", ha superado la expresión telúricamente delirante de una selva tropical? ¿Qué inventor de formas, de animales, de manchas viventes y extrañas —un Max Ernst, un Miró— puede haber aventajado el ciego poder de creación de la fauna, raíces, erosiones, corales, parásitas de nuestro continente? [15]

---

[13] 23 de septiembre de 1951, p. 16. La columna de Carpentier, intitulada "Letra y Solfa", se empezó a publicar en 1951.
[14] Para un detallado y esclarecedor estudio de este prólogo ver: Emir Rodríguez Monegal, "Alejo Carpentier: lo real y lo maravilloso en *El reino de este mundo*", *Revista Iberoamericana*, 37 (1971), 619-49.
[15] Lorenzo Tiempo, *op. cit.*

5) *El reino de este mundo*. México: E. D. I. A. P. S. A., 1949. Resultado, como ha declarado Carpentier en numerosas ocasiones, de un viaje a Haití en 1943. Pero no hay que olvidar que varios capítulos de la novela transcurren en Santiago de Cuba, y que la revolución haitiana tuvo un impacto decisivo en la historia de Cuba. Esto último había sido destacado por Ramiro Guerra en un libro cuya influencia sobre la obra de Carpentier, a partir de *Ecue-Yamba O!*, sería difícil exagerar. Me refiero a *Azúcar y población en las Antillas*, cuya primera edición es de 1924, y donde leemos lo siguiente: "La desaparición repentina de todo el azúcar de Haití, quizás las tres cuartas partes del que entonces se producía en el mundo, produjo un salto enorme en los precios. El azúcar de Cuba, para el cual casi no había compradores, fue objeto de una viva demanda pagándose a un precio doble del que venía corriendo, o sea con un *ciento por ciento* de aumento. ... La catástrofe de Haití abrió una nueva era en la producción azucarera de Cuba". [16] Esto me lleva a pensar que también *El reino de este mundo* depende en gran medida de las investigaciones hechas para escribir *La música en Cuba*. Uno de los más notables descubrimientos de Carpentier cuando escribía ese libro fue la obra de Esteban Salas (que encontró en la catedral de Santiago de Cuba), de quien dice el autor: "Anterior al mexicano Aldana, contemporáneo de algunos de los maestros venezolanos del siglo XVIII, Salas viene a completar nuestra visión de la música religiosa americana..." [17] En *El reino de este mundo* leemos: "El negro, entretanto dormía bajo el retrato de un obispo o asistía al ensayo de algún villancico, dirigido por un anciano gritón, seco y renegrido, al que llamaban don Esteban Salas". [18] La novela, por supuesto, responde a lo expresado en su prólogo y la entrevista citada, y no representa una ruptura con *Ecue-Yamba O!* en lo que respecta a la visión del negro. Todavía en 1945, en su conversación con Liscano, Carpentier decía lo siguiente:

—Conozco en Cuba a una invocadora de prodigios que posee en su habitación un maravilloso altar. Imagínese Ud. una especie de estanque de tres metros de

---

[16] (La Habana: Editorial Lex, 1961), p. 247.
[17] *La música en Cuba*, p. 60.
[18] (México: Cía. General de Ediciones, 1969), p. 97.

ancho, lleno de estrellas de mar, caracoles, conchas, piedras de azufre y de jaspe, en el que nadan peces vivos... Del agua brotan cuatro columnas salomónicas que sostienen una plataforma sobre la cual se yergue una Virgen de Regla —patrona de los marinos criollos—, con los pies apoyados sobre "la bola del mundo"... Sobre la cabeza se abre un cielo azul poblado de áncoras, naves, trozos de remos, aves y sillas plateadas. ¿Acaso [no] se halla allí toda la plástica surrealista? ¿Acaso se inventaron cosas mejores en el 44 de la Rue Fontaine —la casa de Breton? En América el surrealismo resulta cotidiano, corriente, habitual; se le domestica, se le palpa, en la simple proliferación de un hongo... [19]

6) "Semejante a la noche", *Orígenes* (La Habana), 9, No. 31 (1952), pp. 3-11. Firmado, 1949. Buena parte de este cuento procede también de *La música en Cuba*.[20] En 1953 escribía Carpentier lo siguiente en su columna de *El Nacional*, aludiendo sin duda al cuento que acababa de publicar en La Habana: "¿Y en cuanto a ciertos acontecimientos? ¿La reunión de las naves en *La Ilíada* en el momento de emprender la ofensiva contra Troya, no fue acaso, a proporción de época algo idéntico a la reunión de naves que preparó el desembarco en Normandía durante la pasada guerra?" [21]

7) *Los pasos perdidos*. México: E. D. I. A. P. S. A., 1953. Carpentier hizo dos viajes por el interior de Venezuela que lo inspiraron a escribir esta novela; uno a la Guayana en 1947, y otro por el Orinoco en 1948. *Los pasos perdidos* iba ser originalmente un libro de ensayos, escritos a raíz del primer viaje, intitulado *El libro de la Gran Sabana*.[22] De tanta importancia como los

---

[19] *Op. cit.*
[20] Véase mi trabajo, "'Semejante a la noche', de Alejo Carpentier: historia/ficción", *Modern Language Notes*, 87 (1972), 285, n. 2. Es probable que el cuento haya sido redactado por primera vez en 1947, según declaraciones de Carpentier a Emil Volek, en "Dos cuentos de Carpentier: dos caras del mismo método artístico", *Nueva Narrativa Hispanoamericana*, 1 (1971), 7.
[21] "Vitalidad de los clásicos", *El Nacional*, 29 de octubre de 1953, p. 36.
[22] Varios capítulos de este libro aparecieron en *El Nacional* durante los últimos meses de 1947, y fueron reimpresos en *Carteles* (La Habana) durante los primeros meses de 1948. El único testimonio documental del segundo viaje con que he dado es un reportaje del escritor venezolano Guillermo

viajes son las lecturas que hace Carpentier en esos años en la Biblioteca Nacional de Caracas; de éstas, las más importantes son *El Orinoco Ilustrado* de José Gumilla y *Reisen im Brittisch Guiana*, del explorador alemán Richard Schomburgk. [23]

8) "Guerra del tiempo [Fragmento de 'El camino de Santiago']", *Papel Literario de El Nacional* (Caracas), 22 de julio de 1954, p. 1. En un reportaje que apareció a raíz de la publicación de *Los pasos perdidos* se hablaba ya de una novela "editada [sic] en Cuba en 1943, *El peregrino de Santiago*". [24] Sin embargo, el crítico cubano Salvador Bueno decía en 1958, en una reseña de *Guerra del tiempo*: "De estas cuatro narraciones sospecho que sólo es desconocida la primera, 'El camino de Santiago'". [25] Si Bueno consideraba el relato inédito podemos estar seguros de que, por lo menos en Cuba, no había sido editado. Como ya se decía en una nota de los editores de *Guerra del tiempo*, este relato también procede de las investigaciones para *La música en Cuba*, [26] por lo que la fecha de 1943 dada en el reportaje citado puede muy bien representar la fecha de redacción (la variación en el título puede ser simplemente un error del periodista, o tal vez indique que Carpentier cambió el título entre 1953 y 1954). Al publicar este fragmento, que incluye los dos primeros capítulos, Carpentier inserta una nota aclaratoria que corrobora y amplía lo dicho por sus editores: "Al hallar, en una vieja relación de vecinos de La Habana en el siglo XVI el nombre de Juan de Amberes, 'que tocaba un atambor cuando había un barco a la vista', se me ocurrió que sería divertido escribir una biografía imaginaria de ese personaje que no había dejado más huellas de su existencia.

Meneses, "Alejo Carpentier regresó de la selva", *El Nacional*, 12 de septiembre de 1948, p. 4. En reportajes y entrevistas Carpentier siempre ha hablado de un viaje, el segundo; sin embargo, en carta reciente me ha corroborado que fueron dos los viajes.

[23] Carpentier cita con insistencia a Schomburgk en sus artículos sobre el viaje a la Guayana, y hay numerosos episodios de *Los pasos perdidos* que están calcados de este libro. La relación entre fuentes escritas y viajes será estudiada en un libro que preparo actualmente sobre Carpentier.

[24] Firmado D. C., "Contrapunto entre selva y ciudad establece la nueva novela de Alejo Carpentier", *El Nacional*, 18 de diciembre de 1954, p. 44.

[25] "La guerra de Carpentier con el tiempo", *op. cit.*

[26] *Guerra del tiempo, op. cit.*, p. 10.

Debe advertirse, sin embargo, que a medida que transcurre el relato, Juan de Amberes se va transformando en un personaje que bien pudiera ser contemporáneo nuestro". El hecho que aparezca ya aquí el título que dará nombre al volumen, así como el epígrafe de Lope de Vega de donde procede ("¿Qué capitán es este, qué soldado de la guerra del tiempo?"), y el que se diga que se trata de un relato en prensa, hace evidente que ya por esa fecha había sido entregado el manuscrito de *Guerra del tiempo*.

9) "El acoso" (fragmento de novela), *Orígenes* (La Habana), 11, No. 36 (1954), pp. 6-16. [27] Según declaraciones de Carpentier, la idea para escribir *El acoso* surge de unos incidentes presenciados por él en La Habana en 1940. [28] La novela, sin embargo, está construida sobre todo a base de crónicas periodísticas aparecidas en revistas cubanas durante la década de los treinta, que relataban sucesos ocurridos durante la lucha contra la dictadura de Gerardo Machado. [29] Los fragmentos aquí publicados son los siguientes (las páginas corresponden a la edición de 1966, México, Cía General de Ediciones): segunda sección de la parte I, pp. 147-55; primera sección de la parte II, pp. 171-78, excluyéndose la última oración; y la novena sección de la parte II, pp. 230-35. Es probable que esta selección (hecha por Carpentier o por la redacción de *Orígenes*), en la que se excluyen todos los episodios más claramente evocadores de la política cubana, obedezca a que, desde marzo de 1952 gobernaba en Cuba la dictadura de Batista. Sabemos por el reportaje de 1953 antes citado que la novela ya estaba terminada por esa fecha y que los originales habían sido entregados. [30] No deja de tener interés que Carpentier, al referirse a la novela en ese reportaje, diga que "transcurre en La Habana en los días presentes", [31] cuando es documentalmente comprobable que la acción toma lugar en La Habana de los años treinta y

---

[27] Debo este dato a la gentileza del profesor Raymond D. Souza, de la Universidad de Kansas.

[28] Klaus Müller-Bergh, "Entrevista con Alejo Carpentier", *Cuadernos Americanos*, Año 28 (julio-agosto de 1969), p. 144.

[29] Sobre las fuentes periodísticas de *El acoso*, ver, Modesto Sánchez, "La elaboración artística de *El acoso*" tesis de Master's inédita, Trinity College, Hartford, Conn., 1972.

[30] "Contrapunto entre selva y ciudad...", p. 44.

[31] *Ibid*.

cuarenta. La afirmación, por supuesto, es coherente con lo dicho por Carpentier sobre Juan de Amberes, que según el autor puede ser contemporáneo nuestro; pero también puede obedecer al deseo de Carpentier de dar vigencia política a la obra.

II

La más somera lectura de las notas precedentes revelará la enorme importancia de *La música en Cuba* en la evolución de la obra carpenteriana. A las investigaciones hechas para escribir ese libro pueden remitirse todos los relatos más tarde incluidos en *Guerra del tiempo* (con la excepción de *El acoso*), además de "Los fugitivos", "Oficio de tinieblas" y *El reino de este mundo*. Pero *La música en Cuba* no sólo marca una época de la obra de Carpentier, sino que además deja una huella indeleble en varios aspectos de toda su producción posterior. De las investigaciones en archivos y crónicas coloniales data ese estilo arcaizante y recargado por el que identificamos hoy a Carpentier. Es también a partir de ese libro que empieza Carpentier a escribir "biografías imaginarias" de personajes oscuros tomados de la historia —no sólo "El camino de Santiago", sino también *El acoso* (no hay que olvidar que también es histórico su protagonista), y sobre todo *El siglo de las luces*, que viene a ser la culminación de esa tendencia. La lectura cuidadosa de *La música en Cuba* (algo que la crítica no parece haber hecho) no deja lugar a dudas en cuanto a este punto, ya que encontramos allí con frecuencia páginas que son relatos carpenterianos en embrión. El mejor ejemplo de esto lo tenemos en el recuento de la vida de Juan Nepomuceno Goetz, músico aventurero y andariego de quien Carpentier dice: "¿Quién era Juan Nepomuceno Goetz?... Un solidísimo músico con mucho de personaje de novela".[32] En el párrafo siguiente tenemos esbozado un cuento:

> Alemán de nacimiento, [Goetz] comienza por ser domiciliario de la diócesis de Constanza, a raíz de su ordenación. Hecho catedrático de filosofía y de moral de la Im-

---

[32] *La música en Cuba*, p. 88.

perial y Real Universidad de Viena, pasa al Nuevo Mundo, movido por su anhelo de viajar. Es nombrado capellán de música de la catedral de Santo Domingo; pasa luego, como cura y rector, a la ciudad de San Fernando de Montecristi, antes de ascender, con los mismos cargos, a la riquísima parroquia del Môle Saint Nicolas. Asiste a la sublevación de esclavos y a la ocupación de su feligresía por los ingleses. Cuando Toussaint Louverture logra la evacuación de los británicos, Juan Nepomuceno echa las campanas a volar y recorre las calles de la población, llevando el Santísimo. Pero el júbilo que le causa la partida de los herejes es de corta duración. A la sombra del bicornio empenachado del caudillo negro la guerra se enciende de nuevo, y los tambores del *vodú* suenan demasiado a menudo en las montañas. Harto de revolución, privado de limosnas, mordido por el paludismo, el músico se refugia en Santiago de Cuba, donde sus conocimientos de idiomas lo hacen "el cura de los extranjeros" —es decir, de los emigrados fanceses, principalmente. Este fue el momento en que, declarándose habilitado "para la enseñanza de la música figural y canto llano" pretendió el cargo de maestro de la capilla de la catedral... [33]

Además de dar a Carpentier un estilo, de proporcionarle una rica cantera de temas, y de llevarlo a la adopción de la biografía imaginaria como cauce de gran parte de su ficción, *La música en Cuba* ofrece a Carpentier un método de trabajo: la investigación en textos de diversa índole, preferentemente históricos, en busca de esos personajes olvidados en los márgenes de viejas crónicas y relaciones, y la elaboración de sus vidas "imaginarias" a base de minuciosas pesquisas en archivos y bibliotecas.

La música en Cuba puede servir, además, como punto de partida para establecer la evolución de la obra carpenteriana durante las décadas de 1940 y 1950. La ordenación cronológica por fecha de primera publicación no es más que el primer paso en esa tarea; el siguiente, aunque menos seguro, y apoyado a veces en la conjetura, es el más importante. Creo que se podría proponer la siguiente evolución:

---

[33] *Ibid.*, p. 89.

Primera época (1940-1948): Desde el comienzo de las investigaciones para *La música en Cuba* (cuya fecha exacta desconozco) a la publicación del prólogo a *El reino de este mundo*. Están comprendidas en este período todas las narraciones que se desprenden de *La música en Cuba*: "Oficio de tinieblas", "Los fugitivos", *Viaje a la semilla*, "El camino de Santiago", *El reino de este mundo*, y, en menor medida, "Semejante a la noche". Predomina en este período el tema afroantillano, lo cual no debe ser sorpresivo si pensamos en la entrevista con Liscano antes citada, y por supuesto en el conocido prólogo a *El reino de este mundo*. Puede subdividirse esta época en dos momentos. Al primer momento corresponden "Oficio de tinieblas" y "Los fugitivos", que son precisamente los relatos de esta época que Carpentier no incluye en *Guerra del tiempo*, y en los que no hay, ni *tours de force* técnicos como el de "El camino de Santiago", ni elementos sobrenaturales como en *Viaje a la semilla*. Es probable que esos dos cuentos, que tienen todavía mucho en común con *Ecue-Yamba O!*, hayan sido redactados durante los primeros años de la década (1940-42). Un segundo momento corresponde a las teorías de "lo real maravilloso", en el que, ya sea mediante procedimientos al nivel del texto (repetición de páginas del principio al final de "El camino de Santiago"), o mediante la aparición de lo sobrenatural (*Viaje a la semilla*, *El reino de este mundo*), la ficción se sitúa en el ámbito de lo fantástico. [34]

Segunda época (1948-1952): El período que comprende la redacción de *Los pasos perdidos* —o sea, el intervalo que media entre *El libro de la Gran Sabana* y la versión final de la novela. Es este el momento de transición más importante en la evolución de la obra carpenteriana. En los ensayos escritos a raíz del primer viaje a la selva se sigue hablando en términos de "lo real mara-

---

[34] Me atengo aquí a la definición de Ana María Barrenechea: "Así la literatura fantástica quedaría definida como la que presenta en forma de problemas hechos a-normales, a-naturales o irreales. Pertenecen a ella las obras que ponen el centro de interés en la violación del orden terreno, natural o lógico, y por lo tanto en la confrontación de uno y otro orden dentro del texto, en forma explícita o implícita". En "Ensayo de una tipología de la literatura fantástica (a propósito de la literatura hispanoamericana)", *Revista Iberoamericana*, 38 (1972), 393.

villoso". [35] Sin embargo, en la novela, las mismas observaciones han sido desplazadas a un personaje ficticio; a un protagonista-narrador cuyo viaje por la selva en busca de las raíces primitivas del hombre, y de un arte que emane de la naturaleza misma, es un fracaso —un narrador que, dado su fracaso, debemos ver desde una perspectiva irónica. Carpentier abandona ahora la literatura fantástica; ya no hay *tours de force* técnicos ni elementos sobrenaturales, y el tema negro deja de ocupar un lugar privilegiado en la ficción. Debe notarse además que *Los pasos perdidos* es la primera novela de Carpentier desde *Ecue-Yamba O!*, ya que *El reino de este mundo* había sido denominado "relato" por el autor. Antes de *Los pasos perdidos* los personajes en la ficción carpenteriana aparecían atrapados en una especie de teleología narrativa en la que su evolución quedaba soslayada, o simplemente no existía como función en el proceso narrativo: Juan de Amberes parece existir sólo para caer en la inexorable circularidad de "El camino de Santiago"; el Marqués de Capellanías es sólo una figura de pesadilla, o un títere del retablo conjurado por el mago Melchor; Cimarrón y Perro, en "Los fugitivos", están inmersos en los implacables ciclos de la naturaleza. A partir de *Los pasos perdidos* la narrativa carpenteriana se centra en un "yo", cuya evolución es parte integral de la ficción (como por ejemplo en *El acoso*), o narra en gran detalle el desarrollo de varios personajes, como en *El siglo de las luces* (piénsese sobre todo en Esteban).

Tercera época (1952-1954): El punto de partida puede ser aquí el golpe de estado de Batista el 10 de marzo de 1952, que representó el derrumbe total de todo lo que la generación de Carpentier había intentado construir desde la revolución antimachadista de los años treinta. *El acoso* hereda de *Los pasos perdidos* lo antes visto con referencia a los personajes, pero es ésta la primera obra de Carpentier, desde *Ecue-Yamba O!*, con un tema de vigencia política. No hay por qué dudar que Carpentier concibiese la idea para esta novela en 1940, como él ha dicho, pero por las razones dadas más arriba, me inclino a pensar que su última redacción es posterior a *Los pasos perdidos*. Hay una razón todavía más

---

[35] Ver, "El Salto del Ángel en el Reino de las Aguas", *El Nacional,* 26 de octubre de 1947, p. 13.

poderosa. Si *Los pasos perdidos* dramatiza el fracaso de la búsqueda de las raíces americanas en un supuesto paraíso perdido en la selva, y el final de la novela es una toma de conciencia del deber del hombre de sumarse a la historia, *El acoso* representa la búsqueda de las raíces de la vida política cubana actual (la malograda revolución de los treinta). Hay en la obra vestigios de la primera época, que tal vez se expliquen si en efecto Carpentier hizo una primera redacción de la novela durante los años cuarenta: la presencia de la negra nodriza, el intrincado aparato técnico. Pero en ningún momento se entra en el ámbito de lo fantástico, ya que el contrapunto de perspectivas (taquillero-acosado) justifica el fragmentarismo temporal, y aunque la negra nodriza sugiere la presencia de la magia, nunca aparece en el relato lo sobrenatural.

Se ha puesto 1954 como límite a esta época, pero podría extenderse este período hasta *El siglo de las luces* (1962), ya que si *El acoso* viene a ser la búsqueda de las raíces políticas (por oposición a las naturales, raciales, primitivas) de la vida de un país hispanoamericano —Cuba—, la última novela de Carpentier es una ampliación de esa búsqueda a todo el ámbito del Caribe, y, en realidad, a todo el continente.

Durante los años estudiados —los más importantes en la vida literaria de Carpentier— la obra del novelista cubano llega a su plenitud, pero sólo después de sufrir una notable evolución. En los años cuarenta Carpentier agota las posibilidades de "lo real maravilloso" y pasa (ese tránsito queda dramatizado en *Los pasos perdidos*) de la búsqueda de las raíces americanas en la naturaleza (la búsqueda además fallida de una suerte de escritura natural), a la búsqueda de los orígenes políticos del continente. Difícil sería exagerar la importancia de esa trayectoria, no ya para Carpentier, sino para toda la narrativa hispanomericana. [36]

---

[36] Las investigaciones realizadas en la Biblioteca Nacional de Caracas que me permitieron escribir este trabajo, fueron hechas posibles por un *grant* del Latin American Studies Program de Cornell University. Doy por este medio las gracias a ese organismo y a la Sra. Marta Garciarena de Betancourt, Asesora Técnica del Departamento de Hemeroteca de la Biblioteca Nacional de Venezuela por su gran amabilidad y ayuda.

EL CRIOLLISMO "DE ESENCIAS" EN *DON GOYO* Y *ECUE-YAMBA-O*

JOHN S. BRUSHWOOD
University of Kansas

Se acepta generalmente que la novela hispanoamericana, durante el "período de predominio" de la generación de 1924, vacila entre un compromiso con la sociedad y una dedicación a la realidad interior del individuo. [1] Más que una vacilación, algunos dirían que se trata de un progreso hacia la realidad interior. Esta dualidad, sin embargo, encubre algunos matices sutiles de la novelación efectuada por la generación de Miguel Ángel Asturias y otros escritores de importancia fundamental.

Refiriéndose a la prosa de ficción creada por esta generación, José Juan Arrom describe un "criollismo ... de esencias", término que emplea el distinguido crítico para señalar la diferencia entre la nueva generación y la antecedente, es decir, la que produjo *Doña Bárbara, La vorágine* y *Don Segundo Sombra*. [2] Precisando más, Arrom destaca la obra de Manuel Rojas como ejemplo de este criollismo de esencias en la creación de la circunstancia individualizada: "lo inserta en el hombre, o mejor, en los hombres a quienes mira, gregarios y angustiados, sobre el fondo que los conforma y los completa". En la exposición que continúa estas observaciones, se aclara que el criollismo y las técnicas nuevas —post-realistas— de novelar no son fenómenos antagónicos. Acto

---

[1] José Juan Arrom emplea el término "período de predominio" en su *Esquema generacional de las letras hispanoamericanas* (Bogotá: Instituto Caro y Cuervo, 1963).
[2] Ibíd., p. 203.

seguido Arrom comenta la obra de Miguel Ángel Asturias señalando que el escritor guatemalteco emplea las técnicas aprendidas en Europa para "descubrir la raíz de lo indígena y operar sobre ciertos males de la sociedad actual". Indudablemente estos procedimientos son aspectos de la búsqueda de lo americano esencial. Hay novelas que a primera vista parecen de compromiso social o de índole proletaria, pero contribuyen más a la resolución del problema de la identidad del hombre hispanoamericano que a la definición del problema social en sí.[3] Son obras que desarrollan noveladamente la realidad de ciertos grupos relativamente primitivos, si los comparamos con los de la sociedad urbana que siguen las normas de vida más o menos europeas. Estos grupos primitivos, aunque vayan perdiendo su idiosincrasia, participan, en cierto momento de su evolución, en el fenómeno esencial de la identidad americana, por lo que los escritores se ven forzados a nombrar estos fenómenos al igual que nombran la flora y la fauna del Nuevo Mundo.

Entre las obras que desempeñan esta función, las *Leyendas de Guatemala* (1930), de Asturias, son de importancia básica. El autor de estos relatos desarrolla el tono folklórico sin permitir que su obra sea una sencilla novelación de la investigación antropológica. Es claro que la antropología constituye uno de los factores del acto creativo, pero se combina con la compleja reacción del autor para expresar la experiencia íntima de esta realidad folklórica. El narrador emplea un conjunto complejo de técnicas que comunican la experiencia creativa de las leyendas, y no solamente la realidad objetiva de ellas.

Las dos novelas que estudiamos, *Don Goyo* de Demetrio Aguilera Malta y *Ecue-Yamba-O* de Alejo Carpentier, ambas publicadas en 1933, revelan la tendencia generacional de buscar elementos de la identidad americana entre los sectores primitivos de la sociedad. En ellas, al mismo tiempo que se observan las características de esta tendencia, se puede entender cómo se distingue de otras tendencias semejantes. Debemos aclarar desde un principio que nuestro ensayo no es una comparación evaluadora de

---

[3] Aquí se emplea la palabra "identidad" no como calidad de idéntico sino como referencia al problema universal de la época actual —el reconocimiento de las características que distinguen a un individuo o una cultura.

las dos novelas sino un análisis de un modo de apreciar la realidad americana. Tanto las obras que estudiamos como las leyendas de Asturias, son distintas de las novelas de protesta, como por ejemplo *Huasipungo*. Contienen el núcleo de la protesta contra la injusticia. Sin embargo, su enfoque no cae en el problema sociológico. Su propósito es de iluminar unas condiciones básicas en la cultura; condiciones que son profundamente humanas y que van desapareciendo a pesar de su condición básica. Para captar el sentido de un mundo más primitivo, más natural, Aguilera Malta al igual que Carpentier emplean una serie de técnicas que nos atraen, invitándonos a salir de nuestro mundo socialmente elaborado, para adentrarnos en el de don Goyo o el de Menegildo Cué. La identificación de estos dos mundos es una participación en el proyecto de nombrar las maravillas del Nuevo Mundo. Veremos, en el análisis que sigue, cómo funciona esta dinámica en la transformación de un tema social para que sea una experiencia creativa. Comentaremos las dos novelas a base de cuatro factores: (1) el asunto, o la circunstancia objetiva de la que surge el tema, (2) la insinuación del tono, (3) la estructura narrativa y (4) los efectos estilísticos. Se debe notar que estudiamos las funciones de estos factores en la apreciación de un mundo muy distinto del mundo de la mayoría de los lectores. Sin embargo, el mundo de *Don Goyo* o de *Ecue-Yamba-O* no es, aunque exótico, menos real.

La novela de Aguilera Malta versa sobre la vida de unos pescadores que viven en las islas cerca de Guayaquil. Una de sus características culturales es cierta dignidad que les sería vedada en una sociedad más complicada. El narrador recalca la importancia de su estado relativamente natural mediante el planteamiento de una relación vital entre los pescadores y los mangles; arbustos con los que conviven en las islas. La crisis de la novela la fomenta un empresario que quiere explotar los mangles. El problema económico, en términos documentales, se vuelve íntimo y transcendente en la experiencia de la novela porque la relación hombre-mangle es fundamental en la caracterización de don Goyo, y la destrucción de los mangles por los isleños será un acto de suicidio cultural. Las posibles implicaciones de tema indigenista son menos importantes que la realidad de una cultura sencilla y auténtica. En *Ecue-Yamba-O*, la cultura no blanca —el mundo primitivo y sencillo que es la base de la novela— es una cultura transplantada. Se trata del conflicto entre los afro-cubanos y el mundo de los blancos en términos generales y más específicamente, en la persona de Menegildo Cué. Es importante notar que el conflicto en esta novela nada tiene que ver ni con los indios, ni con las civilizaciones pre-hispánicas. Sin embargo, la circunstancia creada por Carpentier en la novela es fundamental en la apreciación de la identidad cubana. Aún más importante resulta su relación con la identidad americana general, a pesar de que la condición afro-cubana no sea universal, porque el asunto no es cuestión de si el prefijo es afro o indio, sino el de la relación entre los sectores primitivos o sencillos, y la cultura más evolucionada socialmente. Se supone que la relación tiene importancia aunque las culturas primitivas o naturales desaparezcan.

La percepción de que algo se desvanece subraya el tono penetrante de cada novela. La insinuación de este tono al principio de la obra es un factor de suma importancia en la experiencia de la novela. Carpentier la lleva a cabo mediante una *mise-en-scène* compuesta de efectos visuales y de la caracterización fundamental de Usebio Cué, el padre de Menegildo: "El viejo Usebio Cué había visto crecer el hongo de acero, palastro y concreto sobre las ruinas de trapiches antiguos, asistiendo año tras año, con una suerte de espanto admirativo, a las conquistas de espacio realizadas por la fábrica". [4] El cuadro inicial es el de la fábrica, y ésta sugiere todo el complejo de asociaciones relacionadas con el progreso y la tecnología. Luego se nota que el narrador modifica el cuadro empleando una referencia a "las ruinas de trapiches antiguos". Esta frase plantea el contraste cultural, y al mismo tiempo inicia la caracterización de Usebio. En seguida el artista intensifica la noción de una condición que se nos escapa ("año tras año"), y sigue desarrollando la combinación de circunstancia y caracterización ("espanto admirativo").

Ya está planteada la correspondencia Eusebio con vida sencilla. En la oración siguiente el narrador confiere una condición de sabiduría a ese estado primitivo y sencillo: "Para él la caña no encerraba el menor misterio" (p. 7). Se completa la insinuación del tono en la personificación de la caña y de la fábrica; la pri-

---

[4] *Ecue-Yamba-O* (Buenos Aires: Xanandú, 1968), p. 7.

mera con indicaciones benéficas, la segunda con indicaciones maléficas. En el estilo de Carpentier se lleva a cabo el contraste entre ambas personificaciones. Al referirse a la caña, las palabras y las imágenes son de una belleza celestial, y la fuerza vital de la caña es evidente en las frases que describen la germinación y el desarrollo de la planta. Más adelante en la obra, pero siempre en la misma secuencia narrativa, cambia la cualidad de las imágenes, creando un efecto desagradable en lo que se refiere a la fábrica. En contraste con la sugerencia de fecundidad de la planta, la fábrica lo absorbe todo: "... la producción de la comarca entera bastaba apenas para saciar los opetitos de San Lucio, cuyas chimeneas y sirenas ejercían un tiempo de zafra, una tiránica dictadura" (p. 8). La elaboración de este tono que sugiere algo bueno que se va, depende de la estructura narrativa.

La insinuación de un tono semejante en *Don Goyo* es más corta, pero no obstante, llena de sugerencias. Se perpetra en la primera escena de la novela, claramente definida como unidad ya que está separada tipográficamente de la próxima escena. La citamos íntegramente:

> De pronto, oyeron el chapotear de una canoa. Algo se agitó en la sombra. Se oyó un canaletazo. Al rato, otro. Después, una voz ronca, pesada, vigorosa:
> —¡Buenas noches de Dios!
> —Buenas, don Goyo.
> Pasó lenta, pesadamente, casi al lado de ellos. El golpe del canalete —tardo, pero firme— se hizo más confuso. La enorme boa de ébano de la noche lo atornilló en su vientre.
> Hubo silencio. [5]

Efectivamente, este pasaje es más que una insinuación del tono. Es una prefiguración de la comunicación total de la novela, en que don Goyo funciona al principio como presencia más que como persona, volviéndose más tarde hombre de carne y hueso y finalmente convirtiéndose en leyenda.

La primera realidad del trozo es un sonido que llega a ser "algo". Sonido y movimiento. Luego se identifica como canaletazo.

---

[5] *Don Goyo* (Buenos Aires: Platina, 1958), p. 7.

El empleo de "canaletazo" en vez de "canalete" aumenta el sentido de una realidad elusiva. Luego plantea la caracterización del protagonista que va a unir esta conciencia de algo que se nos escapa, con su condición de hombre: ("voz ronca, pesada, vigorosa"). Sus pocas palabras, serenas, son una afirmación de su entereza y una invitación a responderle, cosa que hace la voz anónima que lo nombra. En el pasaje apuntado, al igual que en la novela, la presencia se convierte en don Goyo. El canaletazo también adquiere forma, haciéndose canalete. La descripción del golpe del canalete ("tardo, pero firme") pudiera ser una descripción de don Goyo. Se nota que, a pesar de la identificación específica, el protagonista ya se va desapareciendo porque el estilo auna su realidad y la circunstancia en que se encuentra. Este efecto es semejante a la unión de don Goyo y los mangles en la estructura narrativa de la novela. Luego, como también en la estructura de la obra, desaparece. No queda personaje, ni sonido. Si cabe duda en lo que se refiere al desenlace de la novela, la segunda lectura del pasaje inicial lo aclara.

Aguilera Malta crea esta experiencia de una cultura primitiva desvaneciente, mediante el empleo de dos dimensiones estructurales. Una de ellas corresponde a la organización tripartita que está prefigurada en el pasaje inicial de la obra y que revela los tres aspectos de don Goyo: (1) presencia, (2) hombre visible y consejero de la gente y (3) leyenda. La otra dimensión consta de dos personalidades, don Goyo y el montubio Cusumbo, cuyas funciones en la novela constituyen una suerte de contrapunto. Comparado con don Goyo, héroe-leyenda, Cusumbo es un hombre cualquiera; típico de su propia cultura, desde luego, pero no típico de la cultura de Guayaquil. Su tipismo se refiere a la sociedad ingenua creada en la novela, y Cusumbo es una encarnación de los aspectos exteriores de esta cultura. Don Goyo es la esencia de ella. El mundo de Cusumbo es muy distinto de la experiencia que anticipamos dentro de la cultura blanca, y don Goyo es un ser de cualidades excepcionales aun en el mundo de Cusumbo.

El artista emplea la dimensión tripartita para explotar el efecto de contrapunto entre las dos personalidades. En la primera parte de la obra, don Goyo es más presencia que persona, y Cusumbo domina la acción. Se emplea un *flashback* para aclarar la personalidad de Cusumbo. En la segunda parte, don Goyo y

Cusumbo son de igual importancia. Es aquí donde don Goyo es más hombre de carne y hueso. Sin embargo, siempre es distinto de Cusumbo, ya que tiene características de héroe. Cusumbo se dedica a su relación apasionada con la Gertrú. En la tercera parte, don Goyo predomina. También se emplea un *flashback* para explicar como el protagonista llegó a ser el patriarca de las islas, y este interludio hace simetría con el *flashback* de la primera parte. De esta manera el narrador separa al lector del mundo socialmente desarrollado mediante dos fases distintas pero concurrentes: una que crea la experiencia de una cultura más primitiva y sencilla, y otra que tiene efecto transcendente dentro de esta cultura.

Carpentier, en *Ecue-Yamba-O*, también emplea una estructura de dos dimensiones para desarrollar el tono insinuado en las primeras páginas. Una de las dimensiones es implícita, la otra es visible. La implícita se refiere al tema de la novela y consta de cuatro condiciones o circunstancias: (1) el mundo "natural" (sencillo, elemental, algo primitivo), (2) el hombre negro "natural", (3) el hombre negro urbanizado y (4) la sociedad blanca. Los valores correspondientes son básicos en la novela. En los dos primeros casos los valores son positivos, en los últimos son negativos. La dimensión visible es la división de la obra en tres partes: (1) Infancia, (2) Adolescencia y (3) La ciudad. Los tres títulos se refieren a tres etapas en la vida de Menegildo Cué.

Después de establecer el tono de la narración mediante el viejo Usebio Cué, el novelista revela la desaparición de la cultura elemental-primitiva y la derrota de los valores positivos en la biografía de Menegildo. Su manera de dar títulos a los capítulos contribuye a la unidad de la obra, y específicamente, a la revelación mencionada. El hecho es que el autor repite los títulos, diferenciándolos por letras del alfabeto. Hay cuatro capítulos, por ejemplo, que son: "Temporal (a)", "Temporal (b)", "Temporal (c)" y "Temporal (d)". Además, se nota que algunos capítulos del mismo título aparecen en serie, yuxtapuestos, y otros están separados, constituyendo elementos en distintas partes de la novela. Los yuxtapuestos —para explicar su función en términos muy generales y breves— son distintos aspectos de una circunstancia. Los separados se refieren a distintos acontecimientos que, a pesar de las diferencias, revelan algo constante en la experiencia de la novela.

Las series que contribuyen más al sentido de algo benéfico que se nos escapa, son los capítulos intitulados: "Iniciación" (a, b, c) y "Terapéutica" (a y b). Cada una de las tres partes de la novela contiene un capítulo rotulado "Iniciación", y cada iniciación corresponde a la etapa indicada en la vida de Menegildo. Se puede apreciar que la sociedad elemental-primitiva no es una utopía. El protagonista pierde la inocencia y por consiguiente es dañado. La tercera iniciación revela el esfuerzo que hace para mantener algún residuo de los valores positivos de la condición "natural". Los capítulos intitulados "Terapéutica", aparecen en las dos primeras partes, y revelan la curación efectuada por el mundo "natural". No hay ningún capítulo con el título de "Terapéutica" en la tercera parte de la novela porque es aquí donde Menegildo queda destruido por los valores negativos.

Se debe notar que las repeticiones de títulos crean cierta unidad en la obra, mas no la simetría. También el efecto de la estructura es disminuido debido a cierta tendencia antropológica de parte del autor, al ofrecer información documental que interrumpe la experiencia creativa. De manera que la función de la estructura en la elaboración del tono no es totalmente benéfica. En cambio, es evidente que ciertos factores estructurales tienen efecto estilístico (de lenguaje) ya que la repetición produce sugerencias extra-estructurales.

Hay muchas novelas que se valen de diferentes tipos de repetición para crear efectos especiales. A veces el efecto producido es semejante al que produce un canto ritual, y esta clase de canto frecuentemente sugiere una cultura sencilla-primitiva donde la experiencia ritual es más común. Además, la repetición a veces sugiere la narración oral, ya que ésta emplea las repeticiones para destacar las partes más importantes. En todo caso, las repeticiones de los títulos contribuyen algo al sentido de una sociedad elemental-primitiva, y Carpentier intensifica esta impresión mediante las metáforas que definen el ambiente, el arreglo rítmico de las frases, y sobre todo, la transición de la prosa narrativa hacia la canción afro-cubana. Sería imposible describir esta última técnica sin traer a colación el siguiente ejemplo. En "Temporal (d)",

Usebio Cué está buscando un lugar más seguro para llevar a su familia. Casi agotado: "Usebio andaba extraviado. Su voluntad de antes había cedido lugar a un desaliento doloroso. Una bandada de auras imposibles ponía sombras de cruces en el fondo de sus retinas. Dos velas, un sombrero sobre un ataúd. Lo bailarían y se acabó. Lo bailarían, sí; lo bailarían, no. Lo bailarían, sí; lo bailarían, no.

> Lo bailarían,
> Lo bailarían,
> Que sí,
> Que no.
> Lo bailarían,
> Y se acabó.
> Se
> a-
> ca-
> bó..." (p. 50)

En estos pasajes se aprecia la realidad interior del personaje en términos de su propia cultura. Es una técnica muy eficaz que preserva la sencillez del personaje. En *Don Goyo*, Aguilera Malta mantiene la sencillez sugiriendo la emoción de una escena en la descripción de la naturaleza, permitiendo que sus personajes digan solamente las cosas más sencillas. De esta manera el narrador enriquece la comunicación emotiva del pasaje sin arriesgar lo adecuado del diálogo. No es cuestión del hombre arrebatado por las fuerzas de la naturaleza, sino de la unión del hombre con su circunstancia. Esta reunión justifica la relación mangle-don Goyo que, de otra manera, parecería poco auténtica.

Ni Cusumbo ni don Goyo se explican lógicamente, el viejo por su condición de leyenda, el otro porque su caracterización funde su realidad interior de hombre sencillo, individualizado, con su realidad igualmente interior pero étnica y no particular. Se aprecia esto en un pasaje que aclara los antecedentes de Cusumbo:

> Hasta aquí —después de tantos años— recordaba perfectamente. Después, todo se borraba en una serie de imágenes superpuestas, macabras, absurdas, dislocadas. A ratos, se veía como un remolino en la mano. Un remolino de acero, que cortaba y cortaba sobre carne prieta y sobre carne blanca. Después, un diluvio de sangre, sobre

> el rostro, sobre el cuerpo todo. Gritos de angustia, de dolor, de súplica; insultos, imprecaciones, gemidos. Dos cuerpos que dejan de agitarse. La gran vacilación. Los antepasados, que brincan sobre su sangre. Toda una raza que protesta. La carrera loca, a través de la montaña, a través de los ríos. Picado de mosquitos. Atisbado por las serpientes, por los tigres, por los saínos. El hambre. El hambre que vuelve loco. El delirio. La furia. La sed. La fiebre. El hambre. ¿Es que existe el sol? ¿Es que hay Dios? ¿Es que todavía se vive? ¿Para dónde ir? El hambre. La montaña, pulpo. La montaña vampiro. La montaña y el hambre. Es que se vive todavía? (pp. 44-45).

Primero se efectúa una transición desde lo racional hasta lo subconsciente. El acontecimiento ya parece ajeno a ese Cusumbo al que se refiere el pasaje anterior. El narrador inicia las repeticiones para crear el efecto de una circunstancia excepcional (sobre-sobre-sobre-sobre). Luego emplea el primer período corto ("La gran vacilación."), técnica estilística que concuerda con la emoción creciente del pasaje. Después el narrador introduce el factor étnico ("Los antepasados..."), y menciona la protesta sin desarrollarla. Sigue intensificando la emoción mediante las repeticiones y los períodos cortos. Es importante notar, en añadidura, que los segmentos de este pasaje están seleccionados rigurosamente. No es un detallado fluir de la conciencia de Cusumbo sino una destilación de su realidad. La selección también se observa en el transcurrir de la acción de la novela. El narrador emplea ciertos episodios claves como base de la novela.

La identidad de una condición auténticamente humana e ingenua, actual o residualmente presente en el Nuevo Mundo; ésta es la esencia de la experiencia novelesca de *Don Goyo* y de *Ecue-Yamba-O*. Es una manera de aclarar la realidad americana, de nombrarla, de crearla. No se trata de un movimiento que domina una época. En ese mismo año, 1933, se publicaron muchas novelas muy distintas entre sí pero que también definían la realidad americana. Entre ellas podemos citar a *Toá*, de César Uribe Piedrahita, novela de los caucheros y de la selva; *El muelle*, de Alfredo Pareja Díez-Canseco, novela proletaria que protesta la explotación económica y moral de los humildes; *El laberinto de mí mismo*, de Enrique Labrador Ruiz, una interiorización individualizada pero ligada al espacio. *Don Goyo* y *Ecue-Yamba-O* son más interiorizantes que las novelas de costumbres, más sutiles que las novelas proletarias, más étnicas que las novelas denominadas "metasíquicas" por Arturo Torres Ríoseco.[6] A pesar de que tengan características de todas estas clases de novelas, la dominante es la combinación ingenuidad-autenticidad presentada como realidad elusiva. La comunicación de esta realidad empieza con la insinuación del tono adecuado al principio de la novela y que transforma inmediatamente la circunstancia objetiva que es la fuente del tema. La función narrativa desde ese punto es la expansión del tono, y se consigue ésta mediante varias técnicas estructurales y estilísticas que destacan la sencillez e ingenuidad de la cultura y de los personajes, además de intensificar el sentido de algo benéfico que se desvanece.

---

[6] *Novelistas contemporáneos de América* (Santiago: Nascimento, 1939), p. 274.

ECUE-YAMBA-O: SEMILLAS DEL ARTE NARRATIVO DE ALEJO CARPENTIER

Joseph Sommers
University of California, San Diego

La primera novela de Alejo Carpentier, como era de esperar, interesa no tanto por sí misma cuanto por lo que prefigura y anticipa. Recién vuelta a imprimir en Buenos Aires, aparentemente en una edición "pirata", [1] *Ecue-Yamba-O* ofrece una introducción valiosa a la obra del novelista cubano. En ella se revelan sus primeros esfuerzos imperfectos por desarrollar un estilo personal, y por responder con originalidad al ambiente cubano de la década de 1920.

En general, la crítica hispanoamericana se ha concentrado justificadamente en las dos novelas principales de Carpentier, *Los pasos perdidos* y *El siglo de las luces*. Es lógico, por consiguiente, que se hayan enfocado temas universales, de índole abstracta, tales como el sentido del tiempo, el problema existencial de la auto-definición, el hombre y la historia. Es más: las dos novelas producen una visión de la unicidad de la América Latina, en un sentido socio-cultural y geográfico. Pero al tratar estos problemas y estos aciertos en las novelas, los críticos no se han visto obligados a tomar en cuenta el contexto específicamente cubano del cual brota la narrativa de Carpentier —fenómeno de mayor importancia al entrar en una interpretación de *Ecue-Yamba-O.*

---

[1] Buenos Aires: Editorial Xanadu, 1968. Las citas que hacemos en este estudio se conforman a esta edición, y se incorporarán al texto del estudio.

De ese contexto, varios elementos convergentes están proyectados en la novela: un vanguardismo de inspiración europea; un nativismo de orientación nacionalista; un sentido de oposición a la política corrompida del presidente autoritario, Gerardo Machado; y un resentimiento profundo en contra de la condición neocolonizada que las actividades de los EE. UU. habían sobreimpuesto a Cuba.

Veinte años después, Carpentier, recordando, esbozaría los elementos de la escena cultural cubana a mediados de la década de 1920:

> ...en esa época se hicieron los "descubrimientos" de Picasso, de Joyce, de Stravinsky... y de todos los *ismos*... Fue el tiempo de la "vanguardia", de las metáforas traídas por los cabellos...
>
> La presencia de ritmos, danzas, ritos, elementos plásticos, tradiciones, que habían sido postergados durante demasiado tiempo en virtud de prejuicios absurdos, abría un campo de acción inmediato, que ofrecía posibilidades de luchar por cosas mucho más interesantes que una partitura atonal o un cuadro cubista. Los que ya conocían la partitura de *La consagración de la primavera* —gran bandera revolucionaria de entonces— comenzaban a advertir, con razón, que había, en Regla, del otro lado de la bahía, ritmos tan complejos e interesantes como los que Stravinsky había creado para evocar los juegos primitivos de la Rusia pagana... Los ojos y los oídos se abrieron sobre lo viviente y próximo. Por otra parte, el nacimiento de la pintura mexicana, la obra de Diego Rivera y de Orozco, habían impresionado a muchos intelectuales de Cuba. La posibilidad de expresar lo criollo con una nueva noción de sus valores se impuso a las mentes. Fernando Ortiz, a pesar de la diferencia de edades, se mezclaba fraternalmente con la muchachada. Se leyeron sus libros. Se exaltaron los valores folklóricos. Súbitamente, el negro se hizo el eje de todas las miradas. Por lo mismo que con ello se disgustaba a los intelectuales de viejo cuño, se iba con unción a los *juramentos ñáñigos,* haciéndose el elogio de la danza del *diablito.* Así nació la tendencia afrocubanista, que durante más de diez años alimentaría poemas, novelas, estudios folklóricos y sociológicos. [2]

---

[2] Alejo Carpentier, *La música en Cuba*. México: Fondo de Cultura Económica, 1946, pp. 235-236.

En términos socio-económicos, ésta era la época de la famosa "Danza de los millones". Cuando el precio del azúcar subió inusitadamente en 1920, dio lugar a una orgía de compra y venta especulativa entre la clase terrateniente y los todopoderosos inversionistas norteamericanos. Inevitablemente el precio vino a tierra, transformando la "danza" en crisis traumática. En una atmósfera de desesperación y bancarrota, miles de pequeños agricultores y dueños de ingenios azucareros sufrieron juicios hipotecarios. Sus propiedades pasaron a manos de corporaciones. Ya para 1926, las compañías norteamericanas, que en 1896 procesaban el diez por ciento del azúcar en Cuba, controlaban sesenta y tres por ciento. La mayoría de los contemporáneos de Carpentier compartía los valores y la conciencia que manifestó Fernando Ortiz, el intelectual más destacado de esta era. Sus palabras:

> The bank that underwrites the cutting of the cane is foreign, the consumers' market is foreign, the administrative staff set up in Cuba, the machinery that is installed, the capital that is invested, the very land of Cuba held by foreign ownership and related feudally to the *central,* all are foreign, as are, logically enough, the profits that flow out of the country to enrich others. [3]

La personificación política de esta situación negativa fue el dictador Machado. Por firmar un manifiesto criticando el gobierno de Machado, Carpentier fue encarcelado en 1927. Durante los siete meses que pasó en la prisión, escribió el primer borrador de *Ecue-Yamba-O*. Más tarde, lo puliría para publicarlo en Madrid en 1933.

La experiencia afro-cubana constituye la matriz temática de la novela. La anécdota traza la vida de Menegildo Cué: su nacimiento en una familia de campesinos negros, su adolescencia y primer amor a la sombra del ingenio azucarero, después su madurez temprana en La Habana —etapa marcada por las experiencias formativas de prisión, bodas, y entrada al mundo ñáñigo. [4] Su

---

[3] Esta cita la hemos tomado del libro en inglés de Ramón Ruiz, *Cuba: The Making of a Revolution.* New York: Norton, 1968, p. 40.

[4] Las sociedades secretas de inspiración africana, que preservaron los ritos, la música, y las prácticas religiosas de África. Además, funcionaron como fraternidades clandestinas de socorro social.

muerte violenta al final de la novela se debe a una lucha trágica y fratricida entre dos grupos rivales del culto ñáñigo.

Las fuerzas ambientales que influencian el destino de Menegildo resultan hostiles en todas sus fases. En términos económicos, la familia Cué es víctima de la compañía norteamericana que domina el ingenio y el área circundante. El padre de Menegildo pierde la parcela de tierra que el abuelo había recibido al ser emancipado de la esclavitud. La tarea de sobrevivir económicamente viene a ser una lucha ardua para la familia numerosa.

El ambiente natural, en determinados momentos, hace estragos de la condición humana. Ejemplo de ello es el huracán implacable que barre con la humilde casa de los Cué. Finalmente, el ambiente social tampoco presenta posibilidades. Menegildo se encuentra al pie de una escala social sumamente rígida. Características de su mundo son el analfabetismo, el prejuicio racial dirigido contra el negro, la pobreza permanente, y la corrupción política. Dentro de estas circunstancias adversas, el sustento principal de que puede valerse Menegildo se deriva de fuentes culturales —el sistema detallado de creencias y prácticas religiosas de origen africano; su sentimiento de lealtad a una familia que sirve como baluarte moral así como también vínculo con el pasado histórico; el gusto que representa para él la expresión personal a través de la música y el baile; y finalmente, el sentido de hombría y de confraternidad que produce la iniciación a la sociedad secreta del mundo ñáñigo.

La acción dramática se desenvuelve dentro de un marco de ironía, sugerido en primera instancia por el título mismo de la obra (se traduce, "Loado sea Dios"), con su implicación de confianza en el poder protector de la deidad. Ya desde la niñez del protagonista, se propicia a los dioses y los santos a cambio de protección ante la enfermedad y la mala suerte. Menegildo, enamorado de Longina, recurre a amuletos mágicos para que la fortuna de su amor resulte favorable. Irónicamente, los procedimientos mágico-religiosos producen el fin deseado sólo después de que Menegildo pelea violentamente con el campesino migrante haitiano quien ha mantenido en servidumbre forzada a Longina. Herido el haitiano, Menegildo va a dar a la cárcel en la Habana. Pero a través de la influencia política del grupo ñáñigo al cual pertenece su primo, Menegildo sale, liberado, al mundo urbano. Se instalan Menegildo y Longina en la ciudad moderna y peligrosa, adaptándose precariamente a una vida llena de personas, costumbres, palabras y modalidades nuevas —vida que gira en torno a la simbiosis paradójica y trágica entre magia y rito afro-cubanos, por una parte, y vida urbana, capitalista, al ritmo del béisbol, la política, y las fiestas de barrio, por otra.

Después de la muerte de Menegildo, Longina retorna al hogar rural de los Cué para dar a luz a su hijo. Éste es encomendado, en los últimos párrafos de la novela, a las mismas deidades, para que le den la misma protección que había recibido su padre.

En una reseña perspicaz, Juan Marinello señaló la calidad de exotismo que caracteriza el ambiente afro-cubano en *Ecue-Yamba-O*. Este defecto se debe, en los ojos del crítico, a un conflicto básico entre el intento de presentar el paisaje humano del negro cubano y otro intento, el de embellecer la novela a través de la técnica literaria. Señala Marinello "un conflicto quizá indefectible: la pugna entre el impulso humano y la ambición literaria, la pelea entre el deseo de tocar la entraña negra y el de ofrecer a los ojos europeos, y a los del propio autor, un caso lejano atrapado por las últimas sabidurías literarias".[5] Este acento en la dimensión estética lo atribuye el crítico a la experiencia y la conciencia europeas en Carpentier. Pero hoy en día sabemos que un buen número de novelistas contemporáneos, desde Miguel Ángel Asturias hasta Mario Vargas Llosa, han demostrado la posible compatibilidad entre la elaboración estilística y la visión humana profunda. Habrá, pues, que ampliar la explicación de Marinello.

Queda claro, desde el primer párrafo del libro, en el cual se comparan las líneas rectas y angulares del edificio del ingenio de azúcar con una "figura de teorema", que el autor se propone valer de imágenes modernas e innovadoras. Pronto se notan símiles y metáforas de índole intelectual, basadas en conceptos abstractos como el de un teorema. Hay otras imágenes connotativas de distintas formas de arte, por ejemplo la música y la arquitectura. Las más inventivas de todas logran distorsionar modos lingüísticos

---

[5] Juan Marinello, "Una novela cubana", en *Literatura hispanoamericana*. México: UNAM, 1937, p. 171.

convencionales para presentar una visión expresionista, personalizada, de la realidad. Saltan a la vista las calidades de invención, originalidad, expresión personal. ¿En qué relación vemos estas calidades con los elementos temáticos de la novela? Para continuar la encuesta de Juan Marinello habrá que examinar la obra desde tres perspectivas: el punto de vista desde el cual se narra la realidad de la novela; los efectos creados por el manejo distintivo del lenguaje; y por último la configuración superimpuesta a la experiencia por la secuencia y los énfasis narrativos —dicho de otro modo, por la estructuración de la novela. La discusión de estos aspectos de la técnica narrativa nos llevará a una definición más clara del sistema de valores del mundo ficticio de *Ecue-Yamba-O*.

Punto de vista narrativo

En su presentación del material novelesco, el autor no se conforma a una sola perspectiva. Hay momentos, por desgracia raros, cuando sucesos e impresiones nos llegan como si se hubieran filtrado por la conciencia de uno u otro de los personajes. Tales momentos sirven para reforzar la ilusión de realidad, para dotar de coherencia a los personajes, y para reducir la distancia psicológica entre lector y personaje, borrando la presencia del narrador. Ejemplo de esto se encuentra en el capítulo del huracán cuando Usebio, el padre de Menegildo, se esfuerza en medio de la embestida de viento y lluvia, por volver a su familia. Su conciencia siente "el deseo de no saberse tan solo, tan miserable, sobre esta tierra agotada, arada por el trueno, surcada de estrías sanguinolentas como el cerebro de un buey degollado" (pp. 50-51). El sentimiento de desolación en un campesino, ampliado al presenciar la violación de la tierra por destructivas fuerzas naturales, se nos comunica autenticado por la comparación entre la tierra tajada y la cabeza acuchillada de un buey. Esta imagen gráfica, que cabe perfectamente dentro del marco de experiencia de un campesino, le revela al lector directamente la conciencia de Usebio.

Por otra parte, en numerosos pasajes descriptivos lo que salta a la vista es la evaluación hecha por el autor, o la interpretación que éste nos ofrece sobre las ideas o intenciones de sus personajes.

Por implicación se nos está comunicando que Usebio y sus familiares o no son capaces de entender su propia experiencia, o que hay que expresarla en términos más allá de su alcance intelectual. En un momento dado, por ejemplo, la voz narrativa explica la significación general del repertorio mágico que maneja el brujo Beruá: "Sin sospecharlo, Beruá conocía prácticas que excitaban los reflejos más profundos y primordiales del ser humano" (p. 56). En otro momento, el narrador, cuya voz parece ser la del autor, intercala su propia autenticación de las opiniones de sus personajes: "La familia Cué estaba convencida —y en ello no andaba equivocada— que la Justicia y los Tribunales eran un invento de gentes complicadas, que de nada servía ..." (p. 108). Otro ejemplo, una descripción de los bailadores frenéticos, semi-religiosos, en la fiesta del Año Nuevo que terminaría en la muerte de Menegildo: "Los cuerpos giraban, sudorosos, jadeantes, en un rito evocador de magias asirias" (p. 208). En cada instancia, los valores y el significado que percibe el lector reflejan el punto de vista interpretativo del autor, no el de los personajes. Esto, por sí sólo, no tiene que ser un defecto fatal. Lo que sí resulta contraproducente es el contraste entre la sofisticación y cosmopolitismo de la voz narrativa, y el marco estrecho dentro del cual esta voz perfila a los personajes —marco de "primitivismo", ingenuidad, simplicidad.

Lenguaje

Las tres características que pueden señalarse como rasgos distintivos del lenguaje de *Ecue-Yamba-O* son la aproximación del dialecto afro-cubano, la elegancia contrastante de la esfera lingüística que ocupa la voz narrativa, y la presencia constante de imágenes expresionistas.

De manera semejante a la de los escritores nativistas del mismo período en otros países latino-americanos, Carpentier se esforzó por comunicar el léxico, los sonidos, la pronunciación de personajes de las clases desprivilegiadas. Hasta cierto punto este empeño da frutos, ya que el lenguaje sirve para otorgar validez a los personajes, y para poner en evidencia el vigor expresivo de su habla. La incorporación de la letra lírica de canciones populares y religiosas aumenta este efecto. La influencia africana está encarnada en la forma lingüística, es decir en las variaciones fonéticas, así como en la sustancia, en cuanto a símbolos africanos y adaptaciones léxicas.

Por otra parte la función del lenguaje popular es limitada. El autor no encarga al diálogo el papel central de llevar a cabo el desarrollo de los personajes o la acción. En este sentido, pues, el lenguaje popular sirve una función auxiliar, y la línea central de desarrollo depende de la narración convencional, en tercera persona, de una voz omnisciente. Esta voz omnisciente obra en sentido contrario al del tono popular, dada su predilección por un vocabulario altamente estilizado y culto. Un ejemplo de esto se ve en un fragmento de monólogo interior indirecto, del momento en que Menegildo, prisionero, sale en tren para la cárcel: "Y ahora Longina se iba quedando en los antípodas del mundo" (p. 134). En otros momentos la voz narrativa incurre en un sarcasmo demasiado obvio, traspasando el límite entre sátira y entrando, sin intención, al terreno de la caricatura. Este fenómeno se nota en las descripciones de la mujer norteamericana (p. 68), y de los políticos cubanos venales (p. 123).

Notable a través de toda la narración, especialmente en pasajes que tratan del ingenio de azúcar y otros aspectos mecanizados de la sociedad cubana, es un hilo constante de imágenes expresionistas. Con frecuencia son eficaces y fascinantes, pero casi siempre reflejan la agudeza de la percepción del narrador más bien que la de sus personajes: "Los químicos extraen el licor ardiente, lo hacen recorrer laberintos de cristal, trastornan la sintaxis de la melaza, hacen la reacción Wasserman del monstruo que trepida y ensucia el paisaje" (p. 13). El efecto de estas metáforas abstractas ("la sintaxis de la melaza"), junto con símiles que se refieren a orquídeas japonesas, princesas alemanas, el hai-kai, los ritos asirios, y paisajes urbanos anglosajones, es medir el mundo afrocubano de acuerdo con normas que le son ajenas y externas.

En contraste con estos términos de referencia exóticos, los personajes son retratados una y otra vez como primitivos, ingenuos, sencillos: "Sus ojos, más córnea que iris, sólo sabían expresar alegría, sorpresa, indiferencia, dolor o lubricidad —reacciones primeras de toda alma realmente sencilla" (p. 53). Más de una docena de veces las acciones, los rasgos físicos, los estados de ánimo, o los instintos de Menegildo o de sus familiares se comunican a través de comparaciones inspiradas en el mundo animal. Como consecuencia se forja una visión paternalista de unos individuos simpáticos pero al fin de cuentas infantiles.

Estructura

Debajo del fluir narrativo de *Ecue-Yamba-O* existe una conciencia de estructura. Se nota en la composición tri-partita, en la repetición de ciertos motivos, en la incorporación de elementos folklóricos, y en el esfuerzo por extender, temporal y especialmente, el alcance y el significado de los sucesos.

La secuencia narrada abarca tres segmentos, o ciclos. Son progresivamente más largos, correspondiendo a las etapas en la trayectoria vital de Menegildo: Infancia, Adolescencia, La Ciudad. Como si quisiera dar a entender que la vida encierra dentro de su estructura arquetípica un número dado de factores comunes, cada ciclo narrado enfoca ciertas experiencias básicas. Casi siempre los títulos señalan estos aspectos fundamentales: Paisaje, Iniciación, Incendio, Viaje. La estructura, nos vamos dando cuenta, es un proceso sistemático de experiencias repetidas en cada etapa sucesiva del ciclo vital —el cual resulta, dentro de esta estructura, casi predeterminada.

Varios elementos culturales funcionan para hacer resaltar este proceso. La letra de la omnipresente música afro-cubana sirve como *motif* del amor, la violencia, y las creencias mágicas. Esta letra conlleva, para los personajes, implicaciones profundas, despertando emociones que se deben a fuerzas vitales inexplicables, acentuando el tono fatalista de la novela. Es más: al autor le pareció indicado incluir fotografías de objetos culturales: estatuas de santos; símbolos de clanes, efigies. Visualmente no dejan de interesar, pero estéticamente cortan el ritmo narrativo, recordándole al lector que la novela es "un trozo de vida"; de hecho la novela, insiste el autor, depende de la vida.

Varias veces se notan segmentos que interrumpen el fluir narrativo, creando interludios estáticos en distintos momentos. Ejemplos de ello son la vista retrospectiva histórica que trata los abuelos de Menegildo y la esclavitud —segmento que se intercala sin preparación alguna— y las variaciones sobre la vida adolescente en el *ghetto* urbano de La Habana, las cuales apenas se relacionan tenuemente con las líneas temáticas de la novela. Por último hay un sentido de improvisación tentativa en la desigualdad, en extensión y alcance narrativo, entre varios capítulos individuales. Algunos son escenas breves, a pincel rápido, de una o dos páginas; otros sirven sólo para preparar descriptivamente la escena a continuación.

No obstante esta desigualdad, la arquitectura básica de la obra obedece a nociones artísticas. Logra Carpentier, a través de esta estructura, imprimirle un sentido formal a la narrativa, el cual a su vez contribuye a forjar el sistema de valores que el lector puede entrever en el mundo narrativo de *Ecue-Yamba-O*.

La primera novela de Alejo Carpentier, pues, resulta ser una tentativa seria, de no poco interés para estudiantes de la literatura y la cultura cubanas. Examina un aspecto de la experiencia cubana que antes había sido excluido de la narrativa. Es más: el autor sí logró perfilar la vitalidad y la fuerza expresiva de la variante afro-cubana del idioma castellano. En un sentido más amplio, la estructura cíclica y el marco irónico funcionan para volver más profundo el tono de angustia con que el autor retrata la situación del negro en Cuba.

Por otra parte es importante constatar que el retrato que va cuajando, cuyos contornos y rasgos derivan del punto de vista narrativo y la estrategia lingüística, es el de un afro-cubano pasivo, restringido por su cultura, y orientado al mito y la magia. La pasividad se debe a su falta de entendimiento de su propia situación, y por consiguiente a su incapacidad para influir en ella. Si bien es cierto que Carpentier logra captar el sustento moral y espiritual que la familia Cué recibe de su ambiente cultural, es cierto asimismo que la novela perfila a un negro incapacitado desde dos perspectivas. En primer lugar el hincapié que hace el autor en descripciones de ritos y creencias mágicas con lujo de detalle folklórico produce la imagen de una gente que, contra una sociedad explotadora y tecnologizada, tiene como única defensa un sistema inadecuado de prácticas semi-supersticiosas. Segundo, hay varias maneras en que se presenta a los personajes, especialmente a Menegildo, como seres de sentidos e instinto, a diferencia de seres humanos capaces de meditación y entendimiento. Ya hemos comentado la calidad de sencillez. Pero además hay que fijarse en la ausencia de protesta en los personajes (no en la voz narrativa, la cual sí analiza críticamente la situación) y en lo que viene a ser una forma de ignorancia social. En un momento dado, la voz narrativa hace explícita esta visión paternalista: "Carente de toda conciencia de clase, Menegildo tenía, en cambio, una conciencia total de su facultad de existir. Se *sentía* a sí mismo, pleno, duro, llenando su piel sin espacio perdido, con esa realidad esencial que es la del calor o del frío. Como le fuese permitido 'tomar el fresco', fumar algunos vegueros o hacer el amor, sus músculos, sus bronquios, su sexo, le daban una sensación de vivir que excluía toda angustia metafísica" (p. 188).

Finalmente, por medio de una estructura circular y la repetición irónica, la novela tiende hacia una visión de la existencia como ciclo pre-ordenado dentro del cual el hombre vive una serie de patrones arquetípicos más bien que influenciar su propio destino. La vida viene a ser una serie de etapas tristes que constituyen una progresión constante, repetitiva, hacia la muerte. Dentro de este proceso el ser humano, ayudado por dioses a veces benignos pero nunca conocibles, puede alcanzar breves satisfacciones sensuales o físicas, pero nunca llega a entender el significado esencial de sus vivencias. En este sentido el protagonista puede verse como supeditado a la magia y el mito.

No intentamos pasar por alto los elementos de protesta que por cierto figuran en la textura de la novela. Las instituciones básicas de la sociedad son analizadas y satirizadas: el ingenio, y por extensión toda la economía azucarera, controlada por extranjeros; el sistema político en sus manifestaciones rurales y urbanas; la cárcel y el sistema de justicia. Sin embargo este nivel de protesta se presenta por encima de la conciencia de los personajes, sin afectar sus motivaciones o sus pensamientos.

Al fin de cuentas, pues, hay que evaluar *Ecue-Yambo-O* en términos más complejos y contradictorios de lo que pudiera haberse anticipado. Por una parte responde a una nueva y positiva conciencia nacional. Por otra parte sus fallas literarias se traducen en defectos en el terreno de valores, indicando que esta conciencia nacional puede teñirse del elitismo de una vanguardia que mira el mundo por la lente imperfecta de la burguesía.

En su creatividad lingüística, su evidencia de un ojo y un oído literariamente agudos, su enfoque de un tema netamente cubano, y sobre todo su aplicación de una visión irónica a las contradicciones de la situación humana, *Ecue-Yamba-O* revela las semillas del talento de Alejo Carpentier.[6] Veinte años más tarde, alimentados por interrogativas filosóficas, por un escepticismo profundo, producto de la segunda guerra mundial, por la conciencia de la unicidad y la agonía de América Latina, nacerían los frutos maduros de estas semillas, *Los pasos perdidos* y *El siglo de las luces*.

---

[6] Alexis Márquez Rodríguez, autor de un estudio excelente sobre el autor cubano, *La obra narrativa de Alejo Carpentier* (Caracas: Universidad Central de Venezuela, 1970), dedica un capítulo inteligente a esta novela — "*Ecue-Yamba-O*: denuncia y testimonio". Aunque el profesor Márquez se concentra en otros enfoques —más que nada en precisar y discutir los temas principales y colaterales— su "balance y conclusión" está en consonancia con nuestro argumento central.

MITO Y REALIDAD EN "LOS ADVERTIDOS"

Klaus Müller-Bergh
University of Illinois, Chicago Circle

La Habana, 13 de junio de 1965 fecha el cuento "Los advertidos" en la traducción francesa de *Guerra del tiempo* por René L. F. Durand, *Guerre du temps* (París, 1967). Aquí Alejo Carpentier excluye la novela corta *El acoso* que formó parte de la primera edición de *Guerra del tiempo* (México, 1958) por razones editoriales, y añade dos relatos inéditos "Les elues" y "Le droit d'asile", es decir, "Los advertidos" y "El derecho de asilo". Como sucede lo mismo con la traducción inglesa de Frances Partridge, *War on Time* (New York, 1970), sospecho que la versión definitiva de *Guerra del tiempo* comprende los cinco cuentos "Viaje a la semilla", "El Camino de Santiago", "Semejante a la noche", "El derecho de asilo" y "Los advertidos". Las demás ediciones parecen seguir los vaivenes del negocio editorial. Así una versión reciente de *Guerra del tiempo* (Barcelona, 1970), excluye "El derecho de asilo" e incluye "Los fugitivos", un cuento que por su tema y estilo todavía refleja las preocupaciones de la primera época carpenteriana y no encaja dentro de esta colección.

"Los advertidos" cobra importancia singular y merece nuestra atención por su unidad temática con los demás relatos de *Guerra del tiempo* y por hallarse estrechamente vinculado a uno de sus mejores ejemplos de prosa madura. Así aunque "Los advertidos" lleve la fecha de 1965, es muy probable que se trate de una obra de concepción anterior, escrita quince años antes puesto que el tema central ya aparece en forma embrionaria en *Los pasos perdidos* (México, 1953) y en artículos del autor. En esta novela el protagonista principal, un compositor en busca de instrumentos musicales primitivos, llega en la última etapa de su viaje al fondo de la selva, a la nueva ciudad fundada por su guía:

> El Adelantado me muestra entonces, en un paredón de roca, unos signos trazados a gran altura por artesanos desconocidos —artesanos que hubieran sido izados hasta el nivel de su tarea por un andamiaje imposible en tales tránsitos de su cultura material—. A la luz de la luna se dibujan figuras de escorpiones, serpientes, pájaros, entre otros signos sin sentido para mis ojos, que tal vez fueran figuraciones astrales. Una explicación inesperada viene, de pronto, al encuentro de mis escrúpulos: un día, al regresar de un viaje —cuenta el Fundador—, su hijo Marcos, entonces adolescente, le dejó atónito al narrarle la historia del Diluvio Universal. En su ausencia, los indios habían enseñado al mozo que esos petroglifos que ahora contemplábamos fueron trazados en días de gigantesca creciente, cuando el río se hinchara hasta allí, por un hombre que, al ver subir las aguas, salvó una pareja de cada especie animal en una gran canoa. Y luego llovió durante un tiempo que pudo ser de cuarenta días y cuarenta noches, al cabo del cual, para saber si la gran inundación había cesado, despachó una rata que le volvió con una mazorca de maíz entre las patas. El Adelantado no hubiera querido enseñar la historia de Noé —por ser patraña— a sus hijos; pero al ver que la sabían sin más variante que una rata puesta en lugar de la paloma, y una mazorca de maíz en lugar de la rama de olivo, confió el secreto de esta ciudad naciente a fray Pedro, a quien consideraba un hombre, porque era de los que viajaban solos por regiones desconocidas y sabían hacer curas y distinguir las yerbas. "Ya que al fin y al cabo les contarán los mismos cuentos, que los aprendan como los aprendí yo." Pensando en los Noés de tantas religiones, se me ocurre objetar que el Noé indio me parece más ajustado a la realidad de estas tierras, con su mazorca de maíz, que la paloma con su ramo de olivo, puesto que nadie vio nunca un olivo en la selva. Pero el fraile me interrumpe abruptamente, con tono agresivo, preguntándome si he olvidado el hecho de la Redención: "Alguien ha muerto por los que aquí nacieron, y era menester que la noticia les fuese dada".[1]

---

[1] *Los pasos perdidos* (México: Cía. General de Ediciones, 1959), Capítulo quinto, xxv, págs. 204-205. Véase también en el mismo capítulo, xxvii, pág. 212; "El gran libro de la selva" de la columna *Letra y solfa* en *El*

Hallamos, pues, en *Los pasos perdidos* una de las numerosas leyendas universales de diluvio y catástrofe que también abundan en las cosmogonías de distintos pueblos indios americanos. [2] Conviene entonces a nuestro propósito de analizar cómo esta leyenda se desarrolla plenamente en "Los advertidos" situarla en su contexto literario y real. A este fin examinaremos cuatro mitos de inundación que han repercutido en las letras mexicanas, guatemaltecas, peruanas y brasileñas y más adelante veremos como Carpentier llegó a recoger el mito Caribe en Venezuela.

El primer mito de inundación aparece en el décimo capítulo de la *Relación acerca de las antigüedades de los indios* de Fray Ramón Pané donde el héroe cultural taino Demián Caracaracol, uno de los cuatro hijos gemelos de Itiba Cahubaba, rompe la calabaza de Yaya e inunda el mundo: "Y mientras comían, sintieron que venía Yaya de sus posesiones, y queriendo en aquel apuro colgar la calabaza, no la colgaron bien, de modo que cayó en tierra y se rompió. Dicen que fue tanta el agua que salió de aquella calabaza, que llenó toda la tierra, y con ella salieron muchos peces; y de aquí dicen que haya tenido origen el mar". [3]

Otro mito de inundación se remonta al *Popol-Vuh*, el libro sagrado de los maya-quichés. Según este documento escrito a mediados del siglo XVI, los creadores del universo ordenaron el caos al dibujar las líneas del cielo y de la tierra y dividir el mundo en cuatro partes. Entonces los dioses crearon la tierra, los montes y los animales. Al proceder a la creación del hombre, primero formaron su cuerpo de barro que se ablandaba, mojaba y no se sostenía en pie. Después lo construyeron de madera, en formas de muñecos que se propagaron y poblaron la tierra. Pero como estos seres se desecaban, no conservaban vida y se olvidaban de sus Constructores, fueron destruidos por los Espíritus del Cielo

---

Nacional, Caracas, 14 de mayo de 1952, pág. 16; "Los hombres llamados salvajes", 24 de mayo de 1952, pág. 16 y "El arca de Noé" 16 de agosto de 1952, pág. 16.

[2] *Funk & Wagnalls Standard Dictionary of Folklore, Mythology and Legend* (New York: Funk & Wagnalls Co., 1949), da un resumen de estos mitos de inundación.

[3] Fray Ramón Pané *"Relación acerca de las antigüedades de los indios": el primer tratado escrito en América*. Nueva versión, con notas, mapa y apéndices por José Juan Arrom (México: Siglo XXI Editores S. A., 1974), págs. 29-30.

en una inundación de resina. Aunque la mayoría de los maniquíes se ahogó, muchos trataron de ponerse a salvo subiendo a los árboles. Algunos sobrevivieron y se convirtieron en los monos de las selvas. Por fin los dioses crearon la carne y la sustancia del hombre de maíz.

El Inca Garcilaso de la Vega en "De fábulas historiales del origen de los Incas", el capítulo XVIII del *Libro primero de los Comentarios Reales de los Incas,* alude a una leyenda de inundación corriente entre los pueblos incaicos, aunque nunca llega a dar los pormenores de la catástrofe:

> Otra fábula cuenta la gente común del Perú del origen de sus Reyes Incas ... Dizen que passado el diluvio, del cual no saben dar más razón de dezir que lo huvo, ni se entiende si fue el general del tiempo de Noé o alguno otro particular, por o cual dexaremos de dezir lo que cuentan dél y de otras cosas semejantes ... dizen, pues que, cessadas las aguas, se aparesció un hombre en Tiahuanacu, que está al mediodía del Cozco, que fue tan poderoso que repartió el mundo en cuatro partes y las dió a cuatro hombres que llamó Reyes: el primero se llamó Manco Cápac y el segundo Colla y el tercero Tócay y el cuarto Pinahua ... [4]

Y el escritor brasileño Domingos José Gonçalves de Magalhães (1811-1882) escribió en el siglo diecinueve:

> Tamandaré é o Noé dos povos brasílicos. Segundo a sua tradição, êsse Pajé, ou Mago de grande saber, fora avisado por Tupã, exceléncia superior que un diluvio devia inundar a terra, e cobrir os montes, à exceção de uma palmeira que estava em certa montanha mui alta: nessa palmeira salvou-se Tamandaré a sua familia, alimentandose com os seus frutos durante o dilúvio, findo o qual desceram, e de novo povoaram a terra ... [5]

El mito taíno, incaico y tupí se incorporaron a la literatura americana. En su excelente estudio "Mitos taínos en las letras de

---

[4] *Comentarios Reales de los Incas,* edición al cuidado de Ángel Rosenblat, 2.ª ed. (Buenos Aires: Emecé Editores, 1945), I, pág. 45.

[5] "A Confederação dos Tamoyos", en *Grandes Poetas Románticos do Brasil,* prefácio e notas biográficas pelo Prof. António Soares Amora (São Paulo: Edições Lep Ltda., 1949), pág. 152.

Cuba, Santo Domingo y México" José Juan Arrom ha rastreado la leyenda taína de inundación como parte del trasfondo indígena del cuento "La fiebre amarilla" de Justo Sierra (1848-1912): "Los sacerdotes hablaban de un nuevo diluvio y de la calabaza alegórica en donde estaban los océanos y los monstruos del agua y que se había roto un día e inundado la tierra".[6] Ya vimos cómo en los *Comentarios Reales* el Inca Garcilaso alude a una historia india del diluvio. Más adelante en el mismo capítulo, el Inca incorpora tres elementos nuevos a su relato. Empieza comparando la "fábula" peruana con la mitología griega, la historia de Pirra y Deucalion, sigue estableciendo el paralelo de ambos relatos con la versión bíblica de Noé y por último se atreve a concluir hábilmente insinuando que quizás la "fábula incaica" y el mito griego en el fondo no sean tan distintas de la Sagrada Historia:

> ...no hay que espantarnos de que gente que no tuvo letras con que conservar la memoria de sus antiguallas trate de aquellos principios tan confusamente, pues los de la gentilidad del mundo viejo, con tener letras y ser tan curiosos en ellas, inventaron fábulas tan dignas de risa y más esotras, pues una dellas es la de Pirra y Deucalion y otras que pudiéramos traer a cuenta. Y también se pueden cotejar las de la una gentilidad con las de la otra, que en muchos pedaços se remedan. Y assimismo tienen algo semejante a la historia de Noé, como algunos españoles han querido dezir, según veremos luego...
> Algunos españoles curiosos quieren dezir, oyendo estos cuentos, que aquellos indios tuvieron noticia de la historia de Noé, de sus tres hijos, mujer y nueras, que fueron cuatro hombres y cuatro mujeres que Dios reservó del diluvio, que son los que dizen en la fábula, y que por la ventana del Arca de Noé dixeron los indios la de Paucartampu, y que el hombre poderoso de la primera fábula dize que se aparesció en Tiahuanacu, que dizen repartió el mundo en aquellos cuatro hombres, quieren los curiosos que sea Dios, que mandó a Noé y a sus tres hijos que poblassen el mundo. Otros passos de la una fábula y de la otra quieren semejar a los de la Sancta

---

[6] En *Cuentos románticos*, edición y prólogo de Antonio Castro Leal (México: 1946), pág. 109; citado por José Juan Arrom en *Certidumbre de América: estudios de letras, folklore y cultura* (Madrid: Gredos, 1971), pág. 73.

Historia, que les paresce que se semejan. Yo no me entremeto en cosas tan hondas; digo llanamente las fábulas historiales que en mis niñezes oí a los míos; tóme las cada uno como quisiere y déles el alegoría que más le cuadrare.[7]

La gran osadía ideológica del Inca Garcilaso dentro del contexto renacentista español ya ha sido comentada por la crítica y claramente anticipa la interpretación antropológica moderna del mito de Amaliwak que nos da Carpentier en "Los advertidos".[8] Y por fin Gonçalves de Magalhães en la época romántica también incorpora la historia de Tamandaré, el héroe cultural del diluvio tupi a su poema indianista "A Confederação dos Tamoyos":

> Desta terra que é tua, dêstes bosques,
> Que após da enchente do geral dilúvio
> Plantou Tamandaré para seus filhos
> Hoje os Tamoios em defesa marcham
> Tamandaré foi pai dos avós nossos;
> Sempre Tamandaré a ti foi caro;
> Tu, oh sol, o aqueces na velhice;
> Aquece os filhos seus; mas ah! não tanto...[9]

Dado el hecho que Alejo Carpentier conoce muy bien el *Popol Vuh* y es un gran admirador de la obra del Inca Garcilaso, no nos extraña que el escritor cubano haga de Amaliwak el personaje central de "Los advertidos" y lo convierta en el Noé americano por excelencia.[10] Carpentier viajó a las regiones de los petroglifos

---

[7] *Comentarios Reales de los Incas*, págs. 46 y 47.

[8] Véase Juan Bautista Avalle-Arce en su introducción a *El Inca Garcilaso en sus Comentarios: Antología vivida* (Madrid: Editorial Gredos, 1964), págs. 23 y 24.

[9] En *Grandes Poetas Románticos do Brasil*, pág. 152.

[10] Encontramos las huellas del *Popol Vuh* en *Los pasos perdidos* tanto en los nombres de ciertos lugares mencionados por el compositor, Mansión del Calofrío, como en la cita que encabeza el capítulo cuarto: "¿No habrá más que silencio, inmovilidad al pie de los árboles, de los bejucos? Bueno es, pues que haya guardianes", capítulo 3 de *El libro del consejo*, traducción y notas de Georges Raynaud, J. M. González de Mendoza y Miguel Ángel Asturias (México: Universidad Nacional Autónoma de México, 1964), pág. 7; o en la alusión al mito del robot en la parte XXVII del capítulo quinto. Carpentier afirma en "Confesiones sencillas de un escritor barroco", *Cuba: revista mensual* (La Habana), Año 3, Tomo 24, abril 1964, págs. 30-33, recogido por César Leante: "Me dediqué durante largos años a leer todo

en el Alto Orinoco e indudablemente recogió esta leyenda Caribe a lo largo de su estancia venezolana (1945-1959). [11] Veamos ahora algunos detalles de este mito.

El antropólogo Antonio Núñez Jiménez en su estudio sobre "Facatativa, santuario de la rana, Andes Orientales de Colombia" habla de "Amalivaca... personaje mitológico, gran héroe y formador de los indios tamanacos de Venezuela, (que) cubrió las rocas de Tepu-Mereme o Roca Pintada del Orinoco de cocodrilos, tigres y de imágenes sagradas del sol y de la luna. Tan antiguas eran estas pictografías que las tribus contemporáneas perdieron la tradición de sus mayores y las creen de origen divino. [12] Aunque es muy probable que Jiménez aquí se refiera a los petroglifos de Caycara a la orilla del Orinoco primeramente descritos por el Barón Alejandro de Humboldt en *Viaje a las regiones equinocciales del Nuevo Continente hecho en 1799, 1800, 1801, 1802, 1803 y 1804 por A. de Humboldt y A. Bonpland* (1816) y Richard Schomburgk en *Reisen in Britisch Guiana in den Jahren 1840-1844* (1847), estos dibujos forman parte de todo un cinturón de pictografías en otras regiones de Venezuela y América. Entre los ejem-

---

lo que podía sobre América, desde las Cartas de Cristóbal Colón, pasando por el Inca Garcilaso hasta los autores del siglo dieciocho. Por espacio de casi ocho años creo que no hice otra cosa que leer textos americanos". Y en el ensayo "Papel social del novelista" de *Literatura y arte nuevo en Cuba* (Barcelona: Editorial Estela, 1971), págs. 163-164, vuelve a referirse al Inca como a uno de los cuatro escritores hispanoamericanos de primera magnitud: "Éste, hijo de una princesa incaica y de un conquistador español, se aplica en su obra monumental, los *Comentarios reales*, a evocar la grandeza de su país, el reino inca, describiendo con una nostalgia punzante su grandeza pasada. He aquí otro escritor que cumple su función social fijando el pasado inmediato, para que el mundo guarde su recuerdo".

[11] Carpentier nos informa de su viaje al interior de Venezuela en 1947, en una serie de artículos publicados en la serie "Visión de América" de la revista habanera *Carteles,* enero 25, febrero 22, marzo 28, mayo 9 y junio 13 de 1948: "La Gran Sabana: Mundo del Génesis", "El Salto del Ángel en el Reino de las Aguas", "La Biblia y la ojiva en el ámbito del Roraima", "El último buscador de El Dorado" y "Ciudad Bolívar, metrópoli del Orinoco".

[12] *Islas: Revista de la Universidad Central de Las Villas* (Santa Clara, Cuba), (mayo-agosto 1959), págs. 665-757. Véase también la bibliografía del libro de B. Tavera-Acosta, *Los petroglifos de Venezuela,* prólogo de Miguel Acosta Saignes, Instituto de Antropología e Historia..., Universidad Central de Venezuela, 1965. Carpentier alude a Saignes en "El fervor arqueológico", *El Nacional,* jueves 10 de enero de 1954, pág. 4.

plos más importantes figuran los petroglifos de la cascada del Waraputa y los de la base del monte Roraima.[13] El mismo Carpentier explica el significado que los dibujos cobran para los indígenas del centro de Venezuela en su artículo "El Salto del Ángel en el Reino de las Aguas":

> "En aquel tiempo había gigantes sobre la tierra", dice el Génesis. Pero gigantes que, más que hijos del Gerión helénico, fueron hermanos de los primeros héroes citados en el *Libro de los Linajes,* de Chilam Balam ("No eran dioses, eran gigantes"). Héroes justos, medidores de la tierra, inventores de la agricultura, Jefe de Rumbos. Es interesante observar además, cómo esta noción de gigantes industriosos, dotados de Plenos Poderes, es una constante de las mitologías americanas. Porque nada recuerda mejor los trabajos realizados por los primeros gigantes del *Libro de los Linajes* que aquellos otros debido al genio del demiurgo Amalivaca "quien dio forma al mundo con ayuda de su hermano Uochi", y cuya vasta sombra se proyecta sobre toda la cuenca del Orinoco, en un área de difusión de su mito cuya extensión asombraba al barón de Humboldt. Todavía se muestran, en cercanías de la Sierra de la Encaramada, Monte Ararat de los indios tamanacos, dibujos trazados a considerable altura por una misteriosa y poderosa mano. Son esas —según el mito— los tepuremenes o piedras pintadas por Amalivaca en los días del Diluvio Universal, "cuando las aguas del mar remontaron el Orinoco". Pero esas piedras pintadas plantean el mismo problema de ejecución —señalado por Humboldt— que ofrecen los petroglifos vistos por Jacques Soustelle en un lago del estado de Chiapas, en México. No se explica con qué andamiajes pudieron ser trazados. Una vez más, América reclama su lugar dentro de la universal unidad de los mitos, demasiado analizados en función exclusiva de sus raíces semíticas o mediterráneas. Aquí sigue tan vigente el mito de Amalivaca —mito que es también el de Shamash, el de Noé el de Quetzalcoatl— que en días de la *Enciclopedia* y de los *Diálogos* de Diderot, el padre Filippo Salvatore Gilli se oyó preguntar por un indio si Amalivaca, modelador del planeta andaba arreglando algo en Europa: es decir, en la otra orilla del Océano.[14]

---

[13] Richard Schomburgk, *Reisen in Britisch Guiana...,* erster Theil (Leipzig: Verlagsbuchhandlung von J. J. Weber, 1847), págs. 318-321.
[14] *Carteles* (La Habana), (febrero 22, 1948), pág. 30.

Más adelante en "La Biblia y la ojiva en el ámbito del Roraima", un artículo de la misma serie "Visión de América", Carpentier recuenta la creación del mundo por el más alto ser Macunaima según la cosmogonía de los indios arekunas. Es esta versión del mito Caribe que servirá de punto de partida para la elaboración de "Los advertidos":

> Al principio no fue el Verbo. Fue el Hacha. El hacha de Macunaima, cuyo filo de silex —golpea que te golpea, taja que te taja— iba desprendiendo trozos de corteza del Gran Árbol. A medida que caían al río, esos trozos de corteza se transformaban en animales. Pero Macunaima no los miraba. Seguía trabajando, allá arriba, en la ramazón, golpea que te golpea, taja que te taja. Y el venado eligió por vivienda las barrancas húmedas; y los pájaros, previsores del nido, anduvieron por entre los bejucos. Y cada uno hizo escuchar su lenguaje, según su clan y según su manera. Entonces Macunaima, el más alto ser, dejó descansar el hacha y creó al hombre. El hombre empezó a dormirse profundamente. Cuando despertó, vio que la mujer yacía a su lado, y fue ley, desde entonces, que la mujer yazga al lado del hombre. Pero hete aquí que el Espíritu Malo, el opuesto al Espíritu Bueno, obtuvo grande ascendiente entre los hombres. Los hombres desagradecidos, habían olvidado a Macunaima y no lo invocaban ya con alabanzas adecuadas. Por esto, Macunaima, envió las grandes aguas, y la tierra fue cubierta por las grandes aguas, de las que sólo un hombre pudo escapar en una curiara. Al cabo de mucho tiempo, opinando que Macunaima estuviera cansado ya de tanto diluvio el hombre de la curiara despachó una rata, para ver si las aguas habían bajado. La rata volvió con una mazorca de maíz entre las patas. Entonces el hombre de la curiara arrojó piedras detrás de sí, y nacieron los arekunas que, como es sabido, son los hombres preferidos por el Creador. Todo el mundo sabe, además, que la Gran Sabana es donde tuvo lugar la creación. Los hombres que en ella viven son los depositarios de las Grandes Verdades. Y cada vez que un bólido incandescente surca el cielo —pues se vieron algunos bólidos en un tiempo que transcurría muy lentamente— todos saben que la gran guacamaya Uatoíma vuela a la morada del hombre que repobló el mundo, luego del diluvio. [15]

---

[15] *Carteles* (La Habana), (marzo 28, 1948), págs. 15 y 16.

Una vez que hemos rastreado algunos de los antecedentes literarios y las posibles fuentes de este mito de inundación arekuna que desarrolla Carpentier y hemos establecido la base real que da origen a su relato, procedamos a un análisis del texto de "Los advertidos".

Como la mayoría de los relatos de *Guerra del tiempo*, "El Camino de Santiago", "Semejante a la noche" y "El derecho de asilo", "Los advertidos" es otra parábola elaborada con los recursos del tiempo cíclico. Al estructurar el cuento sobre el esquema básico de caída, condenación, muerte, purgatorio, regeneración y caída, Carpentier presenta una leyenda americana del diluvio universal y la contrapone a otras versiones procedentes de distintas épocas y culturas. Así trata de comprobar que el hombre es incapaz de regeneración puesto que la discordia, la violencia y la crueldad forman parte íntegra de la naturaleza humana. Solo algunos seres extraordinarios, los advertidos o escogidos para recibir las revelaciones, consiguen sobreponerse a este instinto destructor e iniciar una confraternización con sus rivales. Para la inmensa mayoría del género humano no es posible una salvación porque sus representantes están eternamente condicionados a pecar y sufrir las consecuencias del pecado.

La narración misma de "Los advertidos" no da ninguna indicación temporal acerca de la época en que transcurre. Pero las alusiones a fuentes desconocidas de un gran río a enemistades centenarias entre tribus indias, a dioses terribles que rigen el destino de los hombres, a una edad de oro en que los sabios entendían todas las lenguas y dialectos, nos hacen pensar en un remoto pasado mítico, indefinido en el espacio y en el tiempo. A la llamada de Amaliwak, el cacique cuya influencia se extiende por las tupidas regiones selváticas, acuden los Wapishan, Shirishan, Guahibos, Piaroas y otros pueblos aborígenes de la cuenca del Orinoco. Sobre un gran peñón de roca que se levanta en la confluencia de dos grandes ríos, el viejo explica que ha reunido las tribus en una tarea común. Por esta razón gentes enemigas desde hace siglos no luchan entre sí porque la voz del hombre "que sabía" los mantiene fascinados y sumisos: "Esa concordia, esa paz universal, asombraba a los recién llegados, cuyas armas, bien preparadas, atadas con cordeles que podían zafarse rápidamente, quedaban sin mostrarse, en el piso de las canoas ..." [16] (123-124). Aunque el pecado y la condenación son anteriores a la reunión, los indios han llegado para oír su destino. Conforme a las oscuras revelaciones de dioses que anuncian catástrofes inminentes a la humanidad, Amaliwak avisa que es preciso subir a las montañas y refugiarse en los altos cerros. Además necesita ayuda para cortar considerables cantidades de árboles y construir una canoa gigante a la orilla del agua. Amaliwak promete pagar el trabajo con el maíz y la harina de mandioca de sus almacenes. Los indios creen que el viejo chochea pero su locura los beneficia y la faena es motivo de paz, juegos y festines celebrados de noche a la luz de grandes hogueras. Aunque no han entendido las advertencias veladas del anciano, han celebrado un banquete final como hombres destinados a morir: "Había mandioca y maíz y hasta maíz para poner la chicha a fermentar en los cántaros" (127). Cuando por fin la enorme embarcación se alza en la gran planicie entre el río y el pie de la sierra, las tribus se dispersan regresando a sus lejanos hogares. Todos están seguros que la canoa absurda jamás podrá navegar y todos se han marchado sin creer en la gran subida de las aguas.

Pero las voces aterradoras de la Gran-Voz-de-Quien-Todo-lo-Hizo y de la Gran-Serpiente-Generadora ya anuncian el diluvio a Amaliwak. Su misión consiste en repoblar la tierra con hombres que brotarán de semillas de palmera. Las aguas cubren el mundo y arrastran la canoa donde se han refugiado el viejo con las mujeres y los niños de su pueblo y animales de todas las especies. Con la inundación se inicia la etapa de purificación puesto que el héroe se sumerge en la lluvia como en las aguas de un pozo profundo: "El cielo de aquel mediodía era negro... Entonces empezó a caer la lluvia... Como era imposible respirar siquiera bajo semejante lluvia, el viejo entró en la casa... Y ya no supo del día ni de la noche. Todo era noche" (129-130). Después de veinte días de turbulento viaje en medio de tempestuosos ventarrones que azotan las aguas y llevan la nave a través de un paisaje apocalíptico de cumbres borrascosas y volcanes extintos por

---

[16] Cito por la edición de *Guerra del tiempo* (Barcelona: Barral Editores, 1970). Esta y las citas siguientes son todas de la misma edición de la que me limitaré a indicar la página entre paréntesis.

las lluvias, sigue la calma. La embarcación ha sido arrastrada por las entrañas de un precipicio infernal, en una enmarañada ruta de laberintos líquidos, escalones de sucesivos raudales y vertiginosos remolinos hasta llegar a "... un gran remanso, una gran mar quieta ..." (131). La Enorme-Canoa ha atravesado el purgatorio y ha emergido purificada en las aguas tranquilas.

En un limbo situado entre playas lodosas Amaliwak ha de sufrir la última prueba antes de cumplir la etapa final de su misión redentora. Después de un largo sueño de tres días Amaliwak tropieza con otra embarcación de dimensiones parecidas a la suya. La barca capitaneada por un hombre de tez amarillenta, del remoto Reino de Sin, también ha resistido al cataclismo. El viajero desconocido declara que su misión es la de salvar al género humano y las especies de animales. Al día siguiente surge un arca formidable tripulada por un viejo de barba larga llamado Noé, a quien Iahvé parece haber dado instrucciones más precisas que a sus compañeros. Los tres portadores de la revelación, todos muy aficionados a la bebida, traban estrecha amistad cuando la chicha de maíz americano, el vino de arroz asiático y el vino de uvas de la cuenca del Mediterráneo templan los ánimos. Se habla de pueblos distantes, de mujeres y de distintas maneras de alimentación. Por fin Noé suelta una paloma sobre las aguas que vuelve con una rama de olivo en el pico, Amaliwak despacha un ratón que regresa con una mazorca de maíz entre las patas, y el hombre del Reino de Sin manda un papagayo que trae una espiga de arroz bajo el ala. Los días pasan y otras embarcaciones no tardan en dibujarse en el horizonte. Primero llega Deucalion, rey de Phythia en Tesalia, hijo de Prometeo y Climene a quien los dioses del Olimpo han advertido el diluvio dándole la orden de repoblar la tierra junto con su mujer Pirra.[17] Luego Out-Napishtim (El-que-prolongó-los-días-de-la-vida) se incorpora al grupo en su arca parecida a la de Noé, construida bajo las direcciones del Dueño-de-las Aguas, el dios sumerio Ea.[18] Los cinco elegidos por

---

[17] Un resumen del mito de Deucalion se halla en Robert Graves, *The Greek Myths* (Baltimore: Penguin Books, 1964), vol. 1, págs. 138-142.

[18] Se trata del héroe de la *Epopeya de Gilgamesh*, cuya historia con las variantes de la paloma, la golondrina y el cuervo se encuentra en Albert T. Clay, *A Hebrew Deluge Story in Cuneiform: and other epic fragments in the Pierpont Morgan Library* (New Haven: Yale University Press, 1922).

la divinidad ahora reconocen que otros capitanes deben navegar la mar con sus pueblos y llegan a la amarga conclusión de que los numerosos dioses del cielo hablan con las mismas palabras a toda la humanidad. En cualquiera de los casos muchas criaturas quedan a salvo de la catástrofe en lo alto de las montañas: "Más allá de los horizontes; mucho más allá, debe haber otros hombres advertidos, navegando con sus cargas de animales" (138). Después de este descubrimiento humillante las aguas siguen bajando hasta que un día la voz implacable de Quien-Todo-lo-Hizo aconseja a Amaliwak alejarse de sus compañeros. El anciano cumplirá la orden rápidamente aunque ya no cree en la grandeza de la divinidad. Ahora ya duda que la paz entre los hombres pueda ser duradera: "... donde hay tantos dioses como pueblos, no puede reinar la concordia ... Los dioses se le empequeñecían" (138).

Cuando el viejo arrima su embarcación a tierra firme, su mujer cumple con la última orden de los poderes sobrenaturales echando por encima del hombro las semillas de palmera. Una multitud de hombres, criaturas que germinan y llegan a su plenitud en cuestión de minutos, brotan del suelo paulatinamente y van cobrando forma en la ribera. Es como el maravilloso espectáculo del crecimiento de una flor, fijado en fotos sucesivas a través de semanas y proyectado en sequencia acelerada en una película cinematográfica. Pero Amaliwak melancólicamente observa que la inundación no parece haber mudado la naturaleza humana. Todavía fascinado por la fantástica escena se da cuenta de que con los nuevos hombres ha renacido el pecado. Los hombres vuelven a dividirse en bandos y a reanudar la guerra entre las especies. Mientras Amaliwak se refugia y pone a flote su Enorme-Canoa, las nuevas víctimas, recién creadas, proceden a matarse en la costa, en un ritual sangriento, inútil y eterno.

Ahora bien, una vez expuestos el esquema básico del relato y del mito caribe de Amaliwak y de los héroes legendarios que forman parte de la trama, observamos que en "Los advertidos" no deja de acusarse la tendencia hacia el realismo mágico que ya se destacó con fuerza singular en "Viaje a la semilla" y *El reino de este mundo*. Al principio del cuento hay un agolpamiento de toques realistas de gran verosimilitud, detalles certeros mediante los cuales Carpentier describe a los pueblos indígenas desde el punto de vista de un narrador que pudiera haber sido testigo de la gran reunión de los pueblos selváticos. Así gana el asentimiento del lector y da la impresión de que todo transcurre en el plano real. Esta ilusión no se rompe hasta casi la mitad del relato, al introducirse los elementos propiamente maravillosos: repoblar la tierra con semillas de palmera y la aparición de Noé. De aquí en adelante dominan los elementos fantásticos hasta culminar en una escena alucinante donde las semillas se convierten en hombres adultos. Esto constituye un mecanismo narrativo a la inversa de "Viaje a la semilla" donde un muerto resucita, se "desvive" en regresivas etapas vitales anteriores, retrocediendo en el tiempo hasta convertirse en semilla o sustancia protoplásmica que se reintegra al útero materno. Dado los postulados del realismo mágico no nos extraña que Carpentier prepare la introducción de los elementos fantásticos con un realismo y una minuciosidad kafkiana.[19] Los indios de la selva adornan sus cuerpos a la usanza del país pintando sus rostros de genipapo, un zumo de los árboles, y decoran el prepucio y los testículos con ornamentos de cuerno y sonajas. En días de abundancia se alimentan de maíz, harina de mandioca, caza y pesca, y en época de inundaciones el hambre les obliga comer gusanos. Sus artefactos incluyen arcos, flechas, jarras, cestos y el metate o piedra para moler el maíz. Los guerreros participan en danzas rituales imitando al corzo, la araña y la rana. Además Carpentier ha sabido incluir los elementos fundamentales de la cosmogonía de las tribus venezolanas. Las creencias que expone acerca del origen del mundo, las nociones de Dios, diablos y espíritus o la función de adivinaciones y sueños siempre tienen una firme base antropológica. De ahí que el escritor caracterice como héroe cultural a Amaliwak que por sus oscuras relaciones con los supremos poderes goza la veneración de las tribus de la comarca. Se trata de algo semejante a lo que

---

[19] Para un tratamiento más extenso del realismo mágico en la obra de Alejo Carpentier véase la tesis doctoral de Frank Janney, Harvard University 1972 y, sobre todo, el fino planteamiento teórico-literario de Roberto González Echevarría en su excelente estudio "Isla a su vuelo fugitiva: Carpentier y el realismo mágico", en *Revista Iberoamericana*, 86 (enero-marzo de 1974) págs. 9-63.

expresa el antropólogo John Gillin en su estudio "Tribes of the Guaianas, and the Left Amazon Tributaries":

> La falta de formalismo en la cultura guayana y otros aspectos de la misma, caracteriza la religión. La cosmogonía de las tribus conocidas sigue ciertos esquemas. Se suele reconocer una deidad o "bon spirit" que por lo general no se adora. Aunque este ser se mencione en los mitos, no se le concibe claramente como el creador del universo. El mundo, tal como lo conoce el hombre, parece haber sido creado por un héroe cultural (v. gr. Arawak Yaperikuli, Haburi; Warrau, Kororomannai; Caribe Macunaima, Amalivaca; etc.). Algunos temas mitológicos en los que aparecen estos héroes se encuentran extendidos por todas las Guayanas... Otro personaje común, sobre todo en la mitología caribe, es una serpiente sobrenatural... [20]

El hecho de que Carpentier aluda a una serie de accidentes topográficos extraordinarios tiene un hondo significado religioso. Los indios no sólo atribuyen al sabio el poder de haber levantado tres grandes monolitos sobre la cima de una montaña, sino que también creen que los Tambores de Amaliwak suenan cuando truena. El viejo convoca a las tribus en la confluencia de dos grandes ríos y les habla desde una enorme laja que domina la orilla. Y según los moradores de la selva el cacique ha oído la pavorosa voz de la Gran-Serpiente-Generadora que se dibuja en los cerros lejanos. Con respecto a estos fenómenos el antropólogo Alfred Metraux afirma en "Religion & Shamanism": "Los indios de la Guayana consideraban las vertientes, las cataratas, las montañas conspicuas, árboles extrañamente crecidos u otras singularidades de la naturaleza como moradas de espíritus extraordinarios que llevaban un nombre preciso y se encarnaban en animales (v. gr. serpientes acuáticas, halcones, caimanes, etc.)... [21] Y por fin, cuando Amaliwak habla de grandes portentos y presagios de diluvio, las serpientes que ponen los huevos en lo alto

---

[20] En *Handbook of South American Indians*, edited by Julian H. Steward (Washington: U. S. Govt. Print. Office 1946-59), vol. 13, pág. 85.

[21] *Handbook...*, vol. 5, pág. 565. Véase también A. Metraux, *Religions et magies indiennes d'Amerique du Sud* (Paris: Gallimard, 1967).

de los árboles, Carpentier eleva al plano artístico, lo que él y Metraux han observado en la realidad.

Así cuando el escritor cubano estaba en el interior de Venezuela, el padre Bomvecchio, capellán de los franciscanos de San Carlos del Río Negro, le contó la siguiente historia. Un año, los indios vinieron a ver al religioso y le dijeron que se fuera a las montañas, porque esta vez la crecida del río iba a ser tremenda. Los indígenas subieron a los cerros y los hombres que se quedaron en la misión, efectivamente sufrieron una inundación terrible. Después de la catástrofe, el sacerdote fue a ver a los indios y les preguntó: ¿Cómo sabían Vds. en abril, que esto iba a ocurrir en agosto? Los indios le respondieron que no habían tenido la menor duda, ya que las serpientes habían puesto los huevos en lo alto de los árboles. A esto añade Metraux que "Los indios también consideraban como señal certera de destino inminente un número considerable de pequeños acontecimientos tales como el graznido de los pájaros, el restallar de los árboles, la aparición de meteoros y otros fenómenos naturales. Tanto influían los presagios en la mayoría de los indios que estos no dudaban en interrumpir una tarea cuando un portento presagiaba un resultado adverso". [22]

Ahora bien, no hago hincapié en estos datos para reducir "Los advertidos" a un mero tratado antropológico y tampoco para insistir en la comprobada erudición del autor, sino para destacar la enorme sensibilidad y receptividad de Carpentier a todo cuanto le circunda, sobre las que descansan las singulares dotes de observación de la realidad y, que se revelan asimismo en sus cuentos fantásticos. A ese efecto cabe notar que por el conocimiento enciclopédico desplegado en sus obras se le ha acusado de cierto amaneramiento y exotismo que lo aleja progresivamente del mundo real. A este tipo de interpretación podría objetarse que gracias a su consumado arte narrativo Carpentier nunca olvida lo que fascina o asombra al lector. Aun las novelas históricas o cuentos míticos que transcurren en épocas lejanas y se elaboran parcialmente sobre textos, parten de sucesos vividos, sentidos por el escritor: "Oficio de Tinieblas", "Viaje a la semilla", "Los fugiti-

---

[22] "Religion and Shamanism", en *Handbook...*, vol. 5, pág. 585.

vos", *El reino de este mundo*, "Semejante a la noche", "El Camino de Santiago" y *El siglo de las luces*. Por cierto que luego abstrae, estiliza, ordena y enriquece esta realidad y la transforma en ficción de acuerdo con su visión artística, pero siempre como en el Guernica de Picasso donde el aparente desgarro y la tremenda deformación no velan la angustiosa condición del hombre sufrido en su dolor humano.

Concluyendo ya, observamos que también se acusa en "Los advertidos" la estrecha relación que existe con "Semejante a la noche". En este cuento se narran seis escenas de embarque en distintas edades y culturas que en último análisis vienen a fundirse a través de los siglos en una gran aventura eterna de un solo guerrero arquetípico. Algo parecido ocurre en "Los advertidos" donde cinco iluminados de distintos pueblos y épocas hishóricas coinciden en el tiempo eterno, americano, del cuento en cuanto emprenden la misma tarea de salvar a la humanidad: Amaliwak, símbolo del hombre americano, el héroe chino del Reino de Sin, el Noé judío, Deucalion, representante de la herencia clásica del Occidente y Out-Napishtim el Noé sumerio. Aunque haya ligeras variantes en el tamaño de sus embarcaciones y en las órdenes que reciben de los dioses, su misión es idéntica. Si bien "Semejante a la noche" y "Los advertidos" difieren en las circunstancias, los personajes, y en ciertos aspectos de la técnica narrativa, las últimas conclusiones son análogas. Las constantes en el tiempo son siempre la naturaleza humana y el arte. El hombre no varía fundamentalmente con el transcurso de las edades puesto que comparte los rasgos esenciales con sus hermanos de otras tierras y otras épocas: se preocupa por sus familiares, se emborracha con chicha o vino, existe, fornica, sufre y muere cumpliendo su destino según el papel que desempeña en el reino de este mundo. Y el poder mágico del arte es el único medio por el cual el ser humano consigue trascender el tiempo y el espacio histórico a una dimensión más amplia y flexible de la creación artística.

Visto así pudiéramos resumir diciendo que en *Los pasos perdidos* ya hallamos un interesante anticipo del mito de Amaliwak cuya estructuración más exacta la encontramos en "Los advertidos". El cuento se destaca por el experto aprovechamiento del fondo mítico americano que cobra mayor pujanza frente a cuatro leyendas del diluvio universal. La presencia de este fondo mítico indígena y específicamente de las leyendas de catástrofe e inundación es constante en las letras americanas puesto que ya aparece en la literatura del Nuevo Mundo desde la Conquista a nuestros días. Hemos intentado esclarecer cómo el autor mezcla elementos realistas y mágicos. Su excepcional sentido detallista le impulsa a describir las tribus del Orinoco a fin de dar mayor fuerza y credibilidad a la idea original de hacer confluir cinco héroes mitológicos en un mismo tiempo-espacio americano. En último análisis "Los advertidos" se relaciona con "Semejante a la noche". De ahí la insistencia de Carpentier en la intemporalidad y homogeneidad del género humano. La condición del hombre, tenaz y frágil, angustiosa y sufrida, es su único baluarte en un mundo desolado de arenas movedizas. Y su breve momento existencial es un eslabón invariable y sustituible en la infinita cadena que hace girar el "perpetuum móbile" del tiempo que solo puede detener o controlar con el poder mágico del arte.

EL CONCEPTO DE PUERTO RICO EN ALGUNAS OBRAS DE FRANCISCO ARRIVÍ

Frank Dauster
Rutgers University

Francisco Arriví es ya de una importancia reconocida en el desarrollo del teatro puertorriqueño actual. Además de su propia obra dramática, ha sido director de importantes grupos teatrales; organiza y dirige los Festivales de Teatro Puertorriqueño, a partir de 1958, y es autor de numerosos estudios críticos que son fuentes básicas para estudiar el movimiento teatral de la isla. En toda esta labor, el elemento unificador es su amor por el teatro en Puerto Rico, amor que es a la vez expresión de su entrañable amor por su tierra y la tentativa de abarcar y expresar sus complejidades. Está comprometido con un teatro que sea válido en sentido estético y profesional, pero también que sea la interpretación de la isla.

Este compromiso es bien claro en las obras de madurez, a partir digamos de 1956, cuando se estrenaron *El murciélago* y *Medusas en la bahía,* que componen la primera parte de la trilogía *Máscara puertorriqueña,* pero se deja ver también en algunas obras tempranas, poco conocidas. El estudio de dichas obras nos permite ver hasta qué punto el desarrollo del teatro de Arriví ha sido fiel a su concepto de su tierra y de la función del escritor.

La primera obra de Arriví, *El diablo se humaniza,* fue escrita y estrenada en 1941, cuando era profesor en la Escuela Superior de Ponce. Toma lugar en casa de una familia de clase media: Don Sigfredo, que huye las manías de su familia emborrachándose; Doña Colombina, frívola y superficial; su hija Lilí, una coqueta mimada; y la amiga de las mujeres, Mary, una señorita de clase social alta y moral baja. Los otros personajes son Cruz, la criada huérfana, y Ángel, un extranjero adinerado huésped en la casa. La segunda mitad de la obra consiste en un largo sueño de Ángel. Fastidiado por el mal trato que recibe Cruz a manos de las mujeres de la familia, está al punto de salir cuando le vence la fatiga y sueña con Satanás. Aunque éste es del todo tradicional —tiene cuernos, traje negro y capa larga—, rechaza el concepto tradicional del mal:

> El verdadero diablo es humano como el hombre mismo. Hace tiempo que habito en cada uno de vosotros y todavía no lo realizáis. No soy otra cosa que un inspector de pequeños infiernos: aquellos que se forman en el alma de los hombres y en los cuales cada uno expía sus debilidades en forma aparente o disimulada. [1]

Le ofrece a Ángel la oportunidad de escaparse de su infierno particular, mediante una visión de Cruz convertida en princesa y Lilí en felino predatorio, mientras la tonta Colombina, vuelta mariposa, aletea en vano. La visión le despierta a Ángel, y rechaza la hipocresía de las Lilí y las Colombina para huir con una Cruz encantada.

Es claro que la obra tiene que ver con la salvación de Ángel, pero no en sentido tradicional. Para Arriví, salvación e infierno forman parte radical de nuestra capacidad para librarnos de nuestro propio veneno, de los prejuicios y pequeñeces purulentos que son la verdadera causa de la condena. A Lilí y Colombina se les condena porque llevan el alma "...para lo que se lleva la sortija o la pulsera, para lucirla de acuerdo con el momento social". [2] Ángel encuentra la salvación porque sabe "...separar la esencia de los hombres de los grotescos prejuicios sobre los que se sostiene la clase engreída y decadente de doña Colombina y Lilí". [3]

El diablo se humaniza sufre de los defectos de toda obra primeriza; el diálogo es excesivamente poético, y los recursos dramáticos, tales como el sueño, algo obvios, aunque en su momento

---

[1] Está inédita *El diablo se humaniza*; toda nota se refiere al manuscrito.
[2] p. 39.
[3] p. 48.

constituyeron novedad en el teatro puertorriqueño. Si la obra es un recuerdo quizá demasiado vivo de la Cenicienta, todavía nos habla la Cenicienta por su mensaje a lo que podemos ser; si *El diablo se humaniza* es una obra desigual, apunta claramente hacia el futuro.

En 1945 se estrenó *Alumbramiento*, obra en tres actos que trata la crisis espiritual de un escritor atrapado por la necesidad de cuidar a los seres queridos mientras siente el apremio de crear, de ser auténtico. Se refiere el título tanto al parto como a la luz, elementos los dos de gran importancia en la obra. El protagonista Gilberto es el típico artista, incapaz de transigir con la sociedad, pero la enfermedad de su mujer, que lo mantiene, impone la necesidad de trabajar. Muere su mujer de parto; Gilberto, inestable, lleno de dudas y obsesionado por la visión de una estrella que lo amenaza, enloquece del todo.

Sufre la obra de una falta de definición clara, debido mayormente a la doble función simbólica de Gilberto. Representa tanto el artista puertorriqueño, condenado a repetir en periódicos los conceptos propulsados por la clase adinerada y conservadora, como la encarnación del hombre eterno en busca de contestaciones teleológicas.

> Gilberto, el personaje principal, es el típico artista frustrado por la apatía del medio hacia el arte, pero es también el hombre genérico ante el angustioso problema de la muerte física y espiritual. [4]

Asediado por la inevitable confrontación con la muerte, Gilberto da vueltas interminablemente al significado de la vida y del silencio de Dios. Su formulación más exacta de su problema es ésta: "¿Por qué yo?... ¿Bajo las estrellas?... ¿En el gran silencio?" [5] Pero como personaje es muy poco convincente y a veces contraproducente en su negativa a asumir la responsabilidad que le corresponde. Beatriz da en el blanco justo al decir que su marido y su hijo futuro son sus dos hijos. Gilberto es casi parodia del poeta romántico, egoísta, neurasténico, y muy dado a la

---

[4] Francisco Arriví, *Conciencia puertorriqueña del teatro contemporáneo, 1937-1956*. San Juan, Instituto de Cultura Puertorriqueña, 1967, p. 118.

[5] Está inédita *Alumbramiento*; manuscrito, p. 78.

autocompasión. Está francamente neurótico, y su descenso final a la locura parece más patológico que simbólico.

Pero hay una figura menor que enfoca el problema raigal de la obra; es Pedro Mendoza, el artista que se ha vendido a los intereses establecidos. De él ha dicho Wilfredo Braschi,

> En el Pedro Mendoza de Arriví —periodista timorato, a quien le hacen mercenario la estrechez del medio y el llanto de los hijos y propia debilidad— palpita un personaje de perfil inconfundible. Es el intelectual con el pecho de fuego a quien la mano se le vuelve torpe, el ánimo se le decae y sigue —¡oh tragedia!— la línea de menor resistencia porque teme al techo agujereado y a la mesa sin pan. En Pedro Mendoza alienta —digámoslo con el alma conturbada— un tipo formado en un ambiente cuyos orígenes acusaron, a ratos, promesas de luz. Grita el muñeco de Arriví: ¡Llegará la hora! Pero el momento de la mano en alto se aplaza. [6]

La importancia mayor, pues, de *Alumbramiento* no es el éxito muy relativo de la obra en sí sino su clara anticipación de obras posteriores.

Es con *Caso del muerto en vida* que da Arriví un paso gigantesco hacia su meta. Estrenada en 1951, existe también en una versión más breve, sin estrenar, escrita en 1949 con el título *Un cuento de hadas;* la comparación de los dos manuscritos señala muy claramente una considerable maduración en muy poco tiempo. La versión corta consiste en tres cuadros que nos presentan a Rafael, un escritor que nos recuerda a Gilberto, y su esposa Carola. Cuando se levanta el telón, Carola, vestida de gala, espera a que Rafael la lleve a un baile formal. Al entrar éste, cree que son las 8, aunque de verdad es la una de la mañana; se le han perdido cinco horas. No es la primera tardanza, y Carola, de lo más normal, aunque en forma bastante ordinaria, le atribuye líos amorosos. Le amenaza al consternado Rafael con el divorcio y se marcha, y el marido, con estupor, descubre en su bolsillo un pañuelo de mujer.

El segundo cuadro pasa en el café, donde el amigo Miguel y el mozo Antonio le aseguran a Rafael haberlo visto con una mujer

---

[6] "'Alumbramiento': El drama insular", *La Torre*, 5 dic. 1945, p. 5.

desconocida. De repente a Rafael le ataca una fuga psicótica, y se dan cuenta de que es en efecto dos personas.

> Quizás Leonardo sea Rafael. El verdadero Rafael: El hombre libre encarcelado por este miserable Rafael anulado entre él y su hijo. [7]

Termina la obra con la confrontación entre Rafael y Carola. Angustiado ante la amenaza de que le quiten el hijo, el enfermo pide comprensión y promete hacer todo lo posible por mantener la estabilidad de la casa, pero la terquedad de Carola le provoca otro episodio esquizofrénico. Abandona la casa para juntarse con la desconocida, Dinorah, libre de presiones y prejuicios.

Sería erróneo ver *Un cuento de hadas* como un dramón freudiano. Aunque Rafael-Leonardo es un caso clínico, y hasta podríamos llegar a decir que alcanza la libertad por la locura, lo cierto es que la buscaba enardecido y que en efecto la alcanza. En el sentido normal de la palabra, dista mucho de loco: funciona maravillosamente —mejor que cuando cuerdo— y él y Dinorah parecen capaces de dedicarse a una vida libre, sin los odios y las rencillas que lo empujaran a este estado. En una dimensión más amplia, Rafael es a la vez el artista de Puerto Rico, condenado, como Miguel, a aceptar las ideas de una pequeña casta tiránica, y todo hombre, ansioso de libertad pero encajonado por presiones de familia, economía y sociedad. Está, por fin, totalmente libre, en contraste con el superficial amigo Miguel, quien perdió ya la poca visión que le quedaba, y se solaza en una interminable serie de amoríos baratos.

Un cuento de hadas es marcadamente superior a *Alumbramiento;* el idioma está más disciplinado y se alcanza una mayor tensión dramática. Se destaca la escena de la primera transformación de Rafael en Leonardo; hay un contraste poderoso entre la lenta pérdida de control de Rafael y el hueco donjuanismo de Miguel. *Caso del muerto en vida* desarrolla el idéntico tema, los mismos personajes y hasta a veces las palabras de *Cuento de hadas,* pero es de una mayor profundidad y complejidad temática y estructural. Está enfocado el problema con más claridad;

---

[7] Copia del manuscrito, p. 24.

sabemos que Rafael tiene antepasados negros. A Rafael le duele la discriminación ejercida contra el negro y el mulato. Carola también tenía abuela negra, pero a ésta la tenían encerrada en el infame "cuarto de atrás". Don Esteban, padre de Carola, jefe de trabajo de Rafael y portavoz de los intereses creados, aclara la definición económica de la raza: "Uno es blanco cuando tiene la piel blanca y el pelo lacio". [8] Vale decir, cuando se puede "pasar" y así salir del círculo sin prejuicios. Las primeras escenas enfocan más agudamente el problema moral de Rafael, consciente de su propio fondo y de la idiotez de distinguir entre los hombres por su color, pero empujado por sus propias circunstancias a colaborar con tal criterio. Todo lo cual hace más comprensible su negativa a seguir trabajando en la empresa editorial que pertenece a don Esteban.

También permite un mayor desarrollo la extensión de la obra. Se preparan más cuidadosamente las personalidades divergentes de Rafael; la superficialidad de Miguel, menos chocante que en la versión más breve, proporciona un excelente contraste con la tensión de Rafael, siendo aquél la "...encarnación del hombre que acepta el ambiente social que le deja vivir y en el cual rehuye comprometer sus relaciones de clase prestigiada...". [9] Se perfila más nítidamente Carola como mujer corrompida por su clase y su formación, dada a las reacciones de cajón de dicha clase, pero capaz también de percibir su propia falta de sensitividad y de intentar una salida racional de la situación. Hay también una mayor dimensión del mozo Antonio, lo cual le permite decir de Rafael, "Para vivir hay que decir embustes a diestra y siniestra. Vivir es mentir. ¿Qué hace don Rafael? Mentir con ese cuento de dos personas en una sola. Puro embuste". [10] Claro que está totalmente equivocado, pero en otro nivel acierta. Miguel puede vivir porque miente en un nivel consciente, superficial; Rafael puede vivir sólo creando en su subconsciente la mentira de ser otro, más puro, más noble y más libre.

---

[8] Copia del manuscrito, p. 17.

[9] Arriví, *Entrada por las raíces*, San Juan, Serie La Entraña, 1964, pp. 88-89.

[10] p. 53.

Personaje añadido es Lidia, prima hermana de Carola, quien se describe así: "De muchacha tuve docenas de novios. Y de mujer es la tercera vez que me divorcio".[11] Y sin embargo es Lidia quien más valerosamente defiende a Rafael, lo cual deja entrever una capa insospechada del carácter de Lidia mientras hace hincapié en la hipocresía de Carola.

Factor decisivo en el éxito de la obra es la escenografía. La escena está dividida en tres áreas: a la izquierda, la sala de Carola; a la derecha, una parte que corresponde a la oficina de don Esteban, pero que también sirve de cuarto de Rafael, el salón de baile, el cuarto de Lidia, el café y la playa. En el centro, una área que representa el campo universitario, al principio, y después diversas partes de la ciudad. Hay también una tarima sobre el foso de la orquesta, al mismo nivel del tablado y accesible desde la platea. Se emplean estas distintas áreas con gran imaginación para facilitar movimiento y agilidad, tanto físicos como dramáticos. Comienza la obra dentro del teatro, con Miguel en busca de Rafael. Entra gritando desde el público, y se trepa a la tarima, donde le interrumpe el Ujier, hostil primero y luego intrigado. Cuando intenta éste hacerle salir, un espectador pide que se le oiga a Miguel. El cuerpo de la obra, pues, es un solo *flashback* largo, lo cual permite que Miguel establezca algunos elementos esenciales en su charla con el Ujier. Sale de la manera más natural, pues, que Rafael ha sido pobre, que tiene sangre negra. Además, Miguel, en narrador, tiene la función de atar las distintas escenas comentándolas, de modo que resulta un poderoso elemento unificador.

Hay un cuerpo de materia añadido que cambia radicalmente el final heredado a *Un cuento de hadas*. En ésta, Rafael, loco o iluminado, abandona a Carola y al hijo Rafaelito para buscar la libertad con Dinorah. En *Caso del muerto en vida*, mientras Rafael-Leonardo llama a la desconocida Dinorah, en otra área del tablado se encienden las luces del cuarto de Lidia. Al contestar ésta la llamada, queda identificada como la mujer misteriosa; en el instante hay un poderoso contraste entre su supuesta disolución moral y la pregonada rectitud de Carola, por un lado, y algunos hechos mucho más fundamentales, por el otro: que Carola es una histérica egoísta a quien no le importan los demás, mientras que Lidia es la única persona capaz de percibir y valorar al auténtico

Rafael. Se marcha éste para realizar su programa humanitario y de amor, y salen todos para buscarlo. Se le encuentra casi en el delirio, soltando una arenga, y al final de la obra sufre un colapso total.

Termina la obra con un epílogo que todo lo concluye. Vuelto a tener conciencia de su identidad, Rafael reitera su voluntad de ir en busca de su propio ser. Carola, arrinconada, se declara por su marido y en contra de su padre. Todavía está confundida e incierta, pero hay en esta escena el comiezo de una percepción de su propio ser y lo que significa ser humano.

> RAFAEL: ¿Y tú? ¿Vendrás conmigo?
> CAROLA: No sé. Aún no comprendo enteramente. Desde niña me hicieron dar la espalda. A Lidia y a mí. La creciente fortuna de la familia nos separó... de las raíces. Lidia pudo mirar atrás... tratar de volver, acallar la voz entre las grietas. Pero yo he sido ciega y egoísta, Rafael, lo soy y quizás mañana, cuando no tema, podría...
> LIDIA: Mañana podrías vivir la perfección. Yo la viví un instante y comencé a soñarla. La sueño.
> CAROLA: *(A Rafael.)* Yo también lucharé por comprender. [12]

Caso del muerto en vida no adolece de final de cajón que lo arregle todo en un relámpago de cambios instantáneos impresionantes pero a la postre falaces. Lo que le pase a Carola en el futuro dependerá en última instancia de ella, como lo que sea de Rafael será su propia obra. Cuando termina el drama, habla Rafael directamente al público.

> El hombre maravilloso espera. Tenemos que destruir sus cárceles. Dejar florecer su maravilla. Su fuerza liberta de culpas y agonías. Su vida crea vida verdadera. *(Baja a la orquesta seguido de Tomás, Carola y Lidia. Pausa. Miguel se dirige lentamente a la plataforma. Se detiene sobre ella.)*
> MIGUEL: *(Después de mirar a los espectadores un rato.)* ¡Un cuento de hadas! *(Baja a la orquesta. Desaparece.)* [13]

---

[11] p. 25.
[12] "Epílogo", p. 8.
[13] "Epílogo", p. 9.

A través de toda la obra este "hombre maravilloso" le viene persiguiendo a Rafael, y es, en cierto sentido, lo que provoca su fragmentación. Igualmente se le podría decir el "hombre auténtico", como aclara Rafael:

> He querido engañarme dejándome morir... Por Rafaelito, ahogué mi sueño del hombre maravilloso. Lo ahogué, lo ahogué para salvar mi hijo de Carola y don Esteban. Di la espalda a todas las vallas que nos deforman: la piel, la clase, los egoísmos de persona a persona. [14]

Todo esto no representa un ejemplo sencillo aunque a todas luces honrado de la lucha contra la injusticia racial. Sus raíces están mucho más hondo, Rafael es el hombre cohibido, encadenado, incapaz de pelear contra las frustraciones y represiones que lo rodean; Leonardo es el hombre libre para hablar a nombre de la autenticidad del individuo.

> Hombres ricos indiferentes a la pobreza. Hombres blancos distanciados de los oscuros. Prejuicios, negación, separación de almas. Separación. Seres levantando muros contra ellos mismos. [15]

Y en su personalidad de Leonardo se niega a intentar la reintegración de su ser, por miedo de lo que acaso aprenda.

> No deseo conocer mi pasado. Podría ser un hombre que niega, odia y traiciona. [16]

Este es el "hombre maravilloso", el hombre capaz de rechazar el bienestar social y económico para poder decir, "Tengo que ser honrado. Yo". [17] Y en este cuento de hadas, por lo menos, tal es la fuerza de la maravilla que a otros también les influye y se muestran dispuestos a seguir el ideal.

Es obvio que las obras que hemos comentado aquí no despliegan la maestría técnica de las obras posteriores, pero se nota

---

[14] p. 52.
[15] pp. 63-64.
[16] p. 64.
[17] "Epílogo", p. 6.

un claro desarrollo que en *Caso del muerto en vida* está a un paso de *Vejigantes, Sirena* y las otras obras de madurez. Asimismo se nota que la fuerte concentración sobre la problemática nacional no nace con *Máscara puertorriqueña*, sino que está en el teatro de Arriví desde sus comienzos. Si bien examinamos estas obras tempranas para luego compararlas con la trayectoria madura que va desde *Club de solteros* hasta *Coctel de don Nadie*, salta a la vista que su tema básico, la actitud que les da forma y coherencia, es el examen de los males que según Arriví aquejan a la isla, y la búsqueda de la más profunda capa de conciencia de lo que es Puerto Rico.

"EL POEMA DE DOLORITAS" EN
PEDRO PARAMO

Hugo Rodríguez-Alcalá
University of California, Riverside

En *Pedro Páramo* hay una dualidad de escenarios y otra de temas: a) Comala, de una parte, es el infierno; Comala es, además, el Paraíso; b) La novela es historia de un sentimiento amargo: el rencor del cacique Pedro Páramo; es, además, historia de un sentir agridulce: la nostalgia.

Hace ya varios años que afirmé que Juan Rulfo estableció esa dualidad de escenarios con sumo tino estético a fin de que el lector no fuera repelido por los horrores de una historia de muertos en el paisaje atroz de un pueblo abandonado. [1]

Rulfo, en efecto, hace intervenir la nostalgia, tema entrelazado al del rencor, para suscitar la visión de una región paradisíaca de llanuras verdes, matizadas por el oro del maíz maduro, olorosa de alfalfa, en cuyo seno se alza un pueblo mágico, blanqueando la tierra con su blancura, iluminándola de noche con sus luces, y perfumándola en las madrugadas con el dorado pan de sus trigales.

Hay dos personajes que evocan el Comala anterior al desastre: la madre de Juan Preciado —Doloritas— y Pedro Páramo, marido de ésta. Doloritas hace años que abandonó a Comala y añora el pueblo con profunda nostalgia. Pedro Páramo está enamorado desde su niñez de Susana San Juan. Susana se ha ido hace muchos años de Comala. Pedro Páramo jamás la olvida.

---

[1] Ver mi libro *El arte de Juan Rulfo* (México: Instituto Nacional de Bellas Artes, 1965), págs. 95-108.

Vive, por el contrario, obsesionado por el recuerdo de una primavera paradisíaca, sobre las lomas verdes, bajo el cielo de añil, el aire lleno del azahar de los naranjos y del canto de los pájaros.

La poesía de estas evocaciones ha impresionado a millares y millares de lectores en todas partes del mundo.

¿Habrá muchos que hayan advertido, entre los que leyeron la novela en español, que las saudades del Comala anterior a su ruina, insertas aquí y allí como suspiros, no son tan sólo trozos de poemas en prosa sino trozos de poemas en verso?

El propósito de este artículo es *descubrir,* con breves comentarios, esta poesía en verso. Mi tarea será pareja a la de quien excava en terrenos sembrados de ruinas, los trozos de estatuas que, una vez reunidos conforme al designio del escultor y libres de lo que los cubría bajo tierra, muestran su perfil armonioso bajo el sol.

No me ocuparé hoy aquí de las nostalgias de Pedro Páramo por Susana San Juan. Me atendré tan sólo a las saudades de Doloritas, la mujer despreciada del tirano.

* * *

Cuando a Comala llega Juan Preciado, la tristeza del pueblo lo deja estupefacto. Él pensaba encontrar el lugar venturoso de que su madre, entre suspiros, le había hablado tanto.

"—Hubiera querido decirle": —nos cuenta Juan— "Te equivocaste de domicilio. Me diste una dirección mal dada. Me mandaste... a un pueblo solitario. Buscando a alguien que no existe". [2]

El pobre Juan no puede dar crédito a sus ojos, pues, como nos dice él mismo —con palabras sencillas y casi enteramente en verso—, él traía a Comala los ojos de su madre:

Traigo los ojos con que ella	(9)
miró estas cosas,	(5)
porque me dio sus ojos para ver. [3]	(11)

---

[2] Juan Rulfo, *Pedro Páramo* (México: Fondo de Cultura Económica, 1955), págs. 13-15.
[3] *Ibid.,* pág. 8.

En la página 8 —que corresponde a la segunda de la novela— comienza ya el que llamamos aquí "El poema de Doloritas":

> Hay allí
> pasando el puerto de Los Colimotes, (11)
> la vista muy hermosa (7)
> de una llanura verde (7)
> algo amarilla por el maíz maduro. (11)

"El poema de Doloritas" fluye intermitentemente entre la prosa de Rulfo —como el río Guadiana— con un esquema métrico en que se combinan pentasílabos, heptasílabos, eneasílabos, endecasílabos, alejandrinos. Se advierten fluctuaciones. Pero éstas son fluctuaciones nada insólitas en escritores de hoy que deliberadamente escriben en verso.

Es curioso observar que muchos endecasílabos del "Poema" tienen los acentos habituales, pero que hay también otros de acentos menos comunes. Todos los tipos de endecasílabos que emplea Rulfo, por otra parte, han sido empleados por poetas famosos y estudiados por tratadistas como Pedro Henríquez-Ureña y Tomás Navarro.

Pero no perdamos más tiempo en digresiones. Nos espera el saudadoso poema en verso de Doloritas ansioso de ser, como una estatua, *desenterrado* de entre la prosa rulfiana.

Doloritas solía decir a su hijo, antes que éste, Telémaco jaliscience, partiera en busca de su padre:

> Desde ëse lugar se ve Comala (11)
> blanqueando la tierra, (7)
> iluminándola duran*t*e la noche.[4] (12)

Adviértase que, en estos tres versos, el último, "iluminándola duran*t*e la noche", tiene no once sino doce sílabas. Sin embargo, este verso de doce sílabas es, en rigor, un endecasílabo, llamado,

---

[4] *Ibid.* En la página 13, Doloritas —también en verso—

> Allí me oirás mejor. (7)
> Estaré más cerca de ti. (9)
> Encontrarás más cercana la voz (11)
> de mis recuerdos que la de mi muerte (11)
> si es que alguna vez la muerte ha tenido (11)
> alguna voz... (5)

técnicamente, *endecasílabo creciente*. Un caso parejo a éste lo hallamos en un poeta de muy buen oído poético. Es uno de los casos que estudia Pedro Henríquez-Ureña. El poeta es nada menos que Juan Ramón Jiménez y la poesía es la llamada "A mi pena": [5]

<blockquote>
Te salía tu aroma por doquiera...   (11)
Llegada la últim*a*, fuis*te* la primera...   (12)
</blockquote>

He dicho antes que el Comala añorado por Doloritas tiene una función estética importante en la novela, función que consiste en neutralizar poéticamente el horror de un infierno tan caliente que, según Abundio el arriero, parece estar situado "sobre las brasas de la tierra".

Bien: el contraste entre lo paradisíaco y lo infernal ya aparece en los comienzos mismos de la novela. Juan, al llegar al pueblo, pregunta al fantasma de su hermano natural:

<blockquote>
—¿Y por qué se ve esto tan triste?
—Son los tiempos, señor,
</blockquote>

responde el alma en pena del arriero Abundio. [6]

Doloritas, en la página 25, insiste sobre el vivo verdor de la llanura en que blanquea el pueblo de sus sueños:

<blockquote>
Llanuras verdes.   (5)
Ver subir y bajar el horizonte   (11)
con el viento que mece las espigas,   (11)
el rizar de la tarde con la lluvia   (11)
de triples rizos.   (5)
El color de la tierra,   (7)
el olor de la alfalfa y del pan.   (10)
Un pueblo que huele a — miel recién derramada. [7]   (14)
</blockquote>

La primera parte de esta "estrofa" tiene la musicalidad, el movimiento, el *élan*, digamos, de los desahogos líricos propios del verso. Y versos son, versos perfectamente versos, estos ende-

---

[5] Ver Pedro Henríquez Ureña, *Estudios de versificación española* (Buenos Aires: Universidad de Buenos Aires, 1961), pág. 340.

[6] *Pedro Páramo*, pág. 8.

[7] *Ibid.*, págs. 25-26.

casílabos acentuados en la sexta sílaba en loor de esas llanuras verdes en que se goza el

> Ver subir y bajar el horizonte
> con el viento que mueve las espigas,
> el rizar de la tarde con la lluvia...

El pueblo visto desde dentro

Hasta aquí hemos visto a Comala desde su contorno, esto es, desde sus verdes llanuras mediodoradas por las espigas. Lo único *interior* que se nos ha hecho sentir, ventear, oler, en el aire puro, es la fragancia del pan recién horneado. Todos los otros olores son olores de la campiña: el de las milpas auriverdes, el de la alfalfa y hasta el de esa miel recién derramada que parece verterse desde versículos de la Biblia.

Ahora, en la página 59, tendremos la visión del pueblo desde dentro. Una visión que se transmite entre lentos suspiros, en suspirados versos disfrazados de prosa:

Todas las madrugadas	(7)
el pueblo tiembla *cón* el — paso de las carretas.	(14)
Llegan de todas partes	(7)
copetëadas de salitre,	(9)
de mazorcas, de yerba, de pará... [8]	(11)

Sigamos viendo, oyendo, oliendo las maravillas de este pueblo incomparable:

> Rechinan sus ruedas
> haciendo vibrar las ventanas,
> despertando a la gente.
> Es la misma hora
> en que se abren los hornos
> y huele a pan recién horneado.
> Y de pronto puede tronar el cielo.
> Caer la lluvia.
> Puede venir la primavera.
> Allí te acostumbrarás
> A los 'derrepentes', mi hijo... [9]

---

[8] *Ibid.*, pág. 59.
[9] *Ibid.*

Adviértase que de entre estos últimos once versos sólo dos de ellos se salen del constante esquema de pentasílabos, heptasílabos, eneasílabos, endecasílabos y alejandrinos:

> Rechinan sus ruedas (6)
> A los 'derrepentes', mi hijo. (8)

Forzando un poco las cosas, el último de los catorce en virtud de un hiato podría convertirse en eneasílabo. Tocante al único endecasílabo entre los once

> y de pronto *pue*de tronar el cielo,

pertenece al grupo de los no muy comunes con acento en la quinta sílaba. Rubén Darío lo empleó en su "Balada laudatoria a Don Ramón del Valle Inclán:

> ...ha traído *co*sas muy misteriosas
> don Ramón María del Valle Inclán.

Doloritas habla con su hijo

Antes del fin del "Poema" hay un breve diálogo entre Doloritas y su hijo. Éste, aterrorizado por el espectáculo del infierno, por las apariciones y desapariciones de espectros, quiere hablar con su madre, hijo único, al fin, el pobre, abandonado por el monstruoso padre, el señor de horca y cuchillo de la Media Luna.

Este breve diálogo es, en rigor, parte del "Poema", aunque en él no aparezca el sentimiento de nostalgia de Doloritas. Pero todo el diálogo *está en verso* y conforme al consabido esquema de versos de cinco, siete, nueve, once, catorce sílabas:

> —¿No me oyes? —pregunté en voz baja. (9)
> Y su voz me respondió: ¿Dónde estás? (11)
> —Estoy aquí, en tu pueblo. (7)
> Junto a tu gente. ¿No me ves? (9)
> —No hijo, no te veo. (7)
> Su voz parecía abarcarlo todo. (11)
> Se perdía más allá de la tierra. [10] (11)

---

[10] *Ibid.*, págs. 71-72.

¿No es asombrosa esta escritura que, al parecer, indeliberadamente, se va deslizando sin desviarse casi nunca por los cauces tradicionales de versos castizos? ¿Cómo explicar esto? ¿Será que la índole de entrañable poeta de Juan Rulfo lleva a éste a expresarse con las formas de rigor en la poesía cuando en sus narraciones en prosa, la Poesía, imperiosa, le exige hablar en el lenguaje congruo con su esencia más pura?

En los siete versos arriba citados, llaman la atención los tres endecasílabos: sus acentos no son los comunes pero tampoco son extraños a la métrica hispánica:

> Y su *voz* me respon*dió*: ¿Dónde estás?
> Su voz pare*cía* abarcarlo todo.
> Se per*día* más a*llá* de la tierra.

Y ¡qué sencillo y expresivo es ese verso según el cual la voz de la madre difunta "parecía abarcarlo todo"! Vemos a Juan Preciado levantar los ojos al cielo para interrogar a su madre. Y Juan, que está en el Infierno, siente que la voz materna llena todo el universo.

Mas sigamos *excavando* en la prosa rulfiana para sacar a luz la última parte de "El poema de Doloritas". Faltan ahora tan sólo diecinueve versos. De éstos únicamente uno de cuatro sílabas escapa al esquema que el oído detecta y el análisis hace evidente:

> Allá hallarás mi querencia. El lugar (11)
> que yo quise. Donde los sueños (9)
> me enflaquecieron. (5)
> Mi pueblo, levantado (7)
> sobre la llanura, lleno de árboles (11)
> y de hojas, como una alcancía (9)
> donde hemos guardado nuestros recuerdos. (11)
> Sentirás que uno allí quisiera (9)
> vivir para la eternidad. (9)
> El amanecer; la mañana; (9)
> el mediodía; (5)
> y la noche siempre los mismos (9)
> pero con la diferencia del aire. (11)
> Allí donde el aire cambia el color (11)
> de las cosas; (4)
> donde se ventila la vida (9)

como si fuera un puro murmurar; (11)
como si fuera un puro murmullo de la vida. [11] (14)

¿Cuál es la parte más bella del "Poema"? Difícil decirlo. En todas ellas hay algo conmovedor que es la calidad tonal de la voz de Doloritas. Al revés que tantos poetas de hoy que pugnan por hallar lo más novedoso en lo que mira a oscuridades, cultismos, hermetismos, Rulfo hace hablar a sus personajes-poetas con asombrosa sencillez y claridad. Esta soñadora Doloritas, por ejemplo, ¡qué bien habla; con qué convincente emoción expresa sus sentires cuando, como en la última parte del "Poema" exclama:

...Donde los sueños
me enflaquecieron;

o cuando, siempre en elogio del Paraíso Perdido, suspira:

Mi pueblo, levantado
sobre la lla*nu*ra, *lle*no de árboles
y de hojas, como una alcancía
donde hemos guar*da*do *nue*stros recuerdos! [12]

Conclusión

Hemos visto que las nostalgias de Doloritas Preciado de Páramo están en verso; que Rulfo ha insertado en su novela, como armoniosas teselas resonantes de sugestivas melodías en un mosaico, trozos de un poema que poco a poco se va estructurando en su unidad, verso a verso. ¿Por qué este poeta tan original y exquisito que es Juan Rulfo no ha escrito desembozadamente poemas en verso? Sabemos que, en lo que mira a la poesía de su tiempo, Rulfo abomina de la oscuridad, de la ininteligibilidad con que se complacen muchos poetas mexicanos contemporáneos. [13]

---

[11] *Ibid.*, pág. 74.
[12] Para ejemplos de endecasílabos acentuados en la quinta y la séptima sílabas como los de Rulfo aquí insertos (ver también el de la nota # 4), consultar el citado libro de Henríquez Ureña, págs. 338-339.
[13] Ver las declaraciones de Juan Rulfo a *La Prensa* de Buenos Aires, el martes 6 de diciembre de 1956, pág. 6, bajo el título de "'Me gustaría escribir una obra que después me gustara leer', opina así Juan Rulfo, el cuentista mejicano autor de *Pedro Páramo*".

Pero como acontece que él es capaz de una poesía auténtica, clara, inteligible, transparente, ¿por qué no ha ejercido una poesía en verso aunque fuera por un designio normativo?

¿Será que no se ha consagrado a la poesía en verso porque el género en auge desde hace décadas —y en pleno *boom* hoy en día—, el género narrativo, para el que tiene singulares dotes, se le ha impuesto como el mejor?

No lo sabemos. Pero el poema en que consisten las nostalgias de Doloritas nos evidencia que Juan Rulfo es un gran poeta en verso, un poeta cuyas cualidades de genuina emoción, de musicalidad y transparencia expresiva, deberían servir de ejemplo a muchos que conciben la poesía como un juego malabar (apenas interesante y nuevo) para algunos *iniciados*.

GABRIEL GARCÍA MÁRQUEZ Y *LA INCREÍBLE Y TRISTE HISTORIA DE LA CÁNDIDA ERÉNDIRA Y DE SU ABUELA DESALMADA*

Roger M. Peel
Middlebury College

En los últimos años Gabriel García Márquez se ha convertido en figura legendaria de la literatura contemporánea, y por consiguiente la publicación de esta nueva colección de cuentos suyos, su obra más importante desde *Cien años de soledad,* ha despertado considerable interés en círculos literarios internacionales. Él mismo dijo que lo que escribiría en el futuro debía tomarse como ruptura intencional con el pasado; por ello abandona el Macondo de sus primeras novelas y cuentos para explorar nuevas posibilidades en temas y técnicas narrativos. No obstante, el lector se enfrenta a este proyecto de innovación con una doble actitud: por una parte puede considerarlo como un paso adelante dentro de una evolución continua, puesto que solamente un escritor maduro con plena confianza en su arte podría optar por abandonar un pasado tan fecundo; pero por otra encuentra también cierta nostalgia ante el recuerdo que suscitan personajes como Aureliano Buendía, Melquíades, Úrsula y la Mamá Grande y tantos otros que poblaban el mundo de Macondo. Pensábamos que tenían la posibilidad de convertirse en arquetipos, al igual que ocurrió con el Quijote, Sancho Panza y Don Juan en la literatura española. Aunque la saga de Macondo había terminado con la última escena de *Cien años de soledad,* se esperaba que la magia inherente de ese mundo fantástico retornara de alguna forma.

En *La increíble y triste historia de la cándida Eréndira y de su abuela desalmada* hay un cambio básico de escenario; ahora el autor evoca la zona norte de Colombia que está en el litoral del Caribe. La familia Buendía ha cedido su lugar a una nueva serie de personajes que aparecen en varios relatos, muy al estilo de Rebeca, José Montiel y otros de *Los funerales de la Mamá Grande* (1962). Blacamán, Onésimo Sánchez, Pelayo, Elisenda, Eréndira y la abuela han heredado mucho del García Márquez que ya conocemos, pero ese vínculo no impide que vayan cobrando poco a poco su propia identidad a la vez que siguen los caminos equívocos de sus vidas. Estos personajes nuevos son tan singulares, ingeniosos y contradictorios como los de Macondo, y resultan tan pintorescos como cualquiera de los anteriores: sobre todo la abuela, pero también una mujer que se ha convertido en araña, un jamaicano que no puede dormir a causa del ruido de las estrellas, un leproso a quien le nacen girasoles en las heridas, y un ciego que va en busca de un milagro para recuperar la vista y sólo encuentra con sorpresa que le han salido tres dientes nuevos. En cuanto a los temas, ahora el mar y el viento indómitos provocan crisis totalmente desconocidas en Macondo. "El último viaje del buque fantasma", escrito como una sola frase larga, es un cuento casi de sonámbulos en que un muchacho hace todo lo posible para demostrar la verdad de una visión suya de un buque fantasma, resucitándolo del mar para dirigirlo otra vez a la presencia del pueblo incrédulo. En "El ahogado más hermoso del mundo" el mar vuelve a ser el lugar de donde regresan los muertos, y se combina con "Un señor muy viejo con unas alas enormes" para registrar con cariño el encanto ilógico de la reacción humana ante la rutina de la vida cotidiana interrumpida por hechos maravillosos, sea por un cadáver gigantesco varado en la playa o por el viejo alado que cae del cielo como un ángel. En "Blacamán el bueno, vendedor de milagros" García Márquez expone el problema del desdoblamiento de la personalidad, que quizá sea a su vez un aspecto fundamental de "La increíble y triste historia de la cándida Eréndira y de su abuela desalmada".[1]

---

[1] Gabriel García Márquez, *La increíble y triste historia de la cándida Eréndira y de su abuela desalmada* (Barcelona, 1972).

Respecto al estilo literario de estos cuentos, vemos cómo el autor se esfuerza por liberarse de los modelos cultivados con tanto éxito en sus obras anteriores. El cambio se refleja inmediatamente en los largos párrafos enredados en que se contraponen el monólogo interior y el diálogo tradicional en combinaciones trabadas y libres. Son un vínculo muy apropiado para expresar la riqueza y variedad de la vida en aquel Caribe exótico. Sin embargo, a pesar de las innovaciones tan notorias, quedan todavía los innumerables toques y ejemplos del gran sentido del humor que tiene García Márquez, sus giros tan originales, su dominio de la lengua, el exotismo, su imaginación creadora de una fantasía casi infantil, su ingenio, su preocupación constante por el sueño que ilumina las excentricidades de la mente, además de sus reflexiones graciosas y penetrantes sobre lo absurdo de muchos aspectos de la vida misma, sea en Macondo inundado o en el clima marítimo del Caribe.

El más entretenido de estos nuevos cuentos es el que da título a la colección: "La increíble y triste historia de la cándida Eréndira y de su abuela desalmada". Es una obra espléndida, una de las mejores de García Márquez. El autor domina totalmente su arte mientras crea un relato conciso en que se manifiesta otra vez un verdadero genio de la comicidad y del arte de narrar. Desde el primer momento sabe captar la atención del lector mientras éste asiste a las aventuras magníficas de Eréndira y su abuela. En realidad no se trata en este caso de un cuento sino de una novela corta, dividida en siete capítulos y escrita con la misma tensión interna que los críticos han aplaudido tanto en otra novela corta, *El coronel no tiene quien le escriba* (1961). Como en otras obras, aquí también se perfila la misma crítica general a la sociedad y la misma mezcla de realidad y fantasía: la misma magia que invade la vida cotidiana con premoniciones sobrenaturales, tal como la capacidad que tiene Ulises para cambiar el color de las cosas o el diluvio de peces y caracoles que caen del cielo durante una tormenta tropical.

En "La increíble y triste historia de la cándida Eréndira y de su abuela desalmada" se presenta un enigma central rodeado de posibles soluciones que se sugieren y evaporan a lo largo de la obra para crear un interés cautivador que no termina con la última palabra de la página final. El tema de Eréndira y de su abuela no es del todo nuevo, puesto que fue esbozado muy al principio de *Cien años de soledad,* cuando las dos hacen una breve visita a Macondo. Allí se cuenta que ellas están entre un grupo que se ha reunido en la tienda de Catarino para escuchar las anécdotas entretenidas de Fernando el Hombre. Siempre perspicaz para el dinero, la abuela se aprovecha muy astutamente de la presencia del joven Aureliano Buendía para invitarle a seguir a los otros sesenta y cuatro señores que aquella tarde han pagado ya sus veinte centavos para pasar por la carpa de Eréndira. García Márquez ofrece también un resumen muy somero de cómo surgió esa situación tan curiosa:

> Dos años antes, muy lejos de allí, se había quedado dormida sin apagar la vela y había despertado cercada por el fuego. La casa donde vivía con la abuela que la había criado quedó reducida a cenizas. Desde entonces la abuela la llevaba de pueblo en pueblo, acostándola por veinte centavos, para pagarse el valor de la casa incendiada. Según los cálculos de la muchacha, todavía le faltaban unos diez años de setenta hombres por noche, porque tenía que pagar además los gastos de viaje y alimentación de ambas y el sueldo de los indios que cargaban el mecedor. [2]

En la novela, Aureliano se revela tan tímido y avergonzado que no puede hacer el amor a la muchacha, y aunque al día siguiente vuelve para verla, sólo descubre que abuela y nieta se han marchado a otro pueblo.

Así, en *Cien años de soledad* vemos un solo día de nuestras heroínas, un episodio aislado que en la novela corta se dilata en una serie de sucesos entrelazados que tienen su propio argumento. Se amplía enormemente la situación original: en cuanto al espacio pasamos de Macondo al desierto y a la costa norteña, y en la segunda versión el tiempo abarca los ocho años de la aventura total. Ahora la historia se extiende desde el día anterior al incendio hasta la muerte de la abuela a manos de Ulises, con lo cual Eréndira se escapa del hechizo de la vieja y se encuentra libre para seguir la llamada de otras voces desconocidas mientras corre

---

[2] Gabriel García Márquez, *Cien años de soledad* (Buenos Aires, 1967), pág. 57.

a lo largo de la playa y desaparece al final en el desierto ardiente. No se explican ni su fuga misteriosa ni las vicisitudes de su vida durante los muchos años que está sujeta a la voluntad férrea de su abuela, y no se da tampoco ninguna indicación de hacia dónde marcha ni qué aventuras la esperan. No se vuelve a saber más de ella y, sin embargo, el lector se queda con la impresión de que tal vez algún día surgirá en otra obra de García Márquez, igual que otros personajes volvieron a aparecer en el mundo novelesco de *Cien años de soledad* (Fernando el Hombre, Melquíades, José Arcadio y Úrsula). Esta conclusión tan enigmática y prometedora invita a un nuevo examen de las diferentes partes de la obra a fin de intentar descifrar mejor el misterio y el aire de ensoñación que han perdurado tanto en esta historia triste e increíble, cómica e imposible, pero siempre sumamente divertida.

En varias ocasiones, García Márquez ha escrito guiones de cine. Teniendo esto en mente podremos entender ciertos aspectos de "La increíble y triste historia de la cándida Eréndira y de su abuela desalmada". No es difícil señalar una estructura y presentación muy parecidas entre las dos formas —guión y novela corta— ya que en la última se dan ciertos cambios imprevistos de enfoque que a su vez recuerdan mucho la técnica de un director de cine. Existe una progresión entre los capítulos, pero la secuencia lógica consta de muchas partes, al parecer inconexas, cuya última pertinencia se percibe sólo en el contexto total de la obra. Al principio se concentra en Eréndira y su abuela, a la vez que se ofrece una introducción y un telón de fondo para todo el relato. Allí se explica rápidamente el pasado mientras el autor prepara el escenario para lo que sucederá a continuación. No presenciamos el incendio mismo aunque sí su efecto inmediato en el segundo capítulo en tanto que da el pretexto para que Eréndira se vea obligada a sujetarse aún más a la disciplina inflexible y caprichosa de su abuela, sólo capaz de reaccionar como una sonámbula y pronunciar la repetición hipnótica, "Sí, abuela", sin otra alternativa que someterse a esa voluntad de hierro. En el capítulo tercero el autor introduce unos personajes y un punto de vista nuevos: en vez de describir directamente el espectáculo, casi de circo, de la caravana de la abuela, lo presenta mediante Ulises y sus padres, según éstos se van acercando al pueblo de San Miguel del Desierto, donde en ese momento Eréndira está haciendo lo posible para saldar su fatídica deuda. Este recurso hace además que el lector pueda asistir a la primera entrevista entre Ulises y Eréndira, siendo la escena en que se reúnen por primera vez los tres personajes que juntos llevarán a cabo el drama. A partir de este momento Ulises también se ha de transformar en una parte esencial de la obra, puesto que no solamente será él quien mate a la abuela en el último capítulo, sino también su mismo nombre dará una nueva dimensión a la historia. Por un lado, él es simplemente otro Aureliano Buendía en su primera experiencia amorosa. Pero es también el famoso viajero griego cuyo mismo nombre evoca una serie de asociaciones con la mitología clásica —lo que en sí da lugar a la posibilidad de que la propia Eréndira sea del mismo rango, una Medusa moderna llevada del Mediterráneo al Caribe donde sigue ejerciendo su hechizo irreal sobre los hombres. El capítulo cuatro vuelve a la realidad del desierto: el encuentro con unos misioneros lleva a que éstos encierren a la pobre Eréndira en un convento y así se produce un enfoque doble en la narración. Por un lado, se concentra en la abuela y sus maniobras para conseguir la libertad de su nieta; por otro, se observa a Eréndira en su humilde faena diaria de fregar la escalera del convento de monjas. Sin embargo, las dos partes se funden otra vez cuando ella abandona este asilo provisional con su nuevo marido, y en seguida contradice nuestros deseos prefiriendo volver a la disciplina tan rígida de su abuela que aceptar la libertad aparente de la vida de casada. A lo largo del capítulo no se menciona ni una sola vez a Ulises; pero éste aparece de nuevo, al principio del siguiente, en una escena rápida y tensa que se inspira en la técnica cinematográfica que hemos observado antes. Aquí, su madre india lo está mirando fijamente mientras le hace preguntas en guajiro sobre su atributo misterioso para cambiar el color de las cosas al tocarlas; mientras tanto, Ulises observa a su padre que está colocando las naranjas de contrabando en una caja fuerte ("Pero mientras él vigilaba a su padre, su madre lo vigilaba a él":) [3] Aquella misma noche él decide ir en busca de Eréndira. Viaja por la misma zona por donde han pasado ellas, rumbo a la isla de Aruba, en una vuelta simbólica al pasado de la abuela. Al

---

[3] Gabriel García Márquez, *La increíble historia de la cándida Eréndira y de su abuela desalmada* (Barcelona, 1972), págs. 132-133.

alcanzarlas, Ulises consigue que Eréndira se fugue con él, ocasionando así la escena del día siguiente en que la abuela con el comandante del retén local y el padre de Ulises persiguen a los amantes. La situación es a la vez cómica y amenazante: por delante Ulises y Eréndira huyen en su furgoneta vieja cargada de pájaros que va dejando un rastro de plumas, y detrás el coche militar del comandante corre tras ellos con dos guardias en los estribos. La comedia de la persecución se rompe cuando el fotógrafo desafortunado cae víctima de un gesto enigmático de la abuela: le parece que ella lo está saludando con la mano pero resulta que es la contraseña para que lo fusilen. Su muerte anuncia simbólicamente el final de la fuga de la joven pareja, ya que pronto son alcanzados y detenidos, víctimas inocentes también de su camioneta poco potente y de su pistola viejísima que perteneció a Francis Drake y que desde hacía mucho tiempo se había negado a disparar.

Además de ser éste otro ejemplo de la exageración tan típica a que nos ha acostumbrado con tanto agrado García Márquez, y aunque la historia resulta inverosímil, el impacto inmediato de estos cinco capítulos es justamente el de convencer al lector de que debe aceptar como verídico lo que acaba de pasar. A primera vista, parece admisible que la obra podría ser un sueño o una fantasía de la imaginación de uno de los personajes. Algunas de las conversaciones que hemos presenciado son totalmente ilógicas o contradictorias (aunque muy graciosas), y todo se ha vuelto cada vez más fantástico e irreal. El próximo capítulo representa otra vuelta fundamental al mundo real. De un modo que recuerda mucho a Borges, García Márquez se intercala a sí mismo en su obra, y de repente él y un amigo se hallan juntos delante de la carpa de Eréndira, que ahora es una tienda magníficamente adornada con rótulos y banderas dando fe de su talento y superioridad, igual que un producto comercial con su propaganda publicitaria. Quizá sea significativo, además, que el autor y Álvaro Cepeda Samudio hayan tomado una cantidad considerable de cerveza cuando por casualidad se encuentran ante aquel espectáculo, ya que la borrachera representa también un paso hacia las extravagancias del delirio. Obviamente ha transcurrido bastante tiempo desde la última vez que hemos visto a Eréndira y su abuela. Ha mejorado enormemente la condición económica de ambas, y la única indicación de la fuga frustrada de antes es la cadena de perro con que Eréndira está amarrada a la cama. Ulises no está presente, aunque apenas se le echaría de menos entre la muchedumbre que se ha reunido y entre la cual están dos personajes de otros cuentos de la colección —Blacamán y la mujer que se ha convertido en araña. Según avanza el capítulo, el enfoque cambia poco a poco: empieza con una vista panorámica de la sublevación de las otras damas de placer en su protesta contra el monopolio que está ejerciendo la recién llegada; en seguida pasa a Eréndira y su abuela en una conversación sobre el futuro, y a continuación hay otra escena breve con Eréndira sola, mientras contempla la posibilidad de realizar tal futuro si se deshiciera de la presencia de la abuela todopoderosa para quien no hay secretos en este mundo:

> Entonces quitó del fuego la olla hirviente, la levantó con mucho trabajo hasta la altura de la canal, y ya iba a echar el agua mortífera en el conducto de la bañera cuando la abuela gritó en el interior de la carpa:
> —¡Eréndira!
> Fue como si la hubiera visto. La nieta, asustada por el grito, se arrepintió en el instante final. [4]

Como Eréndira es incapaz de efectuar por sí sola un plan tan atrevido, ella llama mágicamente a Ulises que en aquel momento está lejos, en casa de sus padres. Inmediatamente el enfoque vuelve a cambiar para relatar su segundo viaje en busca de ella, y el capítulo termina con los tres personajes principales reunidos otra vez. Juntos forman una unidad dinámica: aún en el delirio de sus sueños, la abuela persiste en dominar a Eréndira, mientras parece que la nieta puede exigir tal obediencia a Ulises, quien a su vez confiesa que está dispuesto a hacer por ella cuanto se le mande.

Todo esto prepara el capítulo final en que se combinan elementos de casi todos los anteriores. La enorme cantidad de veneno para ratas que Ulises y Eréndira administran a la abuela, en otro intento frustrado de acabar con ella, sólo sirve para subrayar sus atributos sobrenaturales; y aunque al final la explosión del piano

---

[4] Ibíd., pág. 150.

la reduce a una especie de muñeca infantil, ella sigue resistiendo hasta que se le haya derramado casi la última gota de sangre verde, que emana de su cuerpo. Entonces Ulises se da cuenta de que ni siquiera la muerte de la abuela odiada lo ha acercado a Eréndira, porque no sólo su lucha titánica le ha quitado todas sus fuerzas sino también, de repente, él se encuentra ante una Eréndira transformada a quien se ve obligado a mirar ahora más como hijo que como amante. Entretanto, Eréndira descubre que ya no la detiene ninguna voz de este mundo —ni la de la abuela ni la de Ulises— y que se ha liberado por completo para ir en busca del futuro misterioso presagiado para ella.

Al terminar el relato, el lector se queda con ciertas dudas pendientes. Ha podido seguir el argumento con relativa facilidad y aún se ha dejado convencer por muchos de los detalles más fantásticos. Sin embargo, a pesar de ello, todavía no se siente seguro de la identidad equívoca de los mismos personajes. Sobre todo en relación con la abuela, la que a veces parece más enemiga que amiga; evoca un muñeco de vudú de titiriteros, a la vez que un monstruo sobrehumano, una víctima indefensa, una bruja negra o una Celestina sin compasión. Parece además que ella pertenece simultáneamente a varios mundos y sólo en raras ocasiones participa en éste: "Volvió a ser ella misma" [5]; "Entonces, no es de este mundo" [6]; "La abuela, abanicándose en el trono, parecía ajena a su propia feria". [7] Muy a menudo ella vive soñando, y en su delirio se traslada a otros tiempos anteriores o venideros, y hasta en una ocasión su canción sugiere que quizá para ella los tiempos pasados, presentes y futuros son lo mismo mientras va en ruta circular hacia su propio origen:

> Señor, Señor, devuélveme mi antigua inocencia para gozar su amor otra vez desde el principio. [8]

En esta vida la abuela ejerce un control total sobre su nieta, moviendo las cuerdas necesarias para determinar sus movimientos con una precisión perfecta. En las tres ocasiones en que Eréndira

---

[5] Ibíd., pág. 122.
[6] Ibíd., pág. 125.
[7] Ibíd., pág. 111.

se rebela contra ella, la abuela ha sido capaz de preveerlo casi como si estuviera reviviendo un episodio de su vida tan rica y variada. Y sus sueños, por lo fantásticos que son, se ligan de un modo muy extraño al mundo real que la rodea en una sincronización yuxtapuesta de dos períodos temporales y dos órdenes de la realidad: sus misteriosos pasos subterráneos por el mundo terrestre se aproximan al delirio y a la enajenación mientras su devaneo por el mundo del sueño y de la imaginación a veces resulta lúcido y racional.

En fuerte contraste con el enigma de la abuela, Ulises y Eréndira son más bien convencionales. A pesar de ciertas características algo angélicas y de su comentario de que el viejo con unas alas enormes era su abuelo, Ulises resulta al final una víctima tan impotente como los Buendía frente a las mujeres dominantes que lo rodean. Su camino lo lleva fatalmente al fracaso y a la destrucción, a diferencia de Eréndira que, por lo contrario, renace con la muerte de su abuela. Antes del incendio, ella ha sido la esclava sumisa, buscando siempre su libertad pero incapaz de conseguirla mientras viva la fuerza demoníaca que es su abuela. Cuando Ulises se entrega a su voluntad para matarla, sólo entonces Eréndira llega a ser dueña de su propio destino, más segura de sí misma que en cualquier otro momento de su vida y por fin libre para escaparse de la carpa en que ha estado prisionera tanto tiempo:

> Eréndira puso entonces el platón en una mesa, se inclinó sobre la abuela, escudriñándola sin tocarla, y cuando se convenció de que estaba muerta su rostro adquirió de golpe toda la madurez de persona mayor que no le habían dado sus veinte años de infortunio. Con movimientos rápidos y precisos, cogió el chaleco de oro y salió de la carpa. [9]

Y cuando ella se marcha, está de acuerdo con el resto de la obra que el lector ignore hacia dónde se ha dirigido, porque en muchos aspectos el encanto principal y perdurable de "La increíble y triste historia de la cándida Eréndira y de su abuela desalmada" es

---

[8] Ibíd., pág. 153.
[9] Ibíd., pág. 162.

el propio enigma que plantea y que nunca resuelve por completo, ni aún en el párrafo final.

¿Cómo se ha de interpretar la obra entonces? ¿Es que el lector la debería leer repetidas veces hasta descifrar su argumento misterioso? ¿O quizá será la intención misma de García Márquez la de despistar y confundir al lector agresivo que muchas veces querrá buscar un significado recóndito en cada giro, en cada repetición o en la clara estructura circular de la historia? Parece que el autor pide que el lector participe activamente en ella, y que lo siga mientras va elaborando un argumento de propósito engañoso, cargado de trampas y equívocos. ¿Y no sería además que García Márquez quiere disimular un poco, que tal vez en cierta medida esté invitando irónicamente a su público a que descubra tantas influencias en esta obra como han sido atribuidas a *Cien años de soledad*, influencias que van, por ejemplo, desde el *Amadís de Gaula* hasta la Biblia? De ser así, convendría que el lector-crítico adoptara una actitud parecida, aceptando que la narración puede estar sembrada de obstáculos intencionales lanzados para despistar, entretener o frustrar mientras se esfuerza por decidir si son válidas las soluciones aparentes o si merecen mucha atención las posibles referencias a *Pedro Páramo* de Juan Rulfo o *La casa verde* de Mario Vargas Llosa. Hay un peligro muy evidente en rebuscar demasiadas interpretaciones en una obra tan compleja, y siempre se puede discutir indefinidamente la cuestión de influencias. A pesar de esto, sin embargo, resulta difícil concluir este breve estudio sin mencionar que quizá la solución más intrigante en cuanto al enigma de Eréndira, su abuela y Ulises viene no de García Márquez sino de la cita de Jules Michelet que encabeza la novela corta *Aura* de Calos Fuentes (1962):

> El hombre caza y lucha. La mujer intriga y sueña; es la madre de la fantasía, de los dioses. Posee la segunda visión, las alas que le permiten volar hacia el infinito del deseo y de la imaginación... Los dioses son los hombres: nacen y mueren sobre el pecho de una mujer... [10]

Es cierto que Ulises caza y lucha, y es fascinante especular sobre la posibilidad de que Eréndira y su abuela, como Aura y la señora

---

[10] Carlos Fuentes, *Aura* (México, 1962).

Consuela, no son sino dos versiones de la misma persona que vive simultáneamente dos tiempos diferentes de su vida. Hay que admitir que es una observación que puede ser muy apropiada pero también es posible que no venga al caso, lo cual no sólo es enigmático en sí, sino que coincide con la ambigüedad de la obra misma. Cuanto más se examine, más interpretaciones se ofrecen y más se manifiestan la técnica refinada y el arte magistral de la narración. "La increíble y triste historia de la cándida Eréndira y de su abuela desalmada" entretiene y divierte a la vez que despista y confunde al lector más ávido, pero no se puede negar que es una obra de primera categoría que refleja por igual la maestría y el genio literario que asociamos con el nombre de Gabriel García Márquez.

TABULA GRATULATORIA

Demeterio Aguilera Malta
Theodore Andersson
José A. Balseiro
Pedro Barreda Tomás
Marcel Bataillon
C. Malcolm Batchelor
Berta Becerra
John M. Bennett
Thomas G. Bergin
Jean Boorsch
Victor Brombert
Robert S. Brumbaugh
John S. Brushwood
José L. Cagigao
D. Lincoln Canfield
Anthony Carreño
Juan Cano Ballesta
Boyd G. Carter
Rogelio Alberto Casás
Mary Castán de Pontrelli
James A. Castañeda
Alberto Castilla
William A. Christian
Sister Mary Ann Connolly, O. P.
Octavio Corvalán
Gustavo Correa
Frank Dauster
Andrew P. Debicki
Valerie Degraye

Guillermo del Olmo
John F. Deredita
Carlos F. Díaz-Alejandro
José R. Díaz-Alejandro
Manuel Durán
Keith Ellis
John E. Englekirk
Luis B. Eyzaguirre
Charles Faulhaber
John M. Fein
José Ferrer-Canales
Esperanza Figueroa
Eugenio Florit
Donald F. Fogelquist
Rita Geada-Prulletti
Zunilda Gertel
Alfonso González
Roberto González Echevarría
Isabel Gómez de González
Mariano E. Gowland
Eduard Gramberg
Lucía Guerra de Cunningham
Ricardo Gullón
Russell G. Hamilton
Lewis Hanke
Monica Harvey
Basil D. Henning
José A. Hernández
Everett W. Hesse

Léon-François Hoffman
Carlos R. Hortas
Andrés Iduarte
William D. Ilgen
William Vernon Jackson
José Olivio Jiménez
John E. Keller
Robert E. Kelsey
Lucille Kerr
Richard P. Kinkade
George Kubler
Ursula Lamb
Leonor A. Larew
Kurt Levy
Juan Loveluck
Alfredo R. Lozada
Leon F. Lyday
Eva Lloréns
Roxanne B. Marcus
Jorge L. Martí
Leví Marrero
Georges May
Robert G. Mead
Sergio A. Méndez-Peñate
Seymour Menton
André Michalski
Curtis Millner
Ángel Luis Morales
Marta Morello-Frosch
Richard M. Morse
Lowry Nelson, Jr.
Michael Nimetz
Beth Noble
Enrique Noble
Otto Olivera
Julio Ortega
Graciela Palau de Nemes
Anthony M. Pasquariello

Roger Peel
Helena Percas Ponseti
Susan Herman Price
Enrique Pupo-Walker
Manuel D. Ramírez
Stephen Reckert
Susana Redondo de Feldman
Richard M. Reeve
Arnold G. Reichenberger
Argyll Pryor Rice
Elias Rivers y
   Georgina Sabat de Rivers
James Willis Robb
William Holloway Roberts
Emir Rodríguez Monegal
Mario Rodríguez
Fay R. Rogg
Irving Rouse
Mario E. Ruiz
Enrique Sacerio-Garí
Roger A. Sánchez-Berroa
George O. Schanzer
Ivan A. Schulman
Karl-Ludwig Selig
William H. Shoemaker
James O. Swain
Earl W. Thomas
Pierre L. Ullman
Cintio Vitier
George y Barbara Waggoner
Donald Devenish Walsh
Judith A. Weiss
William M. Whitby
Hensley C. Woodbridge
George W. Woodyard
Juan Clemente Zamora
Concha Zardoya

Department of Romance Studies, Cornell University
Department of Spanish, Portuguese and Classics, Rice University
Department of Spanish & Portuguese, University of California, Berkeley
Department of Spanish & Portuguese, University of Kansas
Department of Spanish & Portuguese, University of Texas at Austin
Department of Spanish and Portuguese, Vanderbilt University
Department of Spanish and Portuguese, Yale University
Foreign Language Department, Southern Connecticut State College
Institute for Latin American and International Studies, University of Nebraska
Robert H. Williams Memorial Library, University of Texas at Austin
Romanisches Seminar der Universität Düsseldorf
Zimmerman Library, University of New Mexico

NORTH CAROLINA STUDIES IN THE ROMANCE LANGUAGES AND LITERATURES

I.S.B.N. Prefix 0-88438

Recent Titles

CHARLES NODIER: HIS LIFE AND WORKS, by Sarah Fore Bell. 1971. (No. 95). -895-6.
RACINE AND SENECA, by Ronald W. Tobin. 1971. (No. 96). -896-4.
LOPE DE VEGA. "EL PEREGRINO EN SU PATRIA," edición de Myron A. Peyton. 1971. (No. 97). -897-2.
CRITICAL REACTIONS AND THE CHRISTIAN ELEMENT IN THE POETRY OF PIERRE DE RONSARD, by Mark S. Whitney. 1971. (No. 98). -898-0.
THE REV. JOHN BOWLE. THE GENESIS OF CERVANTEAN CRITICISM, by Ralph Merritt Cox. 1971. (No. 99). -899-9.
THE FOUR INTERPOLATED STORIES IN THE "ROMAN COMIQUE": THEIR SOURCES AND UNIFYING FUNCTION, by Frederick Alfed De Armas. 1971. (No. 100). -900-6.
LE CHASTOIEMENT D'UN PERE A SON FILS, A CRITICAL EDITION, edited by Edward D. Montgomery, Jr. 1971. (No. 101). -901-4.
LE ROMMANT DE "GUY DE WARWIK" ET DE "HEROLT D'ARDENNE," edited by D. J. Conlon. 1971. (No. 102). -902-2.
THE OLD PORTUGUESE "VIDA DE SAM BERNARDO," EDITED FROM ALCOBAÇA MANUSCRIPT CCXCI/200, WITH INTRODUCTION, LINGUISTIC STUDY, NOTES, TABLE OF PROPER NAMES, AND GLOSSARY, by Lawrence A. Sharpe. 1971. (No. 103). -903-0.
A CRITICAL AND ANNOTATED EDITION OF LOPE DE VEGA'S "LAS ALMENAS DE TORO," by Thomas E. Case. 1971. (No. 104). -904-9.
LOPE DE VEGA'S "LO QUE PASA EN UNA TARDE," A CRITICAL, ANNOTATED EDITION OF THE AUTOGRAPH MANUSCRIPT, by Richard Angelo Picerno. 1971. (No. 105). -905-7.
OBJECTIVE METHODS FOR TESTING AUTHENTICITY AND THE STUDY OF TEN DOUBTFUL "COMEDIAS" ATTRIBUTED TO LOPE DE VEGA, by Fred M. Clark. 1971. (No. 106). -906-5.
THE ITALIAN VERB. A MORPHOLOGICAL STUDY, by Frede Jensen. 1971. (No. 107). -907-3.
A CRITICAL EDITION OF THE OLD PROVENÇAL EPIC "DAUREL ET BETON," WITH NOTES AND PROLEGOMENA, by Arthur S. Kimmel. 1971. (No. 108). -908-1.
FRANCISCO RODRIGUES LOBO: DIALOGUE AND COURTLY LORE IN RENAISSANCE PORTUGAL, by Richard A. Preto-Rodas. 1971. (No. 109). 909-X.
RAIMOND VIDAL: POETRY AND PROSE, edited by W. H. W. Field. 1971. (No. 110). -910-3.
RELIGIOUS ELEMENTS IN THE SECULAR LYRICS OF THE TROUBADOURS, by Raymond Gay-Crosier. 1971. (No. 111). -911-1.
THE SIGNIFICANCE OF DIDEROT'S "ESSAI SUR LE MERITE ET LA VERTU," by Gordon B. Walters. 1971. (No. 112). -912-X.
PROPER NAMES IN THE LYRICS OF THE TROUBADOURS, by Frank M. Chambers. 1971. (No. 113). -913-8.
STUDIES IN HONOR OF MARIO A. PEI, edited by John Fisher and Paul A. Gaeng. 1971. (No. 114). -914-6.
DON MANUEL CAÑETE, CRONISTA LITERARIO DEL ROMANTICISMO Y DEL POSROMANTICISMO EN ESPAÑA, por Donald Allen Randolph. 1972. (No. 115). -915-4.
THE TEACHINGS OF SAINT LOUIS. A CRITICAL TEXT, by David O'Connell. 1972. (No. 116). -916-2.
HIGHER, HIDDEN ORDER: DESIGN AND MEANING IN THE ODES OF MALHERBE, by David Lee Rubin. 1972. (No. 117). -917-0.
JEAN DE LE MOTE "LE PARFAIT DU PAON," édition critique par Richard J. Carey. 1972. (No. 118). -918-9.

Recent Titles

CAMUS' HELLENIC SOURCES, by Paul Archambault. 1972. (No. 119). -919-7.
FROM VULGAR LATIN TO OLD PROVENÇAL, by Frede Jensen. 1972. (No. 120). -920-0.
GOLDEN AGE DRAMA IN SPAIN: GENERAL CONSIDERATION AND UNUSUAL FEATURES, by Sturgis E. Leavitt. 1972. (No. 121). -921-9.
THE LEGEND OF THE "SIETE INFANTES DE LARA" (*Refundición toledana de la crónica de 1344* versión), study and edition by Thomas A. Lathrop. 1972. (No. 122). -922-7.
STRUCTURE AND IDEOLOGY IN BOIARDO'S "ORLANDO INNAMORATO," by Andrea di Tommaso. 1972. (No. 123). -923-5.
STUDIES IN HONOR OF ALFRED G. ENGSTROM, edited by Robert T. Cargo and Emmanuel J. Mickel, Jr. 1972. (No. 124). -924-3.
A CRITICAL EDITION WITH INTRODUCTION AND NOTES OF GIL VICENTE'S "FLORESTA DE ENGANOS," by Constantine Christopher Stathatos. 1972. (No. 125). -925-1.
LI ROMANS DE WITASSE LE MOINE. *Roman du treizième siècle.* Édité d'après le manuscrit, fonds français 1553, de la Bibliothèque Nationale, Paris, par Denis Joseph Conlon. 1972. (No. 126). -926-X.
EL CRONISTA PEDRO DE ESCAVIAS. *Una vida del Siglo XV*, por Juan Bautista Avalle-Arce. 1972. (No. 127). -927-8.
AN EDITION OF THE FIRST ITALIAN TRANSLATION OF THE "CELESTINA," by Kathleen V. Kish. 1973. (No. 128). -928-6.
MOLIÈRE MOCKED. THREE CONTEMPORARY HOSTILE COMEDIES: *Zélinde, Le portrait du peintre, Élomire Hypocondre,* by Frederick Wright Vogler. 1973. (No. 129). -929-4.
C.-A. SAINTE-BEUVE. *Chateaubriand et son groupe littéraire sous l'empire.* Index alphabétique et analytique établi par Lorin A. Uffenbeck. 1973. (No. 130). -930-8.
THE ORIGINS OF THE BAROQUE CONCEPT OF "PEREGRINATIO," by Juergen Hahn. 1973. (No. 131). -931-6.
THE "AUTO SACRAMENTAL" AND THE PARABLE IN SPANISH GOLDEN AGE LITERATURE, by Donald Thaddeus Dietz. 1973. (No. 132). -932-4.
FRANCISCO DE OSUNA AND THE SPIRIT OF THE LETTER, by Laura Calvert. 1973. (No. 133). -933-2.
ITINERARIO DI AMORE: DIALETTICA DI AMORE E MORTE NELLA VITA NUOVA, by Margherita de Bonfils Templer. 1973. (No. 134). -934-0.
L'IMAGINATION POETIQUE CHEZ DU BARTAS: ELEMENTS DE SENSIBILITE BAROQUE DAN LA "CREATION DU MONDE," by Bruno Braunrot. 1973. (No. 135). -934-0.
ARTUS DESIRE: PRIEST AND PAMPHLETEER OF THE SIXTEENTH CENTURY, by Frank S. Giese. 1973. (No. 136). -936-7.
JARDIN DE NOBLES DONZELLAS, FRAY MARTIN DE CORDOBA, by Harriet Goldberg. 1974. (No. 137). -937-5.

Symposia

LOS NARRADORES HISPANOAMERICANOS DE HOY, edited by Juan Bautista Avalle-Arce. 1973. (No. 1). -951-0.

When ordering please cite the *ISBN Prefix* plus the last four digits for each title.

Send orders to:

International Scholarly Book Service, Inc.
P.O. Box 4347
Portland, Oregon 97208
U.S.A.

The Department of Romance Studies Digital Arts and Collaboration Lab at the University of North Carolina at Chapel Hill is proud to support the digitization of the North Carolina Studies in the Romance Languages and Literatures series.

DEPARTMENT OF Romance Studies

Digital Arts and Collaboration Lab

www.ingramcontent.com/pod-product-compliance
Lightning Source LLC
Chambersburg PA
CBHW032134250426
43661CB00077B/1920